ブリッジブック

先端法学入門

Bridgebook

土田道夫
高橋則夫 編
後藤巻則

信山社

Shinzansha

はしがき

数多くの法学入門書が出版されている中で、私たちが本書を世に問おうと考えた理由は、次の三つのキーワードの中にある。「社会の変化」「司法制度の変化」「キャリアの変化」である。

社会の変化——法は、私たちが生活するこの社会を規整（コントロール）する重要な役割を果たしている。たとえば、私たちが契約をして、それを守らなければ、直ちに法的責任を課される。犯罪を犯したときも同様である。逆に言えば、法を知っているということは、何かのトラブルに巻き込まれたときに、自分の身を守ることができるということだ。とくに現在、日本の社会をヴェールのように覆っていた数々の規制が緩和され、社会そのものに「市場化」の波が押し寄せている。そのような社会に生きる私たちは、自分で考え、みずから判断する人間であることを求められる（個人の自立）。そこでは、「義理と人情」ではなく「権利と義務」によって物事を判断する能力を身につけることが重要となる。こうして、「権利と義務」の体系（ルール）である法の重要性は、以前にも増して高まっている。

司法制度の変化——このような法の役割の変化に対応して、司法制度の改革も急ピッチで進んでいる。私たちが「個人の自立」を迫られる以上、権利と義務の判断を司る司法の役割は重要であるが、これまた従来は縁遠い存在だった。しかし、法の役割がより重要となれば、司法の役割も大きくなる。こうした状況をふまえて、二〇〇一年、司法制度改革審議会意見書が発表され、司法制度改革、法曹人口の大幅な増加、法科大学院（ロースクール）の設置、法学の素養を活かした専門職のニーズの拡大などが現実の問題となっている。それは、法学部のあり方や、法学教育のあり方にも変革を迫るに違いない。

キャリアの変化——「社会の変化」「司法制度の変化」は、法学部出身者の進路（キャリア）にも大きな影響を及ぼす。以前から、「法学部出身者はつぶしがきく」といわれてきたが、その意味が明らかになってきたのである。社会の変化によって法の重要性が増し、法曹人口や法律専門職・企業法務のニーズが高まれば、法学部出身者のキャリアは多様化し、拡大する。法学部出身者にとっては、またとないチャンスである。

本書は、このような法と法学の変革期に、新たに法を学ぼうとする人々を対象としている。法学部に入学しながら、法学の勉強がつまらなかったり、勉強方法がわからずに困惑している学生は多いに違いない。その原因はいくつか考えられるが、ここでは問わない。ともかく、法学部と法学部出身者を取り巻く環境が激変している今日、社会はどのように変化しているのか、それに伴って法はどう変化しているのか（変化すべきなのか）、それらの変化を見据えたとき、自分はどのように将来のキャリアを設計するのか――そういう観点から法学を勉強していただきたい。本書は、そのためのガイドブックとなることを志している。

この目的を達成するため、本書では、多くの法分野の数あるテーマの中から先端的なテーマを選び、それを通して各分野の基本的内容を学んでいただく構成をとった（第II部各章）。法と社会の変化を理解するためには、先端的テーマから勉強するのが最も有効と考えたからである。また「木を見て森を見ず」では困るので、第I部の二つの章では、法の全体像や、現在生じている変化についてスケッチしている。本書が、読者一人一人が法と法学についての関心を高め、将来のキャリア設計を行うためのきっかけとなれば幸いである。

本書の執筆陣には、以上のような本書の意図に賛同下さった各分野の第一線の研究者をお迎えし、法の最前線について解説していただいた。また、本書を企画し、本書の完成をサポートして下さったのは、信山社の渡辺左近氏と斉藤美代子氏である。心より感謝申し上げる。

二〇〇三年三月二〇日

土田道夫
高橋則夫
後藤巻則

ブリッジブック先端法学入門

Bridgebook

目次

I 新時代の法と社会を考えるために

第1章 法と法学を考える ………… 2

1 ガイダンスの内容 ………… 2

2 法学部出身者のキャリア――法律学と職業選択 ………… 4

(1) 法学部出身者の Career Development Programme (4)　(2) Career Development Programme の変化 (6)

3 何を学び、何を考えるのか――リーガル・マインドとは何か ………… 9

(1) リーガルマインドへの招待 (9)　(2) リーガルマインド (その1) ――価値判断 (11)　(3) リーガルマインド (その2) ――法律論 (12)　(4) リーガルマインドとは何か？ (15)

4 法の性格と体系 ………… 17

(1) 法の性格 (17)　(2) 法の体系 (20)

第2章　現代社会の変化と法を考える―― 24
1　現代型取引と法――民法と社会 …… 24
(1) 取引と契約（24）　(2) 消費者契約と法（26）　(3) 電子取引（e―ビジネス）と法（29）
2　現代型人権と法――憲法と社会 …… 30
(1) 現代型人権とは何か（31）　(2) 自己決定権と法（32）
3　規制緩和と法 …… 35
(1) 規制緩和の現状（35）　(2) 規制緩和と法の役割（37）
4　国際化と法 …… 39
(1) 外国人と法（40）　(2) 国際取引と法――「契約の準拠法」問題（42）
5　紛争社会と法 …… 44
(1) 民事裁判制度（44）　(2) 裁判外紛争処理（ADR）（47）　(3) モラルの「法化」（47）
6　「個の実現」と法 …… 49
(1)「個人の自立」と「個の実現」（49）　(2)「個の実現」と法（51）

II　先端テーマを通して学ぶ法の現状と将来

第1章　放送への関心――放送の自由を通して憲法を学ぶ―― 56
1　放送をとりまく環境と制度 …… 56

(1) 放送の多メディア・多チャンネル化と公共性（56） (2) 法的規制が作り上げる存在としての放送制度（58） (3) 規制は今後も必要なのか？（59）

2 放送法・放送の自由・表現の自由 …… 60
(1) 電波法・放送法による自由と規制の体系（60） (2) 放送における「表現の自由」の確保（61） (3) 規制根拠としての周波数帯の希少性論（65）

3 放送内容の多様性確保に向けて …… 66
(1) 目標としての放送内容の多様性（66） (2) 可能性としての規制緩和（70） (3) コミュニケイションに対する国家の関わり方（72）

第2章 情報公開への関心――情報公開を通して行政法を学ぶ ―― 74

1 行政をコントロールするということ――情報公開を通して考える …… 74
(1) 食糧費公開訴訟（74） (2) 情報公開のしくみ――情報はどのように公開されるか（されないか）（76） (3) 情報公開の意義（79） (4) 情報公開と行政の統制ということ（82）

2 現代行政の統制と法――行政法を学ぶ …… 84
(1) 行政の統制と行政法の基本原理――行政は議会の定める法律に服する（84） (2) 違法な行政活動からの救済と行政の裁判的統制（85） (3) 現代行政と手続的統制――透明で公正な行政の確保（91） (4) 現代行政の統制のために（96）

第3章　多様な消費者問題の発生——消費者問題を通して民法を学ぶ—— 99
1 消費者問題の展開と消費者関係法 99
(1) 消費者問題の展開（99）　(2) 消費者関係法（102）
2 消費者契約と民法 108
(1) 錯誤（108）　(2) 詐欺（110）　(3) 強迫（112）　(4) 公序良俗違反（112）
3 消費者契約と消費者契約法 114
(1) 契約締結過程の適正化（114）　(2) 契約内容の適正化（117）
4 民法の実質化・現代化 119
第4章　コーポレートガバナンスへの関心——コーポレートガバナンスを通して商法を学ぶ—— 122
1 商法＝企業法秩序の再編 122
2 株式会社の基本理念 123
(1) 資本の調達＝資本の集中（123）　(2) 所有と支配が分離した会社経営（124）　(3) 株主総会による経営監督システムの機能不全（125）　(4) 株主による経営監督の強化（125）　(5) 株主代表訴訟の役割と問題点（126）
3 会社は誰のものか？ 127

(1) 株式会社の究極の目的（127） (2) 会社は誰のためにあるべきか（128）
4 コーポレートガバナンス論が目指す方向とは？……129
(1) 日本的経営システムの崩壊（129） (2) コーポレートガバナンス論の主要な論点（130）
(3) これからのコーポレートガバナンス論の方向（131）
5 平成一三年・一四年にわたるコーポレートガバナンス確立のための商法改正……132
(1) 大規模公開会社のコーポレートガバナンス関連の商法改正（132） (2) 平成一三年・一四年の主な改正点（133）
6 商法改正の評価と今後の展望……137
第5章 司法改革への関心——司法改革論議を通して民事訴訟法を学ぶ——……139
1 司法改革における主な課題……139
(1) 今、なぜ司法改革なのか？（139） (2) 「小さな司法」から「大きな司法」へ（141）
(3) 司法改革で何が問題とされたか？（143）
2 ADRへの関心——注目されるADRの存在意義……145
(1) 司法改革でADRが注目される訳（145） (2) どんなADRがどんな解決をしているか？（146） (3) ADRと裁判所はどのような関係を確立すべきか？（148）
3 司法改革時代を経た民事司法の近未来……149

(1) 変わる民事司法、変わらぬ民事司法 (149) (2) 五月雨式審理から計画的集中審理へ (150)
(3) 法曹の将来像 (152)

第6章 臓器移植への関心——臓器移植問題を通して刑法を学ぶ—— 155

1 はじめに…… 155
2 死体からの臓器摘出と提供者の承諾…… 159
3 「死」とは何か…… 161
4 心臓移植と脳死論…… 164
5 死の概念の変化と刑法のあり方…… 166

第7章 少年犯罪への関心——少年犯罪・少年法を通して刑事訴訟法を学ぶ—— 169

1 はじめに…… 169
2 少年犯罪と少年事件手続…… 170
(1) 少年犯罪の動向——少年犯罪の増加・凶悪化は本当か？ (170) (2) 少年法の理念と少年事件手続の特徴 (171) (3) 少年法の改正 (173)
3 現代社会と刑事手続…… 177
(1) 刑事手続を支える原則と制度 (177) (2) 刑事手続における問題点 (181) (3) 刑事手続に関する新動向と将来的課題 (186)

第8章 雇用平等への関心──新時代の労働法を学ぶ──189

1 雇用における男女平等……189
(1) 男女雇用平等のこれまで(189)　(2) 男女雇用平等の現在(193)　(3) まとめと課題──改正雇用機会均等法が目指すもの(196)

2 労働法のガイダンス……197
(1) 労働法を学ぶ意義(197)　(2) 雇用関係法(199)　(3) 集団的労働法(204)　(4) 雇用保障法(205)　(5) 労働法の理念(205)

第9章 介護保険制度への関心──社会保障法の目指すもの──209

1 はじめに……209

2 介護保険制度……211
(1) 介護の社会化(211)　(2) 誰が保険料を拠出するのか(211)　(3) 誰が介護を受けるのか(212)　(4) どのようなサービスがあるのか(213)　(5) 介護にかかる費用は(214)

3 わが国の社会保障……214
(1) 社会保障制度の目的(214)　(2) 所得保障(216)　(3) 医療保障(221)　(4) 社会福祉(222)

第10章 ビジネス方法特許への関心──IT時代の知的財産法──225

1 知的財産法への誘い……225

(1)「知的財産法」とは？（225）　(2)「特許権」？「発明」？？（228）
2 ネットワーク社会とビジネス方法特許……232
(1) インターネットの普及――本格的なネットワーク社会へ（232）　(2)「ネットビジネス」の展開（233）　(3) ビジネスの方法も「発明」になるのか？――「ビジネス方法特許ブーム」（234）　(4) ビジネスのアイデア≠「発明」？　ビジネスのアイデア＋ＩＴ＝「発明」？？（237）　(5) ビジネス方法特許――特許法の世界の転換点（243）
3 知的財産法の将来――「知の時代」へ向けた期待と懸念……249
(1) 国際競争とグローバル・スタンダードの時代の知的財産法（249）　(2) サイバースペースの拡がりと知的財産法の将来（253）　(3) 再び――「知的財産法」とは？（257）

第11章 廃棄物問題への関心――環境法は人間の生存条件を守れるか――261
1 環境法とは何か……261
2 廃棄物はどんな問題か……262
(1) 量の膨大さ（262）　(2) 質の問題（263）　(3) 燃やして出たダイオキシン（264）
3 廃棄物の処理に関する法制度……265
(1) 廃棄物の処理のための法律（265）　(2) 廃棄物の種類と処理の責任（265）　(3) 廃棄物処分場をめぐる紛争と裁判（266）　(4) 不利益は誰に（267）　(5) 越境する廃棄物への規制（268）

(6) 廃棄物処理の環境法秩序はどうあるべきか（269）
4 廃棄物にしないための法制度……271
(1) 循環型社会を目指した法整備（271） (2) 循環型社会とは何か（272） (3) 誰が循環させるのか（272） (4)「大量」社会の見直し（274）
5 人類の生存環境を守るために……275
(1) もう一つの循環への注意（275） (2) ダイオキシン対策（276） (3) 化学物質の管理（277） (4) 安全性の証明（278） (5) 持続可能な社会を実現するために（279）

第12章 NGOへの関心——NGOを通して国際法を学ぶ——282

1 国際法のイメージ……282
2 国際法は誰のための法なのか……283
(1)「シアトルの人々」（283） (2)「する側」の視線から「される側」の視線へ（285）
3 国際法を変革するNGO……287
(1) 国際法の立法過程に市民の声を入れる（287） (2) 国際法の実施過程を市民化する（290） (3) 条約を守らせるためのはたらきかけ（292） (4)「直接行動」を起こす（295）
4 変革への障害と課題……296
(1) 譲らぬ一線（296） (2) NGOは誰を代表しているのか（298）

第13章　国際取引への関心——国際取引を通して国際私法を学ぶ——301
1 国際取引活動を取り巻く法的環境……301
(1) 国際取引と国際私法の関係（301）　(2) 国際私法の理想と現実（304）　(3) 紛争の解決手段（309）
2 国際化社会における法の見方……311
(1) 準拠法の決定と適用（311）　(2) 契約準拠法の決め方（314）　(3) 法の見方（316）
法学部生のCareer Development
INDEX

〈略　語〉

〔法令名略語〕

割賦　割賦販売法
行訴　行政事件訴訟法
刑　刑法
刑訴　刑事訴訟法
憲　日本国憲法
裁　裁判所法
少　少年法
商　商法
商特　株式会社の監査等に関する商法の特例に関する法律
地自　地方自治法
特定商取引　特定商取引に関する法律
特許　特許法
放送　放送法
民　民法
民訴　民事訴訟法
民保　民事保全法
利息　利息制限法
労基　労働基準法

〔判例集の略語〕

行裁集　行政事件裁判例集
高刑集　高等裁判所刑事判例集
民集　最高裁判所民事判例集

〈執筆者紹介〉

五十音順

阿部浩己（あべ・こうき）　神奈川大学法学部教授　（Ⅱ12章）

片岡直樹（かたおか・なおき）　東京経済大学現代法学部教授　（Ⅱ11章）

加藤克佳（かとう・かつよし）　愛知大学法学部教授　（Ⅱ7章）

後藤巻則（ごとう・まきのり）　早稲田大学法学部教授　（Ⅱ3章）

佐藤鉄男（さとう・てつお）　同志社大学法学部教授　（Ⅱ5章）

高橋則夫（たかはし・のりお）　早稲田大学法学部教授　（Ⅱ6章）

陳　一（ちぇん・いー）　金沢大学法学部助教授　（Ⅱ13章）

土田道夫（つちだ・みちお）　同志社大学法学部教授　（Ⅰ1章・2章、Ⅱ8章）

西原博史（にしはら・ひろし）　早稲田大学社会科学部教授　（Ⅱ1章）

野村武司（のむら・たけし）　獨協大学法学部教授　（Ⅱ2章）

平嶋竜太（ひらしま・りゅうた）　筑波大学社会科学系助教授　（Ⅱ10章）

松井英樹（まつい・ひでき）　中央学院大学法学部助教授　（Ⅱ4章）

山田　晋（やまだ・しん）　明治学院大学社会学部教授　（Ⅱ9章）

I　新時代の法と社会を考えるために

Bridgebook

第1章 法と法学を考える

I ガイダンスの内容

法は、社会を規整するルールである。したがって、社会が変化すれば、法も変化する。そして今日ほど、社会が大きく変化し、それに伴って法も変化を求められている時代はない。

「はしがき」に述べたとおり、この本は、各法分野の先端的テーマを選び、それを通して法学を入門的に学んでもらうための手引きとしたものである。それぞれの先端的テーマは、文字どおり現代社会と法の変化を示している。したがって、この本はそれ自体が「現代社会の変化と法」を考える書になっている。

しかし、法の変化を学ぶためには、そもそも「法とは何か？」を知らなければ始まらない。ところが、これがわかったようでわからない。今「社会を規整するルール」と述べたが、「ルール」になぞらえて説明しよう。「ルール」といえば、誰でも思い起こすのはスポーツである。二〇〇二年、サッカーのワールドカップが大いに盛り上がったが、サッカーでもルールが重要である。ルールがなければゲームは成立しないし、ルールが公正でなければ、勝敗がついたとはいえない（とくに、負けた方は納得しない）。それと同じように、法がなければ社会は成立しないし、法が公正でなければ、社会において生ずる紛争を適切に解決することもできない。その意味で、法は「社会を規整するルール」であり、社会を成り立たせる上で不可欠の存在といえるのである。

また、法という場合、法律の内容だけでなく、法律の適用について考えることも重要である。サッカーのルール自体は正しくても、その適用が間違っていることがあるように、法の内容は正しくても、その適用が誤っていることがある。サッカーの審判がルールの適用を誤って誤審しても、せいぜいブーイングが起きる程度だが、裁判所が法の適用を誤ると、取り返しのつかない結果を招く。裁判所が誤審すれば、損害賠償で何千万円も取られたり、極端な場合、死刑判決で命を奪われるという恐ろしい結果となってしまう。このような事態を防ぐためには、裁判所が下す判決（判例）を読み、法の適用のあり方を勉強しなければならない。法を知るためには、判例を知ることが不可欠なのである。

さて、このように法が「社会を規整するルール」だとしても、法学部に入学すると、すぐに次のような疑問が浮かぶに違いない。①法は社会を規整するルールだというが、そのようなルールはほかにも存在する（モラル、常識、宗教）。これらのルールと法はどこが違うのだろうか？　また、②法学部に入学すると、「法的に考えることが重要だ」と言われるが、これはどういうことだろうか？　さらに、③こうして法を勉強して、何の役に立つのか？　……法学部生なら誰でも抱く疑問である。

そこで、この章では、これらの素朴な、しかし重要な疑問に答えることから始めたい。法学部一年生へのガイダンスである。順序を逆転させ、③→②→①の順でガイダンスしよう。その方が理解しやすいと考えるからだ。

2 法学部出身者のキャリア——法律学と職業選択

❖(1) 法学部出身者の Career Development Programme

「法学部出身者はつぶしが効く」という言葉がある。たしかに、法律を知っていると、何かと重宝がられる。でも、実際にはイメージだけで、どういう点で「つぶしが効く」のかは、きちんと分析されてこなかったのではないだろうか。

大学がこれだけ大衆化してくると、大学を出たというだけでは、何の付加価値にもならない。法学部出身者に限らず、学生はできるだけ早い時期に、自分の将来のキャリアを設計し、そのために必要な素養（付加価値）を大学で身につける必要がある。これを、Career Development Programme（略してＣＤＰ）という。大学は、各自のＣＤＰを設計するための宝庫である。授業、大学が保有する膨大な情報（図書館、インターネット等々）、課外講座、留学――いくらでもある。

ところで、法学部は、他の学部に比べて、CDPを設計しやすい学部である。法律学は、実社会・実生活に密着した学問であるため、学部で学んだことをストレートに自己のキャリアに活かしやすいからだ。これが「法学部出身者はつぶしが効く」ことの意味であろう。そこで、まずはキャリア・ガイダンスとして、**法学部出身者のキャリア・資格**を整理しておこう。

① まず、法学部出身者の最高のキャリアというべき法曹三者がある。司法を司る、裁判官・弁護士・検察官である。ただし、このキャリアを得るためには、世界でも最難関といわれる司法試験をクリアしなければならない。

② 次に、法曹三者に準ずる法律専門職資格として、司法書士、行政書士、税理士、弁理士、社会保険労務士、不動産鑑定士といった資格がある。これらについても国家試験のバーがある。

③ 第三に、法学部出身者に有利な職業は公務員である。国家公務員、地方公務員、国際公務員があり、その中にもさまざまな種別がある。いわゆる「キャリア」と呼ばれる国家公務員Ⅰ種の場合、試験は司法試験並みに難しい。

④ 第四に、法学研究者というキャリアがある。この場合、大学院の研究者養成コースに進学してひたすら勉強することになる。

⑤ しかし、法学部出身者の大多数が進むのは、いうまでもなく企業である。法学部出身者は、一

九九九年度で四万七千人余りだが、その多くは企業に就職する。この場合、「企業法務」という強力な武器がある。もっとも、全員が企業法務部に進むわけではないから、それ以外の仕事について法学部出身者のCDPをどう設計するかが課題となる（これがなかなか難しい）。

❖(2) Career Development Programme の変化

さて、法学部出身者のキャリアを羅列的に紹介したが、現在、ここにも大きな変革の波が押し寄せている。焦点は、①・②と⑤である。

(ア) 司法制度改革

まず、①・②を巻き込む動きとして、**司法制度改革**の問題がある。司法制度改革については、マスコミでもしばしば報道されるから、聞いたことがある読者も多いだろう。二〇〇一年六月一二日、この問題を審議してきた司法制度改革審議会が「司法制度改革審議会意見書」と題する最終答申を出した（月刊司法改革二二号四〇頁）。その内容は多岐にわたるが、法学部出身者のCDPとの関係で重要な点を挙げると――

国民が利用しやすい司法制度を確立するため、人的基盤（法曹）を拡充・強化し、年間三〇〇〇人程度の新規法曹の確保を目指す。そのため、現行の司法試験制度を抜本的に改革し、新たな法曹養成機関として**法科大学院**（**ロースクール**）を設置し、原則として法科大学院の修了を司法試験の受験資格とする。

というものである。最難関といわれ、受験テクニックが先走りがちであった司法試験制度を改革し、法科大学院とリンクした国家試験に改革しようというわけである。法曹人口の拡大と合わせて、法学部出身者のキャリアを大幅に拡大する意味をもつ。イメージ的には、医学部と医師国家試験との関係に近いが、医学部と違うのは、法科大学院の「公平性、開放性、多様性」を謳い、他学部出身者や社会人の受入れを強調していることだ。その意味では、①のキャリアを目指す人にとっては、「法学部出身」であることより、「法科大学院修了」であることの方が重要となる（法学部にとっては大変な時代である）。いずれにせよ、ここでは、司法試験科目である基本法（憲法、行政法、民法、刑法、商法、民事訴訟法、刑事訴訟法）をマスターすることが第一目標となる。

②の隣接法律専門職については、さきの「最終答申」は、①の弁護士との関係について、「利用者の視点から、当面の法的需要を充足させるための措置を講じる必要がある」として前向きの姿勢を示している（司法書士に簡易裁判所における訴訟代理権を与えるなど）。②のキャリア・職域拡大にとって注目すべき動きといえよう。

(イ) 企業法務

では、⑤はどうか。法学部出身者の多数が選択するのは⑤だから、その帰趨の方が切実かもしれない。これについては、①のような明確な制度改革が存在するわけではない。しかし、一ついえることは、企業が専門家（スペシャリスト）重視の方向へ動いているということである。日本企業の多くは従来、終身雇用制の下で、新卒者を採用し、一から教育し直し、ゼネラリスト（＝何でもこなす人）として育成する方針をとってきた。しかし、今日の市場競争の激化、企業組織の再編、ＩＴ革命といった激動の時代には、そんな悠長なことは言っていられない。そこで、企業が重視し始めているのは、専門家（スペシャリスト）である。新卒採用段階では、職種別・部門別採用が開始されているし、手っ取り早く専門家を確保するための中途採用（転職）も活発化しつつある。給与についても、年齢と勤続年数で決める年功賃金が後退し、仕事の達成度で決める成果主義人事が導入されている。

これは、法学部出身者には追い風となる状況である。法学部出身者には、企業法務という強力なキャリアがあるからだ。企業が企業活動を行う場合、法の専門知識は欠かせない。企業取引を行う場合、民法・商法・民事訴訟法の知識は不可欠だし、商品開発を行うときは、知的財産権法や特許法が重要となる。国際取引であれば、国際私法（国際取引法）は必須だし、企業の運営には商法や労働法が必須である。企業法務の専門家は、企業に対して高い商品価値をもつことになる。そして、それを基礎から体系的に教えてくれる場所は大学しかない。法学部の四年間がＣＤＰのスタートとなるのである。

具体的には、できるだけ早い時期に自分のＣＤＰを設計し、そのために必要な科目を優先的に履修し（大学によっては履修モデルを提示しているところもある）、ＣＤＰのステップとする必要がある。もちろん企業では、単なる法知識だけではなく、「企画・立案能力」「論理的思考能力」「問題解決能力」が求められるが、その基礎は、大学のゼミで身につけることができる。二〇〇〇年からスタートした

「法学検定試験」(日弁連法務研究財団・商事法務研究会主催)のパスも強力な武器となるだろう。遊んでいる暇はないのである。

もっとも、企業の採用行動が一八〇度変わるわけはないから、法学部を卒業しても、営業からスタートさせるところは相変わらず多い。しかし、そこでポイントとなるのは、法知識という付加価値を有しているかどうかである。それがあれば、①営業のキャリアがひと味違ってくる(自分が売る商品について、デザイン・意匠等の知的財産権、環境法的規制、製造物責任法・消費者契約法上の取扱いを知っているか否かでは大違いである)。また、②営業の次が狙える(法務部、転職、ベンチャー)。③これに英語力がつけば鬼に金棒で、外資系企業の法務・取引部門を狙えるし、さらに進んでアメリカのロースクールに留学し、海外弁護士資格を得ることもできる。

要するに、法学部で学ぶ以上、法律学をいかにCDPの戦略とするかという意識をもつことが重要だ。よく「目的意識を持って勉強しなさい」というが、この「目的意識」を「キャリア設計の意識」に置き換えれば、その意味が明確になるだろう。

3 何を学び、何を考えるのか——リーガル・マインドとは何か

❖(1) リーガルマインドへの招待

第二のガイダンスは、「法をどのように学ぶのか」についてである。法学部に入学すると、「リーガ

ルマインドが重要」と言われる。日本語では、「法的に考える」ことをいう。ところが、このリーガルマインドなるものがまたはっきりしない。ここでは、新入生にわかりやすいテーマとして、「男女の定年差別」というテーマを取り上げよう。

［設例］ A社の就業規則は、男性社員の定年を満五五歳、女性の定年を満五〇歳と定めている。女性社員のBさんも、満五〇歳に達したため、会社から退職を命じられた。しかしBさんは、「自分はまだ働きたいし、女だからといって五年も早く定年になるのはおかしい」と考えている。このような男女別定年制は、法的に許されるのだろうか。

この設例は、日産自動車事件という著名な最高裁判決（**判例①**）をベースとしたものである。この事件では、原告（女性）が、男女別定年制を性別による差別として無効と主張し、雇用関係存続確認の訴えを提起した。仮処分では被告（会社）が勝訴したが、本案訴訟では、逆に一審（東京地方裁判所）・二審（東京高等裁判所）ともに原告が勝訴したため、被告会社が上告した（以下「上告人」）。しかし最高裁は、この上告を棄却した。そのエッセンスを紹介すると、次の二点となる（判決全文は、右記の民集［「最高裁判所民事判例集」の略称］で読んでいただきたい）。

〈1〉 上告人における女性の能力・職種・貢献度から見て、個別的にはともかく、女性を一律に男性より早く企業外に排除すべき合理的理由は認められないから、上告人における定年制は性別を理由とする差別にあたる。

〈2〉よって、上告人の定年制は、性別のみによる不合理な差別として、民法九〇条の規定により無効である（憲一四条一項参照）。

❖(2) リーガルマインド（その1）——価値判断

まず、〈1〉から考えよう。常識的に考えて、女性の定年を男性より低くすることに合理的理由はあるだろうか。これはもう、最高裁のいうとおり、「ない」というほかない。もちろん、個々の人間を見れば、女性の能力が男性より劣ることはありうるが、その逆もまたありうる。そのような個人差は、男男間、女女間でも生じうる。しかし、女性が一律に男性より能力が劣るなどということはありえない（前記の傍点箇所を参照されたい）。そうした考え方は、根拠のない差別であり、「男は仕事、女は家」という古い価値観の現れと評されても仕方ないだろう。この常識的判断を**価値判断**と呼んでおこう。

もちろん、だからといって、人間をあらゆる場面で平等に扱うべきだということにはならない。このことは、所得の多い人と少ない人とで税率を変えたり、人口の多い地域と少ない地域で国会議員の定数を変える例を考えれば、一目瞭然だろう。このような区別に合理的な理由があることは明白である。つまり「**差別**」には、「**合理的理由のある差別**」と「**合理的理由のない差別**」とがあり、前者には何も問題はない。しかし、男女の一律定年格差は、右に述べたところから、明らかに後者に属する。

❖(3) リーガルマインド（その2）――法律論

(ア) さて、問題は判決の〈2〉である。実は、〈1〉について述べたこと(2)は、ごく常識的な判断だから、法学部の学生でなくても勉強すればわかる。それどころか、中学生でもわかるかもしれない。では、法律学を学ぶ意義はどこにあるのだろうか？

答は、「法律論を学ぶこと」である。「法的に考える」とか「リーガルマインド」とは、単なる価値判断ではなく、客観的な法規範（法の条文）の解釈・適用を通して考えるということである。法学部で学ぶこと、法学部でしか学べないことがこの**法律論**である。ところが、価値判断と異なり、法律論の方は一筋縄ではいかない。そこでは、法律学に特有の難しい概念や法技術を勉強する必要があるからだ。日産自動車事件で問題となった法規範――民法九〇条と憲法一四条に即して考えてみよう。

(イ) 憲法一四条一項は、**法の下の平等**を定め、「すべて国民は、法の下に平等であって、人種、信条、性別、社会的身分又は門地により、政治的、経済的又は社会的関係において、差別されない」と規定する。また民法九〇条は、**公序良俗違反**というタイトルの下、「公の秩序又は善良の風俗に反する事項を目的とする法律行為は無効とす」と定めている（片仮名を平仮名に改めた）。

法律論として見た場合、憲法一四条については二つの問題がある。一つは、憲法が禁止する「性別による差別」とは何かである。しかし、この点は比較的理解しやすい。〈1〉の価値判断と共通するからだ。一般に、憲法一四条はすべての差別を禁止するのではなく、「合理的理由のない差別」だけを禁止する法規範と解されている。いいかえれば、憲法一四条が目的とするのは、「形式的・機械的平等」ではなく、「実質的平等」である。しかし、女性の一律若年定年制は、上記の価値判断と同じ理由から合理的理由のない差別に該当し、憲法一四条違反と判断される。

(ウ)　しかし、憲法一四条については、もう一つ難しい問題がある。それは、憲法は、本件のような私人（原告女性、被告会社）間の契約には直接介入できないという問題である。これが、憲法の授業で必ず取り上げられる**憲法の私人間効力**という問題である。

もともと**憲法**は、国や地方自治体といった公権力と国民との関係を規律する法規範であり、私人間の契約を直接規律しない。これは、私人間の契約内容は、当事者（私人）の意思によって決定されるべきであり、国はむやみに口を出してはならないという考え方に基づいている。たとえば、AさんがBさんに本を一〇〇〇円で売るという契約を結んだ場合（これを売買契約という）、国が「それは高すぎるから五〇〇円にしなさい」と口を出すのはおかしな話だ。このように、「私人間の契約の内容は当事者の意思で決める」ことを**私的自治の原則**という。憲法といえども、この原則を無視することはできない。憲法は、国と国民の関係（国に対する国民の権利［**基本的人権**］）を定めた法規範であるから、私人間の契約（私的自治）には直接介入できないのである。

(エ)　したがって、日産自動車事件の場合、憲法一四条を直接の根拠として原告女性の定年差別を無

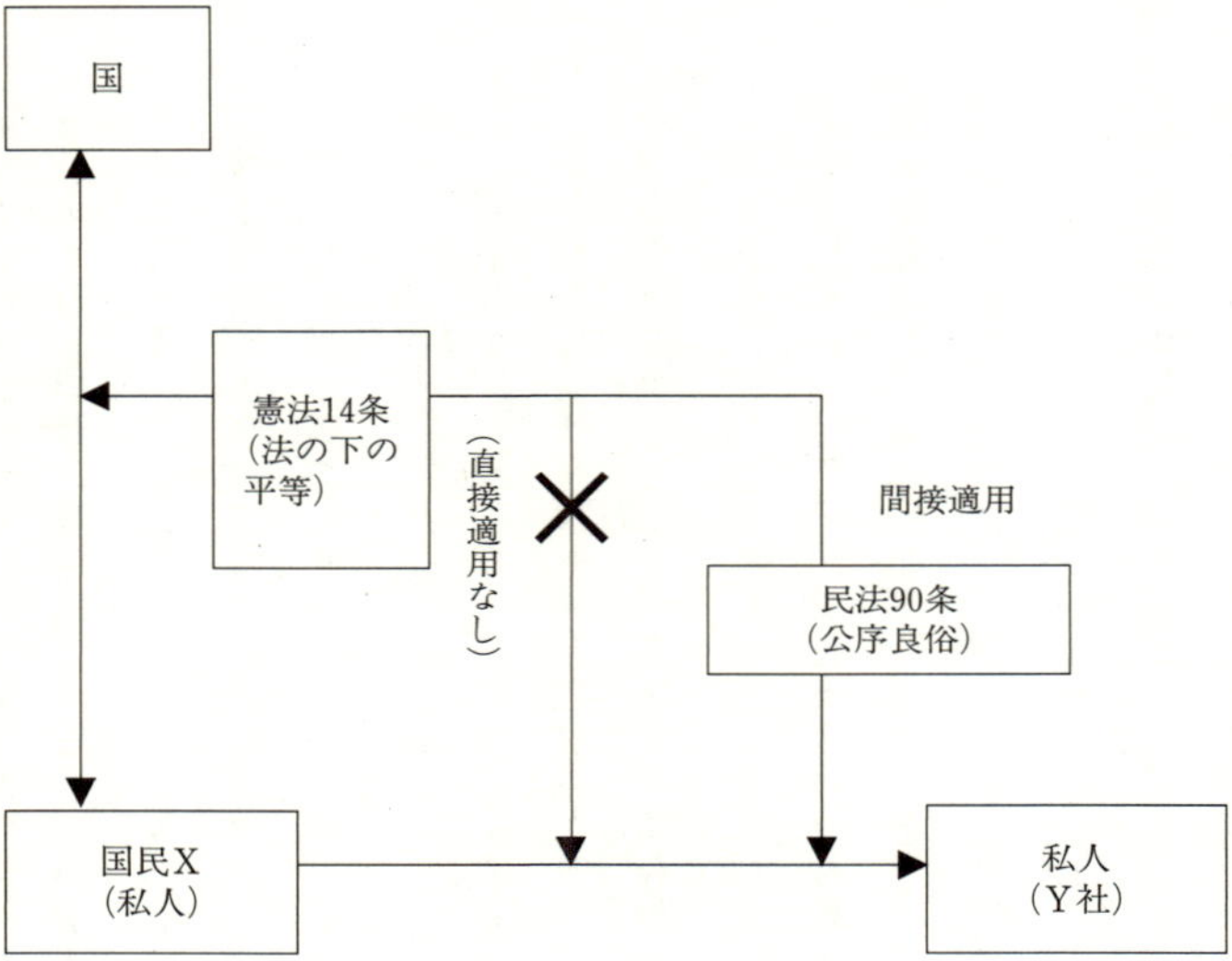

効とすることはできない。しかしそれでは、男女差別という不正義がまかり通ることになる。そこで登場するのが民法九〇条の公序良俗である。

公序良俗とは「社会通念」のようなもので、民法九〇条は、社会的に著しく妥当性を欠く法律行為を無効とする規定である。法律行為とは難しい言葉だが、その代表が契約である（日産自動車事件の「就業規則」も含まれる）。公序良俗違反の典型は、「愛人契約」とか「殺し屋を雇う契約」である。そして民法は、公序良俗に見られるように、私的自治の原則を前提としつつ、まさに私人間の法律関係を規制するために制定された基本法である。

さて、この公序良俗は大変漠然とした概念で、法律用語では一般条項というが、要するに「風船」のようなものだ。そこで、女性の定年差別を無効とするためには、憲法一四条の「性別による差別の禁止」が公序良俗の中に入り込むと考える。そうすれば、民法九〇条は、まさに私人間の契約を規制する法規範だから、男女別定年制の規定に適用され、定年制は「性別による差別の禁止」を内容とする公序良俗違反の法律行為として無効とされることになる。憲法一四条の側から見ると、それは民法九〇条の公序良俗を介して、間接的に私人間の契約に適用されることになる。これを間接適用説といい、日産自動車事件の最高裁判決も、この考え方に立つものとされている。わかりやすくするために、図にしたので、参照してほしい（一四頁）。

❖(4) リーガルマインドとは何か？

(ア) 法律論とリーガルマインド

こうして、日産自動車事件では、民法九〇条・憲法一四条を用いた間接適用説によって男女の定年格差が無効とされ、原告の雇用関係存続確認の訴えが認められた。最高裁は、単に男女の定年格差に合理性がないという理由だけで原告の訴えを認めたのではない。民法九〇条・憲法一四条という法規範を解釈・適用し、しかも、憲法一四条の直接適用は困難だから、民法九〇条を直接の根拠とする（憲法の間接適用を認める）という手順をふんで結論を導き出したのである。これが法律論である。

しかし、法律論の勉強はなかなか難しい。間接適用説の説明からわかるとおり、法律論は常識だけでは理解できない専門知識の世界である。そこで、法律論をマスターするためには、公序良俗とか私的自治の原則といった耳慣れない言葉（概念）を勉強し、そもそもなぜ憲法の直接適用が認められないかを勉強して、法規範を解釈・適用する技術を養わなければならない。最初は大変だが、勉強とはそういうものだ。自動車の運転でも、細かな運転技術や交通法規を苦労して覚えてこそ、ドライブを楽しめるのである。

(イ)　価値判断とリーガルマインド

では、法律論を学べば、それだけでリーガルマインドを身につけたことになるのだろうか。そんなことはない。たとえば、いくら「憲法一四条は合理的理由のない差別を禁止する」という命題を暗記しても、何が「合理的理由のない差別」かを真剣に考えなければ、正しい解答は出ない。そのためには、社会におけるより良い価値や正義を発見すること、つまりは価値判断が不可欠となる。そしてそのためには、法律論以外の勉強が重要となるのである。日産自動車事件であれば、何よりも、現代社会において、男女の性差や役割分担をどう考えるべきかという議論（ジェンダー論という）を勉強し、価値判断の中身を豊富にする必要がある。そうしてはじめて、「法の下の平等」や「公序良俗」という法律論の中に、豊かな内容を注ぎ込むことができる。この意味で、価値判断と法律論は、リーガルマインドにとって不可欠な「車の両輪」を成すのである。

最後に、法律論と価値判断との関係について一点注意しておきたい。今「条文と無関係に」と述べたが、実際の法解釈においては、価値判断は法律論の一部を成している。日産自動車事件の場合、この本では初学者向けに、まず問題を常識的に考え（価値判断）、ついで民法九〇条・憲法一四条の解釈（法律論）を考える手順をとった。しかし、裁判官が実際に法解釈する場合、まず適用すべき条文を考える。そして、それが憲法一四条だとわかれば、一四条が禁止する「合理的理由のない差別」とは何かを考え（法律論）、そのプロセスで、定年差別の合理性の有無という価値判断を行うことになる。

したがって、プロの世界においては、法律論から離れた価値判断というものは実は存在しない。ただ、密接不可分の関係にあるにせよ、法学部で学ぶことに、「法解釈の技術＝法律論」と、「実質的な考え方＝価値判断」という二つの面があることは理解しておいてほしい。

4 法の性格と体系

第三のガイダンスとして、法の性格と分類について説明しよう。

❖(1) 法の性格

(ア) 法とモラル

法は、社会を規整する最も基本的なルールである。しかし、社会におけるルールには、法以外にもいろいろある。**モラル**（道徳）、宗教、流行などである。では、これらのルールと法はどこが異なるのだろうか？

第一に、法は「最小限のモラル」である。モラル（道徳）の中には、たとえば、「近所の人に会ったら挨拶しなさい」「目上の人に会ったら頭を下げなさい」というルールがある。しかし、これらのルールは法にはなっておらず、挨拶をしなかったからといって処罰されることはない。これに対して、「人を殺すな」「人をだますな」というルールになれば話は別で、これらはモラル・宗教であると同時に法でもある。人を殺すと、刑法上は殺人罪（一九九条）となり、民法上は不法行為（七〇九条・七一〇条）となりうる。また人をだますと、民法上は、だまされた人が契約を取り消すことができ（九六条）、刑法上は詐欺罪となりうる（二四六条）。

こうして見ると、法は、社会のルールのすべてではなく、その中でも守るべき必要性の高いルールを厳選したものということができる。この意味で、法は「最小限のモラル」であり、「モラルの中のモラル」なのである。

第二に、法の大きな特色は、違反すると制裁（不利益）を受けるということである。しかもこの制裁は、国家を後ろ盾にした強力な制裁である。人がなぜ殺人をためらうかといえば、それが「悪いことだ」というルール意識（規範意識）があることはもちろん、人を殺すと殺人罪になり、「死刑又は無期懲役もしくは三年以上の懲役」（刑一九九条）に処せられることへの恐怖を抱くこともあるだろう。このように、法は国家的強制を伴う規範であり、これが法とモラルを分ける決定的基準といわれている。

国家的制裁には種別がある。色々あるが、代表的なものは、民事制裁と刑事制裁である。民事制裁の代表格は損害賠償で、契約に違反したり（債務不履行という）、他人の権利を侵害したとき（不法行為）に課される（前者は民四一五条、後者は同七〇九条以下）。刑事制裁の代表格は、いうまでもなく懲役等の刑罰である。どちらが重いか（峻厳か）といえば、もちろん人の身体・行動の自由を拘束する刑事制裁の方が重い（死刑となれば、命を奪われてしまう）。また、刑罰は国家権力の発動であるため、濫用されると恐ろしいことになる。そこで、刑法の適用はとくに慎重さ・厳格さを要するとされている。

第三に、右記二点とも関連するが、法は「誰でも守ることができる」ことを特色とする。宗教では、たとえばキリスト教の教えに、「右の頬を打たれたら、左の頬を差し出せ」という規範があるが、法はそんな無理なことは要求しない。むしろ法は、他人から損害を受けた場合の救済手段を用意し、その利用を促しているのである。宗教・道徳が偉人・聖人を想定した規範だとすれば、法は「普通の人」（一般人・平均人）を想定した規範だといえよう。他方、法は、他人から損害を受けた人がみずから仕返し（復讐）することを原則として禁止している。これを自力救済の禁止といい、近代国家が法治国家であることに基づいている。

(イ) 法の定義

以上をまとめると、法は、「①一般人が守ることのできる最小限度のルールを定め、②国家的強制（制裁）を伴う規範」だということができる。

①と②は相互関係にあり、最小限度のルールだからこそ、国家的制裁を伴ってもよいし、逆に、国家的制裁を伴うからこそ、一般人が遵守できるルールでなければならないともいえる。法のあり方を決めるのは、一般人（社会の構成員）の合意（規範意識）である。あまりに現実離れした理想主義的な法（一九三〇年代アメリカの禁酒法など）が長続きしないのは、それが一般人の社会的合意を得ないまま立法されたためである。

なお、法とモラルは決して断絶関係にあるのではなく、むしろ連続する関係にあるが、この点は第2章で述べる。

❖(2) 法の体系

さきに、基本六法を紹介した（憲法、民法、商法、刑法、民事訴訟法、刑事訴訟法）。最後に、法の性格という観点から体系的に整理しておこう。

(ア) 公法と私法

まず、公法と私法という整理が可能である。公法とは、国家統治権の発動に関する法をいい、私法とは、私人間の関係を規律する法をいう。一四頁の図でいうと、「国」と「国民」を結ぶ縦軸に属するのが公法で、「私人」と「私人」を結ぶ横軸に属するのが私法である。

公法の代表格は、憲法、刑法のほか行政法であり、私法の代表格は民法と商法である。刑法は、いうまでもなく「犯罪と刑罰＝罪と罰」を定める基本法であり、行政法は、国や地方公共団体の行政作用を規律する法である。商法は、民法の特別法として商取引や企業組織を規整する法典であり、企業法務のCDPにとっては最も重要な法律である（憲法・民法についてはすでに触れた）。

(イ)　実体法と手続法

また、実体法と手続法という整理もできる。実体法とは、法律関係の実体（権利義務の内容・変動・効果）を定めた法であり、憲法、民法、商法、刑法がそれにあたる。一方、手続法は、裁判所における訴訟手続を定めた法である（訴訟法ともいう）。このうち、民事事件（私人間の争い）の訴訟手続を定めるのが民事訴訟法であり、刑事事件（国［検察官］による被告人の告訴）の訴訟手続を定めるのが刑事訴訟法である。実体法・手続法の区別を横断すると、民法・商法と民事訴訟法が、また刑法と刑事訴訟法がペアの関係となる。なお、訴訟・裁判手続については、第2章**5**でも述べる。

(ウ)　民法と刑法、民事訴訟法と刑事訴訟法、民事制裁と刑事制裁

右のような法の体系から、同じ行為が民法・刑法で別に裁かれることも多い。たとえば「傷害」が挙げられる。それは一方では民法上の不法行為（七〇九条）となり、他方では刑法上の傷害罪（二〇四条）となりうる。民事事件の場合、被害者が原告となり、加害者を被告として民事訴訟を起こし、訴訟手続は民事訴訟法に従う。原告が勝訴した場合、加害者に課される制裁は損害賠償（民事制裁）となる。一方、刑事事件の場合は、検察官が加害者を被告人（被告ではない）として起訴し（被害者の告訴が前提となる）、訴訟手続は刑事訴訟法に従う。制裁は、懲役または罰金・科料の刑事罰となる。

刑法は、その制裁の強さから慎重に適用されるため、同じ傷害事件でも、民法上は損害賠償責任を認められながら、刑法上は傷害罪が成立しない場合もある。

(エ) 現代法

厳密な意味での法の体系ではないが、現代社会の複雑化に伴い、とくに二〇世紀になって本格的に登場し、現在、先端的な法として脚光を浴びているいくつかの法領域を紹介しておこう。いずれも、本書第II部に登場する。

行政法：行政法の歴史は古く、その意味では、現代法というのはおかしいかもしれない。しかし、行政のコントロールが社会の隅々まで及んでいる今日、そのルールを定める行政法はますます重要となっている。

労働法：雇用労働を規整する法である。多くの人は雇用労働者として働くわけだから、市民にとって、民法の次に身近な法ということができる。

社会保障法：医療・介護、保険、福祉など、市民が安心して生活するための制度を提供する法。市民生活のセーフティネットとして重要である。

消費者法：もともとは民法に属する。大量消費社会の今日、誰もが被害者・加害者となりうる消費者問題を扱う法として脚光を浴びている。

知的財産法：特許権、著作権など、個人や企業が有する知的情報（財産）を保護する法。情報化の時代、最も先端的な法の一つとして注目されている。

国際取引法：企業や個人の取引は国際化しており、それを規律する国際的ルールがなければ何もできない。このルールを定める法が国際取引法である。

環境法：人間を含む生命体の物理的生存を保持するためには、環境保護が不可欠である。環境法は、それを担う法として注目されている。

（土田道夫）

〈ステップアップ〉

判例①――最判昭和五六・三・二四民集三五巻二号三〇〇頁

Bridgebook

第2章 現代社会の変化と法を考える

第1章では、「法と法学」について考えた。いよいよ「現代社会の変化と法」について考える番である。前にも述べたとおり、この本は、各法分野の先端的テーマの勉強を通して法学入門としたものであり、その全体が「現代社会の変化と法」を考える書になっている。詳しくは、第II部各章をご覧頂くとして、ここでは、とくに重要と思われるテーマについてガイダンスしよう。

I 現代型取引と法――民法と社会

❖(1) 取引と契約

世の中は「取引」で成り立っている。法の世界では**契約**という。中でも重要な契約は売買契約であ

取引と契約（売買契約の場合）

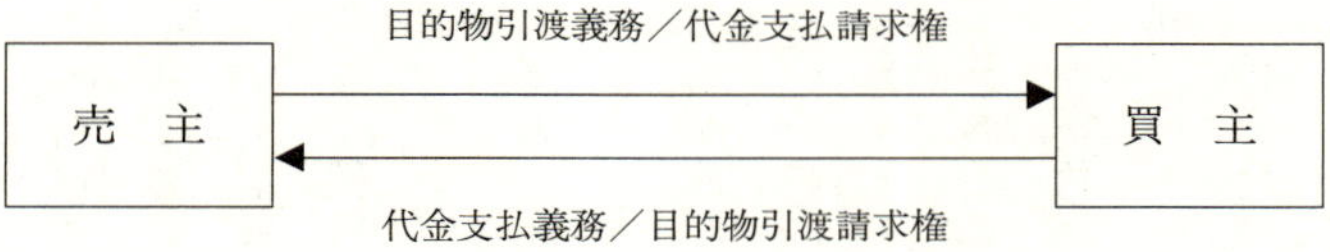

義務と権利（請求権）はペアの関係にある。
この関係を「双務契約」という。
売主と買主の間には，契約自由の原則が妥当する。

る。売買契約は、世の中の隅々まで浸透している。われわれが、一二〇円で自動販売機の缶コーヒーを買うのも売買契約である。**売買契約**とは、売主が商品（缶コーヒー）を引き渡し、買主がその対価として代金（一二〇円）を支払う契約をいう。この関係を法的に説明すると、売主は商品の引渡義務を負い、買主が代金支払義務を負うことになる（民五五五条）。裏を返せば、売主は買主に対して代金を支払えと請求し、買主は商品を引き渡せと請求する権利をもつ。「取引」をこのような権利義務関係（**法律関係**）として表現したのが契約である。権利と義務になってはじめて、われわれは安心して商品を売り、または買うことができる（上図参照）。

この契約を規律する大原則が**私的自治の原則**と**契約自由の原則**である。上図をもう一度見てほしい。売主と買主が売買契約を結ぶ場合、両者は、本を買うかどうか、価格をいくらにするかを自由に決めることができる。契約自由の原則とは、このように、契約を結ぶか否か、契約内容をどのように決定するかは当事者の自由だという原則を意味する。

しかし、社会の変化に伴い、契約法の世界にもさまざまな変化が生じている。ここでは、消費者契約の問題と、電子取引の問題を取り上げよう。

❖(2) 消費者契約と法

(ア) 消費者契約の特色

今、契約自由の原則について述べたが、考えてみると、この原則があてはまる取引（契約）はきわめて少ない。たとえば、コンビニエンスストアで缶コーヒーを買う場合、「一二〇円を一〇〇円にしてくれ」と値切ることはできない。「缶コーヒー＝定価一二〇円」と決まっているからだ。そしてこのことは、実はほとんどの生活領域で見られる現象である。電車に乗る、スーパーで買物をする、電気・ガス・電話を利用する……。すべて利用価格は予め決められている。われわれに残されているのは、その商品・サービスを利用するかしないかの自由、法的にいえば、契約を結ぶか否かの自由だけである。

このことは、契約自由の原則のうち、契約内容決定の自由が失われていることを意味する。このような契約を附合契約とか約款と呼び、現代型取引（契約）の大きな特色の一つとされている。その背景には「大量消費社会」という社会の構造的変化がある。企業が多数の消費者を相手に日常的な取引を行うためには、契約内容は統一化・定型化せざるをえない。缶コーヒーを売るのに、「Aさんには一二〇円で売る」「Bさんには一〇〇円で売る」というわけにはいかないからだ。

しかし、それは一方では消費者の利益を不当に害する結果ともなる。附合契約とは、「当事者の一方が契約内容を決める」ことだから、その一方当事者の力が強ければ、契約内容はその当事者に有利なものとならざるをえない。実際、商品やサービスを提供する側の多くは企業であり、もう一方の当事者である一人一人の消費者との間には、交渉力・情報量の点で大きな格差がある。その典型が保険や旅行の約款である。今手元にある○○旅行会社主催のパックツアーのパンフレットを見ても、「当社の責任」として、「運送機関の遅延による旅行日程の変更については責任を負わないし、責任を負う場合も、損害賠償限度額は一人一五万円まで」などと、旅行会社に都合のよいことが書いてある。それでも、われわれがパックツアーを利用したければ、この条件を飲むしかない。「自分だけは賠償限度を増やしてくれ」と交渉しても、「だったら申し込まないで下さい」とはねつけられるのがオチだろう。

(イ) 消費者契約の規制

このように、現代の消費者契約に関して、消費者が企業と交渉できる余地は少ない。そこで、契約の外部からの規制が重要となる。これも現代型取引の特色の一つである。たとえば、電気料金・ガス料金や鉄道運賃については、所轄官庁の許認可制がとられ、独占的事業者による不当な契約内容の設定(大幅な運賃値上げなど)を防いでいる。これを行政的規制という。

また、右の賠償限度額の設定にしても、実際に旅行会社の過失で死傷事故が発生すれば、賠償額が一五万円で済むはずはなく、旅行会社の債務不履行（契約違反）による高額の損害賠償責任が認められる（民四一五条）。これが**司法的規制**である。消費者契約が企業側の一方的都合で作成される以上、それは消費者の利益に配慮して限定的に解釈されるのである。

しかし、行政的規制がカバーする範囲は狭いし、司法的救済は事後的救済にとどまり、それを受けるためには、訴訟を起こさなければならない。たとえば、「TOEIC九〇〇点も夢じゃない」という宣伝コピーに惹かれて英会話教材を購入したところ、中身は使いものにならなかったとしよう。しかし、このような取引を行政的に規制する根拠はとくにないし、司法的救済を受けるためには訴訟提起が必要となる。

そこで、消費者契約については**立法規制**が重要となる。その代表はクーリング・オフ制度である（特定商取引九条、割賦四条の四）。**クーリング・オフ**とは、「頭を冷やす」ことをいい、一定期間内（訪問販売の場合は、前記の特定商取引九条一項により八日間）であれば無条件に契約を解約したり契約の申込みを撤回できる制度をいう。また二〇〇〇年には、より本格的な立法として**消費者契約法**が成立した。この法律は、消費者契約の内容を適正化するため、企業による消費者契約内容の情報提供義務（ただし努力義務）を定めたり（三条）、消費者の利益を一方的に害する条項を無効とする規制（一〇条）を設けている。そしてそれは、民法が伝統としてきた私的自治・契約自由の原則を大きく修正する内容を含んでいる。まさに「現代法」と呼ぶにふさわしい法といえよう。詳細は、第II部第3章で勉強してほしい。

❖(3) 電子取引（eービジネス）と法

最近生じているもう一つの動きとして、**電子取引**がある。**eービジネス**ともいう。これまでは、取引の媒体といえばもちろん「紙」であった。しかし、最近のようにインターネットがすさまじい勢いで普及すると（IT革命）、インターネット上で取引を行うことが容易となる。つまり、取引の媒体そのものが変化している点が現代型取引の特色である。

このような電子取引は、民法や商法が予定していなかった多くの問題を発生させる。たとえば、インターネット上に電子店舗（サイバーモール）を開設して取引を行う場合、購入案内を見た利用者からの発注に対して、電子店舗が商品を発送し、または受注の返信を行うことになるが、①契約はどの時点で成立するか、②利用者がパソコンの操作をミスして誤発注すると、その商品を購入せざるをえないか、③利用者が他人に成りすまして発注した場合、いかなる問題が生ずるか、④PR用のホームページに他人の文章や写真（著作物）を無断で利用したらどうなるか。いずれも、インターネットという新たな取引媒体がもたらす先端的な問題である。

しかし、電子取引にも法の規制は及ぶ。①については、民法によれば、利用者の発注が売買契約締結の申込み、電子店舗による返信等が承諾にあたり、返信等を発信した時点で契約が成立することになる（民五二六条一項）。しかしこれでは、パソコンの故障などで店舗側の返信が利用者に届かない場合も契約が成立してしまうという不都合が生ずる。そこで電子取引に限っては、契約の成立時期について民法五二六条一項を適用しないことを定める特別立法が制定されている（**電子消費者契約法**。正式名称は「電子消費者契約及び電子承諾通知に関する民法の特例に関する法律」）。②についても、同じ電子消費者契約法は、店舗側が申込画面のほか、発注確認画面を設けるなど操作ミスを防ぐ措置を足らない場合、利用者は誤って発注しても契約無効を主張できることを定めている。

③については、「成りすまし問題」を解消するため、新たに**電子署名・認証法**（正式名称は「電子署名及び認証業務に関する法律」）が成立した（二〇〇一年四月施行）。認証機関が認証した署名鍵（一種の暗号）を文書に添付することによって、本人が署名・作成した文書かどうかを確認できる制度であり、e―ビジネスへの活用が期待されている。④については著作権法が適用され、他人の文章を無断で引用すると、著作者人格権の侵害となる。

このように、電子取引は、最先端の立法規制や法律問題の宝庫である。電子取引を素材に法律学を勉強しよう！　それは、企業法務のＣＤＰの基礎となるし、将来ベンチャーを立ち上げる際の基礎知識ともなる。基本文献として、中島章智編『ｅ―ビジネスロー』（弘文堂、二〇〇一年）（中島①）をお勧めする。

❖(1) 現代型人権とは何か

(ア) 話は変わって憲法である。日本国憲法第三章は、「国民の権利及び義務」と題して基本的人権を保障している。そこでは、思想・良心の自由(一九条)、表現の自由(二一条)、生存権(二五条)などの人権が明示されている。

しかし、憲法が明記していないけれども基本的人権として保障される権利もある。プライバシーの権利、名誉権、環境権、自己決定権などである。これらの権利は、憲法のどこを探しても載っていない。では、その憲法上の根拠は何かといえば、それは憲法一三条である。憲法一三条は、前段で「個人の尊重」を定め、後段で、生命・自由および幸福追求権を公共の福祉に反しないことを条件に保障している。この規定は、憲法が明確な人権として保障していない権利を人権として保障するための補充的規定とされ、その意味で「包括的基本権」と呼ばれている。右に挙げた諸権利は、この基本権(個人の尊重または幸福追求権)に基づく権利と解されているのである。

右記の諸権利が人権として保障されるに至った背景には、憲法制定時に予想されていなかった社会の激変がある。たとえば環境権は、企業の経済活動によって生じた環境破壊から人間の生命・生活を守るために登場した人権である。また、プライバシーの権利は、情報化社会の進展から生じた個人のプライバシー侵害を法的に規制するために提唱された人権である。もちろん、憲法制定時にもこうした問題がなかったわけではない。しかし、戦後の高度経済成長とともに、それらの問題が爆発的に増加したことがこれらの人権の登場をもたらしたのである。その意味で、これらの人権は現代型人権と呼ばれるのにふさわしい。憲法一三条は、その受皿としての意義を有している。

これら現代型人権は、私人間の紛争（訴訟）において機能することが多い。たとえば、名誉権やプライバシーの権利は、メディアによる私人の名誉・プライバシー侵害を理由とする損害賠償請求（民七〇九条）の根拠として多用される。環境権も、企業の公害責任を追及する場合の根拠となる。

(イ)　しかし、現代型人権を実質的に保障するためには、それを具体化する立法が重要となる。たとえばプライバシーの権利については、地方自治体レベルで個人情報保護条例が制定されており、国レベルでも、個人情報保護法（正式名称は「行政機関の保有する電子計算機処理に係る個人情報の保護に関する法律」）が制定されている。また、二〇〇〇年に成立したストーカー規制法（「ストーカー行為等の規制等に関する法律」）は、個人の生命・身体とともに、プライバシーの保護も目的とする法律といえる。さらに、こうした現代型人権の定着に伴い、それを憲法に明記すべきか否かが議論されている。

❖(2)　自己決定権と法

(ア)　自己決定権とは何か

ここで、現代型人権の一つである自己決定権を取り上げよう。自己決定権は普通、「自分の私的な事柄について自由に決定する権利」と定義される。①服装・ヘアスタイル、結婚・離婚などのライフスタイルに関する事柄、②バイク・登山、喫煙・飲酒などの危険行為に関する事柄、③避妊・中絶のような生命に関する事柄、④延命拒否、尊厳死、安楽死などの生命の処分（死）に関する事柄に分けられる。「こういうことは自分で決める問題だから、他人も国家も干渉するな」というのが自己決定権のメッセージである。

自己決定権が人権として議論されるようになった背景にも、やはり社会の変化がある。たとえば④の尊厳死・安楽死の場合、医療技術が飛躍的に発展した結果、肉体的・物理的に生存することは可能になったが、それはかえって末期患者に「生きることの苦痛」をもたらしている。①～③についても、社会が成熟して多様な価値観が許容されるようになったという背景がある。

では、自己決定権は基本的人権だろうか。自己決定権の主張は、単に「自分はこうしたい」という「自由」を求めているにすぎないようにも見える。そこでこの点については、①～④のような行動の自由も自己決定権＝幸福追求権（憲一三条）として広く保障されるという見解（一般的自由説）と、自己決定権は個人の人格的生存に不可欠な権利に限定され、①や②は単なる自由にすぎない（人権には含まれない）という見解（人格的利益説）が対立している。前説に対しては、何でもかんでも「人権」とすることによってかえって「人権」の意味が希薄化するという「人権のインフレ化」が批判され、後説に対しては、人権保障を不十分にするという批判がある。後説が多数説である。

どちらが妥当な考え方かは難問である。ただ「人権」かどうかは別として、憲法一三条との関係では、個人の自律の核心にかかわる基本権（たとえばプライバシー権）と、①～④の自己決定権を区別し、前者は同条前段の個人の尊重によって保障され、後者は同条後段の幸福追求権によって保障される（したがって「公共の福祉」による制約を受ける）という考え方がすっきりしていて魅力的である（長谷部②一五一頁）。

(イ)　自己決定権の制約

このように考えると、自己決定権も、他者の利益や自由との関係で制約を受けることになる。たとえば①のライフスタイルの場合、一流ホテルのフロントマンが「茶髪にピアス」で決めたいと思うのは本人の自由である。しかし、それでは常識的に困るだろう。法的に考えても、フロントマンはホテルとの労働契約上、客に快適なサービスを提供する義務を負っており、客に不快感を与える「茶髪にピアス」はこの義務に違反するため、制約されても仕方がない。これは、自己決定権が企業の利益との関係で制約される例である。

(ウ)　安楽死・尊厳死

また、④の尊厳死・安楽死についても、生命の処分は本人の自由とは言い切れない面がある。尊厳死とは、末期患者に対する延命治療を中止すること（生命維持装置の取り外しなど）をいい、安楽死（オイナタジー）は、より積極的に、苦痛除去のために生命を短縮する（殺害する）ことをいう。とくに問題となるのは安楽死である。日本では、安楽死に関与した医師が殺人罪（刑一九九条）や同意殺人罪（同二〇二条）を免れるためには、①患者の肉体的苦痛、②死の不可避性・切迫性、③代替手段の不存在、④患者の明確な意思表示という厳しい要件をクリアする必要がある（東海大学病院事件・**判例①**）。これに対してオランダでは、②・④は同じだが、他の要件は緩和され、安楽死がより広く認められている。

たしかに、患者本人のことだけ考えれば、安楽死を広く認めるに越したことはない。しかしこれにも問題がある。安楽死の基礎にあるのは、「こんなに苦しむのなら、死んだ方がましだ。自分の命なのだから、自由に処分させろ」という考え方であろう。しかし、この考え方を安易に認めると、たとえば植物状態にある人や精神障害者についても、「こんな状態で生きていても幸福ではないだろう。安楽死させた方が本人のためだ」という判断に行き着かないだろうか。現にナチス・ドイツでは、このような考え方に立って安楽死が実施された可能性がある。しかし、植物状態は、いわゆる脳死と異なり、生命を司る「脳幹」は生きており、意識回復の可能性もあるのである。

自分の命は自分のもので、自己決定権が及ぶ。そのこと自体は正しい。しかし、以上のような問題の広がりを考えると、生命には自己決定権には尽くされないもっと社会的な価値があるようにも思われる。法律学に突きつけられた難問である。読者も各自で考えてみてほしい。

法は「規制の体系」である。人々の生活関係や企業間取引を適正なものとするためには、法は必ず必要なものだ。そのことは、前に述べた電子取引の「成りすまし」問題と、電子署名・認証法との関係を考えればすぐわかるだろう。

しかし、法の規制も行き過ぎると、社会の発展を阻害することになる。日本では、ある事業への参入要件を厳しく設定したり、特定事業を一事業体に独占させるなどして、事業（市場）への参入を厳しく抑制する規制（参入規制）が張りめぐらされてきた。しかし、そうした規制の下では、経済の活力が失われたり、独占事業によるサービス低下などの弊害が生じうる。とくに、一九九〇年代に至って経済のグローバル化（国際化）が顕著となり、企業の国際的競争力を高めることが至上命題となったが、そのために必要な企業再編（新規事業進出やM&A）にとって、参入規制は大きな障害となった。こうして登場したのが規制緩和である。その考え方は、政府が設置した行政改革委員会報告書『光り輝く国をめざして』（一九九五年）に集大成されている。

規制緩和のキーワードは、自由競争と市場原理である。つまり、国は人や企業の経済活動にあまり介入（おせっかい）せず、市場における競争に委ねるべきだという考え方だ。そうすることで、経済を活性化させるだけでなく、サービスを向上させることもできる。上記の自己決定権とも共通する考え方である。

身近な例として電信電話事業を取り上げよう。かつて、電信電話事業は、日本電信電話公社（電電公社）という公社（「会社」ではない）が独占していた。その電電公社が民営化され、日本電信電話株式会社（NTT）に生まれ変わった。それでも独占状態が続いていたが、やがて電信電話事業への参入規制が緩和され、非NTT各社（日本テレコムなど）が参入した。これは利用者にとっては悪くない話だ。NTTの独占事業の下では、利用者は電話サービスを利用するためには、NTTと契約するしかなかった。しかし現在では、選択の幅が広がるばかりか、利用者獲得のために各社がサービスを競うようになり、サービスが向上する（NTTグループ内部でも、NTT東日本・西日本とNTTコミュニケーションズの競争がある）。自由競争のメリットはここにある。

こうした参入規制の緩和は、ほかにも、金融市場（証券取引業への参入規制緩和、銀行・証券・保険間の相互参入の促進）、航空（自由競争の促進、運賃割引の自由化）、電力・ガス（地域別電力会社・ガス会社の独占市場の撤廃）、流通（大規模スーパー等の進出規制の緩和）、雇用（職業紹介制度の国家独占政策の廃止＝民間職業紹介事業の法認）など、多くの領域で進んでいる。この流れはもはや不可逆であろう。

❖(2) 規制緩和と法の役割

しかし、規制緩和もよいことずくめではない。以下では、参入規制の緩和を例に考えてみよう。

(ア) 参入規制を緩和した場合に必ず生ずる問題点は、悪質な業者の市場参入である。規制緩和は、うまくいけば利用者のメリットとなるが、悪質な業者の参入によって多大な損害を被ることもある。もちろん利用者は、あるサービスの利用に伴うリスクを計算し、みずから身を守らなければならない

（自己責任のルール）。しかし、人間の知恵には限りがある。そこで、参入規制という事前規制を緩和した場合も、適正なサービスの確保・監視という事後規制は欠かせない。しばしば誤解されるが、規制緩和とは、決して規制をなくすことと同義ではない。そうではなく、規制の性格・方法を変えること――事前規制型から事後規制型に転換すること――を意味するのである。そしてそれは、市場を円滑に機能させるために必要なルール（規範）となる。

(イ)　証券取引を例に挙げると、証券取引法等の改正によって、従来の証券会社の免許制を登録制に改め、株式売買委託手数料を完全自由化するなどの事前規制の緩和が行われた。しかしそれは、資力のない事業者が参入したり、参入した事業者がインサイダー取引などの不公正な取引を行う機会を増やすことにもなる。そこで、企業の資力を示す企業会計の開示を、一企業ではなく企業グループの連結ベースに変えたり（連結ベースにしないと、企業グループ全体の体力がわからない）、インサイダー取引で得た不正利得を没収・追徴するなどの事後規制が強化された。市場を透明化するためのルールともいえる。

雇用の分野でも、一九九九年に職業安定法が改正され、職業紹介について民間業者の参入を認める形で事前規制の緩和が行われた。しかし、それは悪質な業者が詐欺的な方法で職業紹介を行うリスクを伴う。そこで事後規制として、労働条件明示の適正化や、求職者の個人情報の保護などの規制が強化された。

さらに流通の分野でも、従来は、大規模スーパーなどの進出に関して大店法（正式名称は「大規模小売店舗における小売業の事業活動の調整に関する法律」）という法律があり、周辺商店街に配慮した出店規制を行ってきたが、これが廃止され、より緩やかな規制を定めた**大規模小売店舗立地法**に姿を変えた。しかしその結果、大型スーパーの出店によって地域商店街が消滅してしまうことは、地域社会の発展にとって決して幸福なことではないし、商店街の人々の生活権も守る必要がある。大店法より緩やかな規制とはいえ、大規模小売店舗立地法が制定されたのはそのためである。

このような事後規制のルールを**セーフティネット**と呼んでいる。規制緩和が進んでも、公正な市場取引や利用者保護のためのセーフティネットは不可欠である。市場原理と簡単にいうが、それは実は法なしにはうまく機能しない。ここに法の重要な役割があるといえよう。

4 国際化と法

国際化と法――「現代社会の変化と法」の中では最もポピュラーなテーマである。これだけ通信技術や交通手段が発達すると、地球はぐんと狭くなり、「ヒト」「モノ」「カネ」の移動が活発となる。そうなると、法も国内法（日本法）だけ見ているわけにはいかず、国際法や外国法を知ることが必要となる。このことは、日本の企業が外国企業と取引する場合を考えれば明らかだろう。また問題は国外にとどまらない。日本国内を見ても、たとえば「外国人の人権」は「内なる国際化」という重要なテーマである。

「国際化と法」の主役は、国際法と国際私法であり、それぞれ第II部第12章・第13章で取り上げられる。ここでは、イントロダクションとして、「外国人と法」と「国際取引法」についてガイダンスしよう。

❖(1) 外国人と法

(ア) 外国人の合法就労・不法就労

国際化社会の進展に伴い、日本に在留する外国人は年々増えている。その中には、日本に一時的に在留する外国人のほか、日本に定住する「永住外国人」もいる。その多くは、第二次大戦前に日本に定住した朝鮮半島や台湾出身者とその子孫である（「日本国との平和条約に基づき日本の国籍を離脱した者等の出入国管理に関する特例法」上の永住者）。一方、日本における在留資格をもたないまま就労する外国人（いわゆる「不法就労者」）も少なくない。

では、法は外国人をどのように取り扱っているのだろうか。不法就労問題を中心に考えてみよう。外国人の出入国に関する基本法が出入国管理及び難民認定法（略して入管法）である。同法は、外国人の在留資格として、一六の就労資格のほか、短期滞在（観光）・留学などの資格を定めている。就労資格は、研究・教育、投資・経営、法律・会計業務、芸術、医療などの専門的・技術的分野に限定され、それ以外の就労（たとえば、特別の技術を要しない単純就労）は禁止される。単純就労を禁止した理由は、次に述べるとおり、その受入れが日本の経済社会に与える影響を懸念したためである。しかし実際には、アジア諸国からの単純（不法）就労者は増大し、一九九八年には二八万人弱に達している。これが不法就労問題である。

(イ)　不法就労問題の解決

不法就労問題の解決は難しい。一方では、①人手不足の解消という経済的視点、②外国人を受け入れて繁栄を分かち合うべきだという国際化の視点、③不法就労の放置は人権侵害の放置を意味するという人権的視点からの積極論がある。これに対しては、ⓐ単純就労者の受入れは日本人の雇用に影響する、ⓑ外国人労働者が家族を連れてきた場合、教育・住宅・福祉等の社会的コストが増大する、ⓒ開発途上国の援助と自国での雇用機会の創出が先決である、等を理由とする消極論も強い。現在の政策は、消極論を基本としているが、他の先進諸国が受入政策を基本としていることを考えると、消極政策をいつまで維持できるかは疑問である。しかし一方、単純就労者を受け入れてきたEU諸国で、自国民の雇用への悪影響を理由に外国人排斥運動が激化し、ネオ・ナチなどの台頭をもたらしていることを考えると、積極論がいいとも簡単にはいえない。

ただ近年には、右記ⓒの国際協力の観点から、外国人に技術を習得してもらう「研修制度」や、研修後に一定期間実習する「技能実習制度」が実施されている。これら制度を活用しつつ、外国人労働者受入れの条件を考えることが当面の課題となろう。入管法が同時に規定する難民認定を含めて、日本が外国人とどのように共生していくかが問われているのである。

外国人と法の問題については、手塚和彰『外国人と法（第二版）』（有斐閣、一九九九年）（手塚③）が必読文献である。

❖(2) 国際取引と法――「契約の準拠法」問題

(ア) 市場経済のグローバル化とともに、国際取引が活発化している。**国際取引法**は、企業法務のキャリアの中でも最も有望な領域の一つである。この点は、第II部第13章で詳しく論じられるので、ここではイントロダクションとして、国際取引の過程で生じうる「契約の**準拠法**の決定」という問題を紹介しよう。

簡単な例を挙げよう。日本の企業が、アメリカ・ニューヨーク州の弁護士にアメリカ企業との取引の代理を委任したが、相手方が突然交渉を打ち切ったため、取引が途中で終了したとしよう。この場合、日本の民法によれば、弁護士はすでに行った分の報酬を請求できるが（六四八条三項）、ニューヨーク州にはそのような規定はない。この場合、弁護士が日本の裁判所に報酬支払いを求める訴えを起こしたら、裁判所は、日本法・ニューヨーク州法のどちらの規定に従って（準拠して）判断すべきか。なお、契約は東京で締結されたが、どちらの法に準拠するかは明確に取り決められていないものとする。

(イ) 契約の準拠法の決定に関する基本法は**法例**である。古い法律だが（明治三一年施行）、今なお現役である。この法例七条一項は、契約を含む「法律行為の成立及び効力に付ては当事者の意思に従い其何れの国の法律に依るべきかを定む」と規定し、二項は、「当事者の意思が分明ならざるときは行為地法に依る」と規定している。一項を**当事者自治の原則**といい、二項を**行為地法主義**という。「行為地」とは「契約締結地」を意味する。契約の問題だから、当事者の意思をまず優先し、それが明らかでないときは、どの国で契約を結んだかで決めようというわけだ。これによれば、右の例の場合、委任契約締結時に日本法・ニューヨーク州法のどちらに準拠するかを取り決めていないため、法例七条一項の適用はなく、二項によって契約締結地（行為地）である日本の民法が適用されることになる。

しかし、これはあまり良い解決方法とはいえない。右の例で、本当はニューヨーク州で契約を締結する予定だったのだが、たまたま弁護士が別の用件で来日したため東京で締結したとしよう。こんな偶然で契約の準拠法が決まってしまうのはおかしな話だ。そこで現在は、当事者が準拠法を明確に合意していなくても、直ちに行為地法を適用するのではなく、当事者の黙示の意思を探求して準拠法を決めるべきだとされている（木棚ほか④一二二頁）。

黙示の意思とは、当事者が明示していなくても、頭の中でそのように考えたであろう意思をいう。その認定基準としては、①契約の履行地、②国籍・住所、③事業の所在地などが挙げられる。とくに①は重要である。当事者は通常、実際に契約が履行されている場所（右の例では、弁護士が代理業務に従事している場所＝ニューヨーク州）の法に服する意思を有していると推定できるからだ。これによれば、右の例では、弁護士が実際に委任業務を行っていたニューヨーク州法が適用されることになる（類似の事案につき、**判例②**参照）。

(ウ) 実際には、国際取引はもっと高度・複雑で、複雑な契約条項の効力が争われたり、三国間の法の適用が争われたりする。前にも述べたとおり、ここは企業法務の腕の見せ所である。渉外弁護士を目指して勉強してほしい。

5 紛争社会と法

❖(1) 民事裁判制度

(ア) 以上のように、社会構造が変化して法の機能が変化すると、必然的に紛争が増大する。e－ビジネスを含む消費者取引が日常的に行われると、それをめぐる紛争も日常的に発生するし、自己決定権を主張すると、それを良しとしない側との紛争が生じうる。また、法の機能ががちがちの事前規制から事後規制に変化すると、事前規制で守られてきた権益が守られなくなる分、紛争が増大する。日本は、先進諸外国に比べると、法的紛争が少ない国といわれてきたが、最近はそうもいえなくなってきた。一九九八年のデータでは、地裁第一審の民事通常訴訟新受事件件数は一五二、六七八件に上っている。

とはいえ、日本の裁判制度は、市民（国民）にとっては利用（アクセス）しにくいという定評がある。①コスト（金）がかかる、②時間がかかる、③大げさすぎて近寄り難い、④市民とかけ離れた存在で、近寄り難い……等々。そこで現在、この事態を改善するための改革が進んでいる。この点は、第II部第5章で詳しく紹介されるので、ここでは、民事紛争解決の主役を担う民事裁判制度のエッセンスを紹介し、進行中の改革を簡単にガイダンスしよう。

(イ)　民事紛争を取り扱う裁判手続は**民事裁判**であり、その基本法は**民事訴訟法**である。民事裁判は、通常、地方裁判所→高等裁判所→最高裁判所というルートを辿る（三審制）。最高裁判所は、文字通り国の最高の司法機関である（憲七六条）。それ以外の裁判所を下級裁判所というが、その最上位の裁判所が高等裁判所であり、全国八カ所に置かれている。地方裁判所は、原則的な第一審裁判所であり、各都府県に一庁、北海道に四庁設置されている。ただし、訴額が九〇万円以下の民事請求事件では簡易裁判所が第一審となる（裁三三条）。

民事裁判では、訴訟を提起する側を**原告**といい、提起される側を**被告**という（刑事事件で**被告人**というのと異なる。混同しないように）。第一審判決に不満な者（原告・被告双方がありうる）は第二審（控訴審）に控訴することができ、第二審判決に不満な者（控訴人・被控訴人双方がありうる）は第三審（上告審）に上告することができる（次頁図参照）。

日本は、民事事件に限らず、法律上の紛争をこの普通裁判所制で解決する制度をとっている。EU諸国のような専門裁判所制度や、アメリカのような州単位の裁判制度はなく、制度としては比較的シ

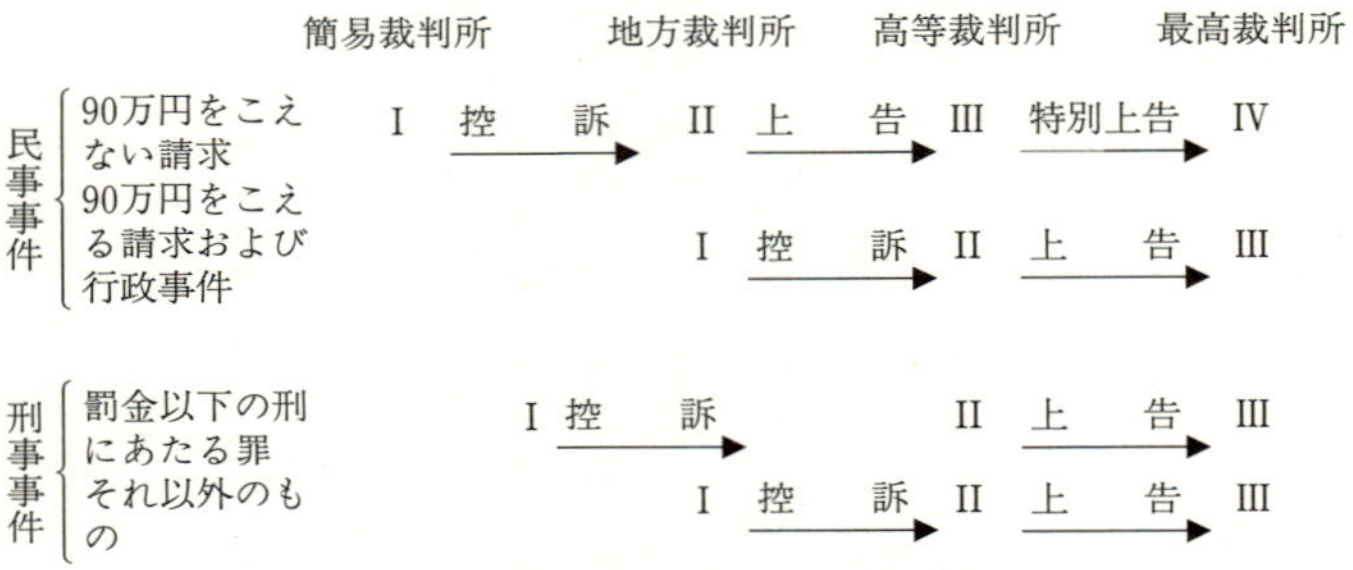

出所：伊藤正己＝加藤一郎編『現代法学入門〔第3版補訂版〕』

ンプルである。そこで、民法、商法、労働法、知的財産法など、ありとあらゆる民事事件が一つの裁判所に持ち込まれる。ただし、離婚・相続などの家庭事件のみは、少年非行に関する少年事件（これは民事事件ではない）と併せて家庭裁判所の管轄とされている。

裁判には時間がかかる（右記②）。これは、裁判（判決）が当事者の紛争を最終的に解決する手続である（場合によっては人の一生を左右する）以上、やむをえない面もある。しかし、確定判決を待っていては債権者に著しい損害が生ずることもある（金を貸した相手方〔債務者〕に裁判途中で失踪されては、債権者は身も蓋もない）。そこで、**仮差押え・仮処分**という手続が定められている（民保二〇条・二三条）。また、民事訴訟法の改正において、争点・証拠整理や集中証拠調べの規定（一八二条）が新設され、迅速な処理が期待されている。さらに、訴額が三〇万円以下の事件を簡易裁判所が迅速に処理する**少額訴訟手続**が創設され、好評である（三六八条）。

(ウ)　さらに現在、司法制度改革の一環として民事裁判の改革が議論されている。裁判を裁判官任せにせず、市民が裁判官とともに判決に関与する**裁判員制**（EU諸国に多い）の導入や、裁判を利用しやすくするための裁判利用相談窓口（アクセス・ポイント）の開設などである。しかし、最大のポイントは、法曹人口の拡大であろう。第1章で述べた司法試験制度改革や法科大学院構想は、まさに「国民がアクセスしやすい司法」に向けた戦略に位置づけられているのである（詳細は、六頁の「司法制度改革審議会意見書」参照）。

❖(2) 裁判外紛争処理（ADR）

民事紛争の迅速な解決にとっては、裁判ほど厳格な手続を必要としない**裁判外紛争処理**（ADR＝Alternative Dispute Resolution）の整備も課題となる。ADRには、①裁判所によるADR（民事調停、訴訟上の和解）のほか、②行政機関によるもの（公害等調整委員会、労働委員会）、③仲裁機関によるもの（国際商事仲裁、弁護士会仲裁）、④民間団体によるものがある。たとえば、Iで述べた消費者取引については、④に属する消費者センターが活躍することが多い。詳しくは、第II部第3章を参照してほしい。

❖(3) モラルの「法化」

最後に、**法とモラル**というまったく異なる観点から「紛争社会と法」にアプローチしよう。法とモラルとの関係については第1章で述べたが（一七頁）、この両者は決して断絶した関係にあるのではない。むしろ両者は連続する関係にあり、社会が「紛争社会」化すると、モラルの世界にあった規範が法の世界に登場するようになる。その好例が、**セクシュアル・ハラスメント**（Sexual Harassment）とストーカー行為である。

セクシュアル・ハラスメント（「性的嫌がらせ」ともいう）もストーカー行為も、かつては法律問題として表面化することは稀であった。つまり、どちらの行為も「悪いこと」ではあるが、モラルの世界で「悪いこと」にとどまり、法に違反するという意味での「悪いこと」ではなかったわけだ。しかし現在は、セクシュアル・ハラスメントもストーカー行為も、行き過ぎれば違法と評価される。セクシュアル・ハラスメントは、不法行為（民七〇九条）となるほか、男女雇用機会均等法でも、その防止に関する企業の配慮義務が定められている（二一条）。ストーカー行為については、二〇〇〇年にストーカー規制法が成立した。どちらのケースも、かつては被害者が黙って耐えていたのが、権利意識の高まりや被害の深刻化によって法的紛争となり、それらを「悪いこと」とする規範がモラルから法規範に変化したのである。紛争社会を象徴する現象といえる。

もっとも、これらの行為は、法とモラルの狭間にある行為だけに、規制には慎重さを要する。たとえば、セクシュアル・ハラスメントの場合、「肩に一回触れる」程度の行為を規制の対象としてしまうと行き過ぎになるし、他の人権（行動の自由など）の抑圧にもなりかねない。たとえば、ヌードの名画をオフィスに飾ることがセクシュアル・ハラスメントかなどということが大まじめに議論される社会はどこかおかしい。

日本の場合、ここまで極端な議論はなく、セクシュアル・ハラスメントは、その行為態様・程度や反復継続性に照らして、社会通念上許容される限度を超える場合にのみ違法となると解されている（**横浜セクシュアル・ハラスメント事件・判例③**。土田⑤一〇四頁参照）。妥当な考え方といえよう。「紛争社会」になればなるほど、どこまでが法の問題で、どこまでがモラルの問題かを見極めることが重要となることを示す好例といえる。

6 「個の実現」と法

❖(1) 「個人の自立」と「個の実現」

(ア) これまでに扱った消費者取引、自己決定権、規制緩和、紛争社会といったキーワードから、あなたなら何を連想するだろうか。私なら、個人の自立を連想する。どのキーワードも、個人が自分で考え、対応しなければならない問題を意味するからだ。

よく「日本人は集団主義で、個人が自立していない」と言われる。その真偽は定かでないが、従来の日本は、個人が自立していなくても生きやすい社会であったことは確かである。市場参入については、網の目のような事前規制が張りめぐらされ、既得権者の権益を守ってきた。企業に就職すれば、終身雇用制という柔らかなヴェールが身を包み、よほどのことがない限りは定年までの雇用が保障された。後は、ハッピーなリタイア生活が待っていたのである。

しかし、どうやら時代は変わった。規制緩和は急激に進み、市場参入の障害が撤廃された（3参照）。終身雇用制も変化し、リストラに関する記事が毎日のように新聞紙上を賑わせている。公的年金の支給開始年齢も、満六〇歳から六五歳に引き上げられ、「ハッピーなリタイア」とはいかなくなった。消費者取引を見ても、e－ビジネスは便利だが、メールを送信すると同時に、不良品の購入というリスクを背負うことになる。規制が緩和され、選択肢が増える分、紛争が増え、リスクも増大する。このような時代には、自分で考え、判断し、自分の身を守る必要がある。個人の自立である。

(イ)　個人の自立には、**個の実現**という意味もある。自分の生き方（ライフスタイル）は自分で考え、自分で決める――これが個の実現＝自己決定権のメッセージである。就職するかフリーターで生きるか、結婚するかしないか、結婚したら仕事をやめるかやめないか、臓器移植のためのドナーカードに登録するかしないか……。どれも個の実現にかかわる問題である。

では、個の実現は法的にどのように取り扱われるのだろうか。

個の実現の法的根拠は、憲法一三条の**個人の尊重**にある。一三条は、「すべて国民は、個人として尊重される」と規定する。この規定が自己決定権の根拠となることはすでに述べたが、そのメッセージはさらに広く、深い。それは、個人の生き方を決めるのは、国家や社会や会社や団体や家族ではなく、個人そのものだというメッセージである。いいかえれば、憲法は、個人の自立・個の実現を最重要の価値に位置づけ、多様な個性が社会を構成することを期待しているのである。これを**個人主義**ともいう。もちろん、個の実現には**自己責任**が伴うことも忘れてはならない。

❖(2)「個の実現」と法

もっとも、**個人の自立**や**個の実現**を法的に考えると、次の三点が重要となる。

(ア) 個人主義と利己主義

第一に、個の実現・個人主義は、「したい放題のことをしていい」ことを意味しない。「したい放題のことをしていい」ことを利己主義と呼ぶとすれば、個人主義と利己主義は似て非なるものである。自分の生き方・考え方を確立することは何よりも大事だが、それを他人に押しつけてはならない。他人も同じように個の実現の主体だからだ。憲法一三条が「すべて」国民は個人として尊重される、と述べているのはこの意味である。

また、このメッセージは、近代法を確立したとされるフランス人権宣言にも登場する。フランス人権宣言は、**自由**を定義して、「自由とは、他人を害しないすべてをなしうることである」と述べている。ここでは、「すべてをなしうる」という基本的定義もさることながら、「他人を害しない」という挿入句が重要である。もしこれがなく、単に「自由とは、すべてをなしうることである」であれば、結局「したい放題」の利己主義となってしまう。そうではなく、他人も自分と同じように自由を有していること、つまり、万人が等しく個人として自由を享受すべきことを明らかにした点に、人権宣言の深いメッセージがある。

もちろん、人間は不完全な存在であり、法の建前どおりにはいかない。しかし少なくとも、憲法一三条やフランス人権宣言を理想として、すべての人を「個人として尊重」し、万人が平等で公正な処遇を受ける社会を目指すことは可能である。このことは、家庭・企業・職場・学校を問わない。また、問題は人間だけにとどまらない。人間以外の生物や地球そのものについても、個人主義や自由の考え方を及ぼし、地球それ自体が人間と共生する主人公だという考え方から出発することが環境法の基本的視点となる。

(イ) 個人の自立と法のサポート

第二に、**個人の自立**には法のサポートが必要である。人間は平等に自由を享受すべきだが、人は、どうしても自分の「したい放題」をしがちである。それを規制して、万人の等しい自由・平等を実現する手段が法である。消費者取引一つをとっても、企業は利潤追求のあまり、消費者に不利な契約を押しつけがちである（附合契約）。しかし、交渉力で劣る一人一人の消費者が大企業に立ち向かうことは容易ではない。そこで消費者契約法は、消費者の交渉力をサポートし、対等で公正な取引が行われる基盤を整備するため、企業に情報提供義務を課したり、消費者に一方的に不利益な条項を無効とする規制を定めている（一一四頁）。また、市場の規制緩和と同時に行われる事後規制も、法による個人の自立のサポートにほかならない（三八頁参照）。

このように、個人の自立とは、決して個人を裸のまま「市場」という弱肉強食のジャングルに放り出すことを意味しない。そうではなく、法はさまざまな形で契約関係や市場に介入し、個人が自立して生活し活動するためのセーフティネットを提供するのである。ここに「法のサポート」の意味がある。

(ウ) 個人の自立と個人の連帯

第三に、個人の自立には個人の連帯が必要である。個人の自立には集団のサポートが必要といいかえてもよい。もちろん、「個人」と「集団」は本来、対立する概念であり、憲法一三条の個人主義は、個人が集団に埋没すべきではないというメッセージを含んでいる。

しかし、今述べたとおり、個人はしばしば非常に弱い。消費者取引の過程で生じたトラブルを解決するためには、消費者団体のサポートが必要となるし、労働者が労働条件の向上を求めるためには、労働組合のサポートが不可欠となる(労働組合については、憲法二八条が団結権を保障している)。また、個人が「原子力発電反対」の意見をもっている場合、一人では難しくても、同じ意見をもつ他の個人と連帯すれば、その意見を社会や政治に反映させることができる。こうして、個人が個の実現を図るためには、自己を確立しながら、他者と連帯することが不可欠となる。それは決して憲法一三条の個人主義と矛盾しない。その意味で、個人の自立・個人主義は社会との連帯を含んだ概念である。「自立」と「孤立」は同義ではないのである。

〈ステップアップ〉

① 中島章智編『e－ビジネスロー』（弘文堂、二〇〇一年）

② 長谷部恭男『憲法』（新世社、一九九八年）

③ 手塚和彰『外国人と法（第二版）』（有斐閣、一九九九年）

④ 木棚照一＝松岡博＝渡辺惺之『国際私法概論（新版補訂）』（有斐閣、一九九七年）

⑤ 土田道夫「セクシュアル・ハラスメントを法的に考える」法学教室二三四号（二〇〇〇年）

判例①――横浜地判平成七・三・二八判例時報一五三〇号二九頁

判例②――徳島地判昭和四四・一二・一六判例タイムズ二五四号二〇九頁

判例③――東京高判平成九・一一・二〇労働判例七二八号一二頁

（土田道夫）

II 先端テーマを通して学ぶ法の現状と将来

Bridgebook

第1章 放送への関心
——放送の自由を通して憲法を学ぶ

I 放送をとりまく環境と制度

❖(1) 放送の多メディア・多チャンネル化と公共性

(ア) 多メディア・多チャンネルの時代がやってきた!

今、テレビがおもしろい。といっても、テレビ番組がおもしろいかどうかは、人によってさまざまな評価があるだろう。どこのチャンネルも、代わり映えのしない番組ばかりを流していると感じる人もいるかも知れない。ただ確実におもしろいのは、テレビをめぐる制度の今後である。

そもそも、テレビが生き残れるのかどうかも問題になる。インターネットを通じて、安価に動画配信ができるようになれば、テレビの役割の一部は、ネットに吸い取られていく。映画やアニメなど、できあがったコンテンツを配信するだけならば、オン・デマンド形式の方が安くつく。これがスポーツ中継などにも拡大していけば、放送局の使命はどこに行くのだろうか。「放送」と「通信」の境目が、わからなくなり始めている。

そして、放送技術も転換期にきている。少し前まで、テレビといえばアナログ地上波放送であった。それが、ケーブルテレビが普及し、CSデジタル放送が開始されたことにより、多チャンネル状況ができあがりつつある。今後、地上波デジタル化が進めば、多チャンネルの実感が強まるだろう。双方向の番組も可能になる。この意味でも、「放送」と「通信」の境界線は、ますます低くなる。

そうした多メディア・多チャンネル状況の中、ニュースだけ、スポーツだけ、さらには将棋の中継だけを一日中行うチャンネルなど、「専門放送」が進んでいくことが予想される。その状況下で、今のテレビで一般的な「総合放送」の形態がどこまで残るのかは、テレビ局側の人間にとっては深刻な問題だろう。

(イ) 多チャンネル化は公共性を掘り崩す?

放送の未来をどう描くかという問題は、国としても無関心でいられない。「総合放送」は、ある意味では、民主主義的の前提条件である。

国民の間に政治の動きに関する情報が一定程度で共有されていることが、民主主義が機能する前提だとする見解がある。何が国レベルで争点となっており、政府がどういう立場を採っているのか。そもそも内閣総理大臣は誰か。こうした情報は、現在、どこのチャンネルを見ていても、定時ニュースの中で必ず伝えられ、とくに意識することもなく国民の耳に届いている。ところが、多チャンネル状態の中で、多くの国民が定時ニュースのない専門放送に親しむようになれば、情報の共有度は下がる。また、地域局は、地域の政治課題を重視するだろう。この動きも、民主政治の前提を掘り崩す動きをする可能性がある。

議会制民主主義の基礎理論では、国会議員は、いったん選ばれた時点で、地元の地域エゴや特殊な組織の都合を代表する存在ではなく、「全国民の代表」（憲四三条）となる。日本全体を包括する、そうした「**公共性**」を、テレビの進歩は壊すかもしれない。

❖(2) 法的規制が作り上げる存在としての放送制度

(ア) 今のテレビのあり方は法制度が作っている

人間は、安心して他人と共有できる情報源を求めるものだから、今のような「総合放送」と、それに基づく公共性は、今後も大丈夫だという理解もある。ただ、確立した知識の体系に根差した活字情報よりも、不確かではあるが趣味に応じた情報が多様な形で流通しているインターネットに情報検索を頼る世代が増えていく今後、国民レベルで情報基盤の共有が維持できるかどうかは、予断を許さないだろう。その段階で、どういった制度的枠組みを選び取るのか。

実は、現在のテレビを取り巻くさまざまな制度的仕組みは、国の法制度によって、わざと作り上げられている。これは、放送が持っている力に対する恐怖を踏まえている。

(イ) 放送がもっている力への恐怖が規制を生んできた

放送を発信するのにばく大な設備投資が必要だった二〇世紀には、放送を握る者が権力を握るとさえ言えた。一九八九～九〇年に頂点に達した東ヨーロッパの自由主義化の中でも、西側放送局が東に向けて流した放送が決定的な役割を果たしている。社会主義政権下で共産党の宣伝手段でしかなかったテレビに背を向けた東ヨーロッパの国民は、手作りアンテナを西側の放送衛星に合わせ、競い合って反体制運動の最新情報を手に入れた。遠く離れた町の反政府デモの情報がその日のうちに国中に行き渡り、翌日には全国でそれに呼応する。社会主義政権を倒した動きの背景に、放送の影響は見逃せない。

そして、そもそもラジオ放送が始まった当初から、放送は、国民を操作する道具としての役割を帯びていた。「大本営発表」というキーワードの下に大量の偽りの戦勝報告が流され、負け続きの戦況を隠す道具として利用された第二次世界大戦中の日本のラジオが、典型的な例を示している。だからこそ、戦後の放送法制はその点を反省し、まずは自由な、そして公共性をもった、中立的な放送を実現することを目指してきたのである。

❖(3) 規制は今後も必要なのか？

そこで前提となっていたいろいろな条件が、今、変わっていこうとしている。インターネットにおけるウェブサイトの掲出と放送を区別する理由は今も有効なのだろうか。国家による法的規制が必要なくなっていくのだろうか。

放送への関心。これは、まず第一には、どんなテレビを見たいかの問題だろう。ただ、現実に流れてくるものが、放送制度によってかなり規定されていることを考えれば、放送への関心は、二一世紀における「国家」のあり方をどう設計するのかという問題と結びつく。どんな社会に生きていきたいかという問題と。

2 放送法・放送の自由・表現の自由

❖(1) 電波法・放送法による自由と規制の体系

これからの放送に関する法的・政策的な枠組みを考える前に、まず、今の放送制度がどういう仕組みになっているかを確認していこう。

放送局は、電波法四条に基づいて、総務大臣の免許を受けた「無線局」として開設される。そして、放送を行う無線局に対しては、放送法に基づく義務が課せられる。その中で最も重要なのは、放送法三条の二に置かれた、番組編集に関する定めだろう。そこでは、公安や善良な風俗の維持、政治的な公平性、事実を曲げない報道などが義務づけられている。そして、こうした放送法などに違反した場合、電波法七六条に基づいて、無線局としての運用停止、そして免許の取消しという処分ができるようになっている。

このように放送法は、国による規制の道筋を示している。ただ、放送法は、見方を変えれば、自由のための法律でもある。放送法三条は、番組編集が原則として自由であることを宣言している。そして、法律の狙いを明らかにする部分(一条)で放送法は、「放送の不偏不党、真実及び自律を保障することによって、放送による表現の自由を確保すること」を目的に据えている。自由を確保するための規制、という枠組みである。

❖(2) 放送における「表現の自由」の確保

(ア) 表現の自由は表現される内容の多様性に関心をもつ

ここに、「表現の自由」という言葉が出てきた。これはもちろん、日本国憲法二一条で、個人の基本的人権として保障されている表現の自由を指す。この自由が、一方で、放送局が自由に放送内容を決定できる権利につながっていく。ただ、放送を受け取る側のことも考えなければならない。テレビの力をもってすれば、視聴者をだまして、嘘の情報を信じさせることなど簡単だろう。国から特別に免許を受けている放送局が、特別に認められた力を濫用して、国民の信頼を裏切るなら、それは、表現の自由の名の下に正当化できることではない。

表現の自由はもともと、表現する側の自由であった。ところが、マスメディアの発達とともに、情報の送り手と受け手が分離する状況になっていく。単に情報発信の自由だけを守っていれば十分ではなくなるのである。そのため、表現の自由は、情報発信・情報媒介・情報受領のサークルにおいて、全般的な「情報の自由な流れ」を確保することに向けた要請と理解されていく。国民の「知る権利」という言葉が、情報受領に着目した表現の自由のあり方を言い表している。そして、この「情報の自由な流れ」への関心に基づいて、放送局による情報発信さえ自由であればいいという見方に修正が加えられていく。

情報を受け取る個人の側にとって大事なのは、世の中に存在しているいろいろな考え方に接することである。放送局が言いたいことばかりを聞かされるのでなく、放送を通じてさまざまな考え方に接することができる状況の方が望ましい。だからこそ、放送局は、一方で放送内容を原則として自由に決めるけれども、他方で公平でなければならず、「意見が対立している問題については、できるだけ多くの角度から論点を明らかにすること」（放送三条の二・一項四号）という命令を受ける立場にもなるのである。

(イ)　表現の自由は第一に国の規制を受けない自由だ

ここで、ちょっと立ち止まって、表現の自由の内容を考えてみよう。というのも、表現の自由という一つの基本的人権から、政府による規制と、規制を受けない権利との、二つの要素が引き出されてきている。これは一体、どういうことなのか。

憲法が基本的人権を保障する場合、その主要な意味は、国家権力に対する制限という点にある。表現の自由が真っ先に意味するのは、「国家権力は個人の表現の自由を侵害してはいけない」という命題である。したがって大原則としては、テレビの放送内容に政府が口出しできるのは、例外的な場合に限られる。この点が、日本国憲法の体系によって基本的人権の保障が貫徹していることの意味である。

これは、憲法というものの性格に由来する。憲法は、誰が正当な法規範を作り出し、他人に国家の名でもって強制を働かせることができるのかを定めた、国家権力を作り出すためのルールである。その憲法が個人の基本的人権を保障するのは、国家権力に対して、個人の側から条件を設定することを意味する。基本的人権を侵害するような能力は、最初から、国家権力に認められていない。

もちろん、表現の自由も絶対的なものではない。たとえば、他人の名誉を傷つけるような言論は、犯罪として処罰されることがある。**名誉毀損罪**を定めた刑法二三〇条が、その場合の根拠条文となる。このように、表現の自由に一定の限界線が引かれるのは、自由の権利が他者の自由を害する権利を含まないという一般的な自由の原則（一七八九年フランス人権宣言四条など）に基づくもので、表現の自由の「**内在的制約**」を表す。

(ウ) 表現の自由の保障は民主的政治過程の条件でもある

ただ、刑法二三〇条に続いて、二三〇条の二の規定が置かれ、一定の場合に発言内容が真実であれば処罰されないことが確保されている。これは、個人の名誉保護が、公共の利害に関わる表現を過度に抑圧しないためのものである。

国会議員が汚職を働いたという報道がなされれば、たしかにその議員の名誉は傷つく。しかし、選挙を通じて代表者が選ばれる民主的政治制度の下では、有権者は、正確な情報に基づいて、候補者が代表にふさわしいかどうかを判断できることが必要になる。だとすれば、公的事項に関する情報がきちんと流れることは、民主的政治過程が機能する前提として確保しなければならない。

そもそも、民主制は、多数派が悪い政治を行えば、次の選挙で政権政党の立場から転落するという予測を踏まえている。ただ、与党が多数決の論理を濫用して、政権批判を許さないという形の言論弾圧を法制化するならば、国民は、時の政権が悪い政治を行っていることを知る機会を奪われ、民主的コントロールが機能不全に陥る。表現の自由の保障は、民主制が機能するための、不可欠の前提条件である。

そこから、基本的人権に関する理論の中では、表現の自由を中心とする精神的自由権には、経済的自由権と比べて「優越的地位」があると整理されている。精神的自由権に対して規制を及ぼす法律に対して、裁判手続の中で憲法違反であるという主張が行われた場合に、裁判所は、とくに厳格な審査を行うことになる。どうしても国家が引き受けなければならない目的を実現するために、法律によって選択された具体的な規制のあり方がどうしても必要不可欠な手段であるような、きわめて例外的な場合に限って、規制が憲法上、許容されることになる。

❖(3) 規制根拠としての周波数帯の希少性論

(ア) 同じマスメディアでも新聞と放送は区別して扱われてきた

放送と同じマスメディアに属する新聞紙の発行については、こうした表現の自由の保障がストレートにあてはまっている。戦前にあったような新聞紙に対する国家的検閲など、現在の民主主義体制下では決して許されない暴挙とされる。現実には日本の「全国紙」は、政治的に中立の装いを表に出すことが少なくない。しかし理論的には、報道姿勢において各新聞社の政治的・文化的な持ち味が発揮されることが良しとされている。

表現内容を理由として新聞社の責任が問われるのは、他者の名誉権の侵害などを理由に裁判所によって損害賠償が命じられるような、例外的な場合に限られる。それ以外の場面で、政府が積極的に新聞報道の内容に口を出す手がかりは、法的には認められていない。新聞社が一つの「法人」であり、基本的人権の直接の担い手である個人とは異なる存在であっても、この点に変化はない。

それに対して、放送の自由については、そこまで厳格な考え方が貫徹していない。その理由が、放送局という法人に与えられる特別の免許制度であった。そしてその背景にあるのが、利用できる周波数帯に数の制限があることであった。

(イ) 「周波数帯の希少性」論によって規制を正当化し続けられるか?

放送がアナログ地上波放送を意味していた時代には、限られた周波数帯をどう配分するかという問題が深刻であった。限られた資源である周波数帯を割り当てる際には、割当を受けた放送局が好き勝手な内容の放送を組み立て、特定の政治的立場の宣伝に利用したり、偽りの情報を流して国民をだますようなことを避ける必要が出てくる。そこから、政治的公平性や真実報道の義務を引き受ける、責任ある主体を選んで免許を付与する制度に合理性が認められてきた。

ただ、デジタル化によって生じた多チャンネル状況は、すでにこの「周波数帯の希少性」という規制根拠を掘り崩し始めている。それまでの議論で前提となっていたような、十指で数えられるチャンネル数の希少性から、数百の選択肢が可能な有限性へと変わったのである。この状況に、通信との融合状況が拍車をかけるなら、放送に対して規制を及ぼし続けることに理由はあるのだろうか。

3 放送内容の多様性確保に向けて

❖(1) 目標としての放送内容の多様性

(ア) 放送内容の多様性という原理が規制を要請してきた

情報の受け手から見て重要なのは、多様な見解に接する可能性であった。現代社会においては、さまざまな政治的・文化的な見解を持つ人々が共存している。そうした中で、特定の見解だけを反映した放送しか流れないなら、希少資源のフェアな配分が行われているとはいえない。あらゆる見解が、放送の中でそれなりの地位を認められて然るべきである。

チャンネルが限られている中では、内容の多様性という利益を実現するためには、免許を与える側である国家の規制が必要とされてきた。もともと、希少な資源に関して市場原理は公正な配分を保障しない。市場原理を補うための措置が必要であると考えられる。

(イ) 市場原理による多様性確保は困難だった

少し前までの状況では、放送を担うことのできる勢力は、巨大資本に限定されていた。広い地域を対象としたアナログ地上波の発信には、かなりの規模の設備投資が必要になる。放送に参入するのに、多額の初期投資を準備しなければならなかった。その上に、番組制作費用も、とくに報道などを含めた自主的なコンテンツ制作を行う場合、かなりの額にのぼる。放送局としては、その投資を回収しなければならなくなる。

そして、「放送」がもともと無限定な公衆に向けた情報発信を特徴としている以上、情報消費者から直接にコストを回収することは難しい。そこで、民間放送は、スポンサーによる資金提供によって資金を獲得してきた。番組中に広告を組み込み、一定人数の視聴者が見込まれる時間枠を販売する、という手法に頼るのである。

そこには、一定のバイアスがかかる。放送局自身が巨大資本としての利害をもつ上に、番組枠の広告料が高価なものなることによって、スポンサーが大企業を中心とした、資金豊富な勢力に限定される。その結果、スポンサーとなる巨大資本の意向がコンテンツに反映しやすい構造ができ上がってくる。

このように、見解の多様性が自動的に放送の中で配慮される形にはなっていない。安価なワードプロセッサとプリンタがあれば参入でき、販売部数の拡大に応じて身の丈に合った投資をしながら成長できる新聞紙との違いは、この点にも認められる。

(ウ)　公共放送と規制された民間放送の棲み分け

市場原理を通じては、放送内容の多様性が確保できない。むしろ、放送が特定勢力の考え方を国民に押しつけるために利用される危険がある。そこから、日本では、公共放送と、免許制度を前提に規制された民間放送という組み合わせが成り立ってきた。

公共放送としての位置を法律の上で定められたＮＨＫは、受信料によってコストを回収する。視聴者による費用負担は、競争原理を離れ、国民各層にとって必要な情報をきちんと提供するという、公共放送としてのＮＨＫの存在意義によって正当化されてきた。視聴率が低くとも、一国の政治的・文化的水準を考えれば、放送すべき番組があるとの立場である。

それに対して民間放送は、競争原理の下で、視聴率を基準として広告媒体としての番組枠を販売する。そのため、番組編集は、質の論理よりも、数の論理を追求しがちである。それでも普通は、偏りのない放送の方が多数の視聴者の信用を得やすいであろう。しかしこの点で、市場原理がつねに信頼できるとは限らない。競争相手との差別化をはかるために、明確な姿勢を打ち出す番組編集が視聴者獲得につながる可能性がつねにあり、いつどの放送局がこうした偏向路線に打って出ないとも限らない。この条件の下で放送の中立性を維持するためには、放送法の義務づけが働かざるを得ないとされているのである。

この民間放送と公共放送の両者が組み合わさって、国民各層に満足できるような放送が提供されてきた、はずであった――少なくとも、建前の上では。

(エ)　規制の逆効果？

従来の体制が十分な多様性を確保してきたかどうかは、別問題だろう。規制によって放送の発展的なエネルギーが削がれ、放送局の独自性が発揮されない、陳腐な番組編成につながっているという評価もあり得えよう。また、今のテレビで伝えられる政治認識が、国民が共有すべきものとして最も適切なものである保障はどこにもない。ジャーナリストの常識と国民の常識の間に、大きな開きがあることが知られているのだから。

こうした点などに、規制の上に安住した民放各社とＮＨＫによる馴れ合い体制を見て取ることも可能であろう。そもそも、放送法の体制は、多様性確保の要請に応えられるものだったのだろうか。

ＮＨＫに関していえば、政府の意向が反映されがちである点がつねに指摘されている。衆参両院の同意を得て内閣総理大臣が委員を任命する経営委員会が設けられ、番組編集の基本方針の決定など、多くの基本的な事項を扱う。こうした組織構造が、必要以上に政府の立場を意識した番組編集につながったとしても、あながち無理なことではない。

また、民放局に関しても、無線局の免許を管轄するのが日本では総務省という官庁であり、政治的公平性に違反があったかどうかの認定に関して政府の意向が直接に表に出ることになる。だとすれば、政府や政権政党に有利な力関係が、最初から組み込まれている。

放送内容の多様性を確保するために、市場原理に頼っても十分でない。しかし、政府の規制を導入すれば、政府に一方的に有利な規制権限の行使を防ぐことができなくなる。このジレンマの中で、今後、放送が健全に発展するにはどうすればいいだろうか。

❖(2) 可能性としての規制緩和

(ア) 今後の放送は「新聞」の比喩に近づく?

多様性確保を狙った規制が、必ずしも使命を果たしていないなら、多チャンネル・多メディア時代に突入しようとしている今、むしろ多様性確保を市場の論理に委ねる決断があり得よう。現在、数百のチャンネルが視聴者を奪い合う状況は、技術的には可能である。だとするなら、それぞれの放送局が政治的にも独自色を出して競い合う体制があってもいいかもしれない。

CS放送が広まっていくことにより、放送施設のハードを維持する主体と、番組コンテンツを作るソフト制作の担い手とが一致している必然性は、今以上になくなっていくだろう。インターネット放送に至っては、個人レベルでホームページを開設することと法的に区別することすら困難になる。初期投資の必要性という意味でも、新聞のあり方に近づく。

こう考えると、政治的な公平性や論点の多角的解明などを義務づける必要は、もはや存在しないかもしれない。この立場に基づけば、放送法三条の二は、歴史的使命を終わったことになる。

(イ) それでも「総合放送」への規制が必要?

市場に委ねることで放送内容の多様性が実現できるなら、番組内容に関する規制を撤廃することこそが「放送の自由」につながる。それに対し、現在でも規制の必要がなくなっておらず、「放送の自由」のためには包括的な国家のコントロールが必要だとする考え方も、なお有力に唱えられている。

一つの立場として、さまざまな技術革新にもかかわらず、人々は今のような「総合放送」に依存し続けると考える立場がある。また、放送のハード面を押さえる勢力が、今後もコンテンツを支配し、「総合放送」を通じて自らの影響力を確保し続けるだろうという予想も成り立つ。こうした前提に立てば、影響力の大きい「総合放送」を担う既存の放送局に対しては、なおも内容規制の必要が存続することになる。

(ウ) 規制根拠としての「テレビの影響力」

テレビに対する内容規制を維持すべきだと考える場合にも、周波数帯の希少性という根拠は使えなくなっていく。実は別の点に規制が必要な理由があったのだという論じ方が、必要になる。そうした場合の手がかりの一つが、テレビの影響力だろう。動画と音声を組み合わせることにより、テレビには、文字情報よりもはるかに強い社会的影響力があるという指摘には、頷ける点もある。とくに、子どもへの影響力という点で、テレビの前に新聞は手も足も出ない。

こうした考え方を取る際に、動画と音声の組み合わせを重視すれば、放送の中でも、テレビとラジオを区別しなければならなくなる。それに対し、スイッチを入れれば内容を選ぶことなく私生活領域に特定のコンテンツが侵入してくるという侵入的性格を見れば、テレビとラジオの共通性を語ることもできる。

また、動画と音声の組み合わせによる影響力が規制を必要とすると考えるなら、インターネットにおける動画の流通を放置してよいことにはならないだろう。現在では、ネット上のサイバースペースは、必要以上の規制を受け付けない自由の領域と考えられている。しかし、放送に規制を及ぼすべきだとの立場を一貫させる者は、放送と融合しつつある通信の場面にも、国家の介入が必要だと論じることになるだろう。

❖(3) コミュニケイションに対する国家の関わり方

放送と通信が融合していけば、コミュニケイションに関する規制のあり方が根本から問い直されていく。どのようなコミュニケイション形式に対して、どのような理由から、どのような目的で、どのような具体的規制が必要になるのか。

人間は、自分の得ている情報が必要な情報だと考える傾向をもっている。しかし、今と違うコミュニケイション環境があれば、今と違う情報が流通していたはずである。ケーブルテレビやCS放送が始まった以降も、日本で「総合放送」が主流を占め続けている。これが、地上波放送が本当に国民のニーズに応えているからなのか、それとも、新しい放送技術を育成することに後ろ向きで、既存の地上波放送局の利益を守り続ける国の放送政策の結果なのかは、見解の分かれるところだろう。

ここでは、自由な情報の流れが確保された結果が多様な情報の流れになるはずだという点を踏まえてきた。これが、現時点における「表現の自由」、適切な呼び方をすれば「コミュニケイションの自由」という基本的人権の一つの理論的結実点である。人間が主体的に情報を選択し、主体的に生きていくために、自由な情報の流れはどのように組み立てられるべきか。この点が問われている。

（西原博史）

〈ステップアップ〉

① 長谷部恭男『テレビの憲法理論』（弘文堂、一九九二年）
② 立山紘毅『現代メディア法研究』（日本評論社、一九九六年）
③ 鈴木秀美『放送の自由』（信山社、二〇〇〇年）
④ 長谷部恭男＝舟田正之編『放送制度の現代的展開』（有斐閣、二〇〇一年）

Bridgebook

第2章 情報公開への関心
――情報公開を通して行政法を学ぶ

I 行政をコントロールするということ――情報公開を通して考える

❖(1) 食糧費公開訴訟

「食糧費」という耳慣れない役所用語が、「官官接待」という言葉とともに一般に知られるようになったのは、一九九五（平成七）年頃のことである。「食糧費」とは、役所における会計上の費目で、会議等にかかる茶菓や弁当などの飲食代金はここから支出される。通常であれば市民の目に触れることのないこの食糧費であるが、この費目から支出される形で自治体職員による国の役人の接待が行われ（官官接待）、また、この食糧費を、出張や懇談会等を装って支出したように見せかけて裏金としてプールし（いわゆるカラ出張、カラ会議）、さまざまな用途に流用している実態のあることが明らかにされるようになったことから、食糧費支出の実態を確かめるべく各地でその支出記録の公開が求められるようになったのである。

食糧費の公開に関するある裁判例をみてみよう（**判例①**）。

原告は行政の監視を目的として作られた市民団体・仙台市民オンブズマンである。原告は、「宮城県総務部財政課の食糧費支出に関する一切の資料」の公開を請求し、拒否されたことから、その拒否の決定の取消しを求める訴え（取消訴訟）を起こしたものである。

原告は、この訴訟について、「県財政課が実施した懇談会がカラ飲食ではないかとの疑惑の徹底解明を求める多くの県民の期待に応えるために必要不可欠の情報の全面的開示を求める訴訟」であり、県も疑惑解明に応じるべきであると主張している。これに対し、被告知事は、県を代表して他機関との調整、折衝にあたる県財政課が、職務を遂行する上で各種の懇談会を伴う会議を設定することは避け難いとした上で、食糧費の支出に関する事務処理の流れは、機械的に処理され、コンピュータで管理されているので、そのような不正行為を行うことは制度上不可能であるし、また、情報公開の性質上、いわゆる疑惑解明まで予定されておらず、かつ実際に調査することも不可能であると主張している。

請求対象として特定された文書には、支出科目や経費・費用のほか、懇談会の目的、施行伺年月日、場所、出席者の氏名等、債権者等の氏名・住所・印・電話番号および債権者の支払先金融機関名・口座種別・口座番号等が記載されており、これらの公開の当否に関する裁判上の論点は多岐にわたるが、たとえば、プライバシーの保護のために設けられている特定の個人を識別しうる情報の非公開に関する規定について、裁判所は次のように判断をしている。

請求された文書には、懇談会の出席者として、国、他の都道府県、県内の市町村の職員または県会議員等の公務員等が記載されているが、このうち、「公務員についていえば、その職務執行に際して記録された情報に含まれる当該公務員の役職や氏名は、当該公務を遂行した者を特定し、場合によっては責任の所在を明示するために表示されるにすぎないものであって、それ以上に右公務員の個人としての行動ないし生活に関わる意味合いを含むものではない。……県政に対する理解を深めるため（本県条例一条）には、これを遂行した担当者及び職務上その相手方となった者についての情報もできるだけ具体的に開示される必要がある。そうすることによってはじめて、実際に行われた県政の検証、その当否の判断が可能ともなるのである。」などとし、その他の争点についても、被告の主張を退け、全面公開の判断を下している。

❖(2) 情報公開のしくみ——情報はどのように公開されるか（されないか）

さて、ここで情報公開のしくみについてみておこう。市民が、行政（または公的機関）の保有する情報を得たいと思ったとき、それが都道府県や市町村であればそれぞれの自治体の情報公開条例を、そして国の情報であれば国の情報公開法に基づき得たい情報を請求することになる。具体的に流れをみてみよう（以下の記述は、行政法上の制度として重要な行政手続と関係が深いことにも留意してほしい）。

まず、請求書は、自治体の場合、通常はその役所に統一の総合情報公開窓口があるのでそこに提出することになるが、国の場合は、それぞれの機関ごとに請求を受け付けることになっておりその機関の窓口に提出する必要がある。提出された請求書は、請求書に遺漏がないかどうかの審査（形式審査）がなされた後、対象となる文書を公開するか非公開にするかの実体審理が行われる。

実体審理においては、いうまでもなく、請求されている文書またはその記述に条例や法律の**非公開事由**に当たるものがあるかどうかが焦点となる。決定は、行政機関の長の判断として示されるが、実際には、内部的に長から委任（専決）を受けたしかるべき地位の担当者が判断をする。非公開事由がどのように規定されているかは条例ごと、そして条例と法律では異なるが、おおよそ次のように整理することができる。

① **個人情報**（プライバシー保護の観点から設けられた規定。個人が特定できる情報との規定が多い）
② **法人情報**（企業等の競争上の地位を不当に侵害しないように設けられた規定）
③ **行政執行情報**（行政執行に関する情報で情報が公けにされると執行に支障が生じうる情報）
④ **審議・検討情報**（行政内部的情報で公けにされることにより意思決定の中立性等が損なわれうる情報）
⑤ **公共の安全に関する情報**（情報が公けにされることで市民の安全や犯罪予防に支障が生じうる情報）

非公開事由として定められた以上の規定に該当する場合は非公開の決定がなされるが、これらの規定に該当しない限り文書は公開しなければならない（原則公開）。また、請求からこの公開または非公開の決定までの期限について定められているのが普通で、たいていの場合、二週間程度の決定期限（国の場合は三〇日）が定められている。非公開決定や一部非公開などの不利益処分の場合、請求者に不満が残ることが当然に予測される。そのため、行政庁はその判断が適正になされたことを示すと同時に、不服に思う請求者の争訟を起こす際の便宜になるよう行政庁は処分の理由を示さなくてはならない（処分理由の提示義務）。

さて、請求者が決定に不服のある場合、最終的には裁判所に訴訟を起こすことができるが、その前に、行政庁に対して不服申立てをすることができる（行政不服審査）。不服申立て自体は行政不服審査法という法律に基づき手続が進められるが、情報公開法および多くの情報公開条例によれば、国または自治体ごとに設けられた不服審査会という第三者機関（諮問機関）に事案の判断について諮問をするしくみがとられている。

情報公開のしくみではこの不服審査会がたいへん重要な役割を果たしている。審査会は、役所の外部の委員で構成されており、非公開決定の妥当性を判断する。情報公開の場合、争われている情報や文書をその時点で市民は見ることはできないわけであるから非公開決定が適正になされたかどうかは疑われやすい。そこで、外部委員で構成される審査会に処分の当否について意見を求めるのである。

諮問の結果は、行政庁に答申として回答されるが、原則として行政庁は答申に従う形で不服申立てに対する決定（または裁決）を行う。行政の決定に解釈の誤りがあるとして非公開決定が取り消されるケースもしばしば見られる。

❖(3) 情報公開の意義

以上が情報公開のしくみであるが、ここで、こうした情報公開のしくみを設けることの意味を考えておこう。

(ア) 知る権利の保障と情報公開

まず、情報公開制度は、しばしば、「**知る権利**」を保障する制度であるといわれる。いうまでもなく、人間にとって、「知る」という営みは格別に重要なものである。人は知ることで成長し、知ろうとすることが社会の原動力にもなってきた。このような意味での「知る」ということは、とりわけ子どもの学習さらには学問への権利として私たちの社会に定着してきている。消費者として食品や製品の安全性を知ること、環境問題の深刻さから特定の汚染データを知ること、食糧費の公開で問題となった行政問題さらには政治的争点について知ることなどは私たちの市民生活にとっていずれも大切なことである。また、情報の流通が進み自分に関する情報がどのように利用されているか定かでない現代社会では、自分に関する情報を知りまた知りうることもまた大切なことであろう。さらに、市民が許認可のために申請をするとか、給付を受けるといった場合、特定の手続をとらなければならないが、最近では、そうした手続における権利として、「知る」ことの重要性が意識され制度化もされてきている。「知る」ということは同時に実に豊富な内容を持っている。

情報公開制度は、ただし、こうした目的のどれか特定のものに資するものではない。情報公開法または条例によれば、請求は何人または市民であれば誰でもできることになっており、濫用は厳しく戒められるが、請求に当たってとくに請求目的を問われるものでもない。その限りで、たとえば、特定の利害に深く関わる人が、情報公開制度で特定の情報の開示を強く求めても、優先的にその情報を得ることができるわけではない。しかし、その反面で、特定の利害関係を疎明しなくても、法律や条例の非公開事由に当たらなければ原則としてその情報を得ることができるというメリットがある。もちろん、個人情報を本人に限って開示するとか、一定の利害関係あるいは手続の中で利害関係者に一般には見せられない情報をとくに開示するといったしくみを別に整える必要があるが、知る権利一般を保障するしくみは人の「知ること」全体の基本に位置づけられるしくみとして重要である。

(イ) 民主主義社会と情報公開

① 民主主義社会と情報を有する市民

さて、誰でもが行政の保有する情報を請求することのできるしくみを整えたということは、主権者たる市民の側からいうと、市民は、直接の利害関係の有無に関わりなく、みずから関心を寄せるあらゆる問題について等しく、その情報を原則として入手できるということを意味する。「由《よ》らしむべし知らしむべからず」あるいはややニュートラルに「知は力なり」というい方があるが、人は知らされずまた知らないことによって統治の対象となり、逆に知ることによってそれだけ多く政府へ影響力を行使しうる。「知る」ということは、主権者たる市民にとって基本的なことであり、治者と被治者が一致する関係にある民主主義社会においては、**情報を有する市民**（informed citizenry）こそがあるべき市民の姿として最もふさわしい。

もちろん、これまでも、市民は、政治（政党や議員）やメディアを通じて有用な情報を入手してきたし、これからも、それらと切っても切り離せない関係にあるだろうが（たとえば、博多駅事件・判例②を調べてみよう）、市民と政治やメディアの関係の変化の中で、市民にも知る権利を直接に行使できるようにするしくみが不可欠のものとされるようになった。そして、市民がこのしくみを手にしたことにより、行政などによって取捨選択された情報に依拠するのではなく、みずから望む情報を、みずから、より精緻に知ることができるようになったといえよう。

② 情報公開と行政のアカウンタビリティ

また、このしくみは行政のあり方にも少なからず変化をもたらしている。実は、このしくみ、一見、請求者に対して情報を見せる（開示する）というものにすぎないようにみえるが、請求者の目的や地位に関わりなく、非公開事由に当たらなければ、誰にでも同様に見せるというしくみをとっていることから、単なる請求者への開示のしくみを越えて、行政を一般に公開する実質を持つしくみであるといえる（特定の目的や特定の地位の人にだけ開示するのであればこうした「一般公開」の実質は持たない）。しかも、つねに請求に応じなければいけないわけであるから、行政は、つねに、「公開」可能な形に情報を整えておかなければならない。

このように行政を義務づけることとの背景として、知る権利の保障ということに加えて、しばしば、**行政の説明責任**（**アカウンタビリティ**）ということがいわれる。**2**において述べるように、行政の役割として法の執行が挙げられるが、たしかに、行政が単純に法を執行するにすぎないとするなら、行政はそれを執行したか否かについて議会に結果を報告すれば責任は果たされる。ところが、法の執行といっても、行政の裁量にゆだねられる範囲が多くなると、法を執行したというだけでは行政活動の正当性をはかることが難しくなってきており、最終的に選択した裁量がいかに合理的であったかについて説明する必要がでてくる。これを説明責任という。もちろん、情報を公開することがすなわち説明責任ではないが、あらゆる行政活動に関わる情報を一般に公開可能なように整えることは説明責任を果たす上での前提であり、また説明が合理的になされているかどうかを裏付けるためのしくみとして重要であり、また、説明責任を背景として情報公開を運用することもまた大切である。

❖(4) 情報公開と行政の統制ということ

再び食糧費訴訟に話を戻してみよう。この訴訟において、原告は何を意図していたのであろうか。およそ訴訟には人の権利救済の機能があることはいうまでもないが、他方、行政の不法・不正を是正したいということもまた重要なきっかけであることに留意しておきたい。すでに述べたところによれば、原告は、県財政課の支出が不正ではないかとの疑念を抱き、その徹底解明と再発防止を主張しており、この場合、むしろ行政の統制にその意図があるといえる。

ところが、情報公開では、食糧費訴訟の場合、原告が勝訴しても、そこに記載されている懇談会等の目的、場所、出席者、そしてかかる費用や費目等が明らかにされるというにすぎない。それ以上に行政をコントロールしようとする場合、さらに何らかのアクションを起こす必要があると考えられる。しかし、実際には、情報公開により、かかる文書が公開され、あるいは公開される状態におかれることで、行政は、市民の多数が不正・不要と考える食糧費支出への調査を行い、自治体財政への自主的返納をなし、また不要と思われる食糧費を減額している。その意味では、情報公開とその活用が行政の合理化を促し、その統制の実をなしたとの指摘も可能である。

行政法の一つの側面として、**行政の統制**ということをあげることができるが、行政法という法分野において、それでは行政を統制するしくみは全体としてどのようにしくみ立てられているのであろうか。やや先取りしていうと、実は、いわゆる官官接待のために支出された公金の返納に対する訴訟においては、「社会通念上妥当な範囲内のものと認めるのが相当であり、裁量権の踰越《ゆえつ》又は濫用があったとはいうことはできない」などとして棄却されるケースが多い。むしろ前段階の情報公開の方が効果的であるともいえる。そうであるとすると、情報公開のしくみは、行政の統制のしくみ全体の中で、何を提起しているのであろうか。行政法全体のしくみを概観しつつ、節をあらためて考えてみることとしよう。

2 現代行政の統制と法——行政法を学ぶ

❖(1) 行政の統制と行政法の基本原理——行政は議会の定める法律に服する

行政と法の問題を考えるにあたり、まずは、国家には、立法や司法と異なる行政という働きがあることを観念しておこう。**行政**とは何かということをそれ自体定義づけることは、たいへん難しいことであるが、**権力分立**ということと関わって、このことはよく知られている。近代の幕開けの頃、国民を代表する議会が立法権を掌握し、国民の一般意思として議会が定立する法律に君主の専制的な権力行使を服さしめること、また司法権もこの法律に基づいて裁判をすることに意義があった。もちろん、近代社会が作られていたった当時のその国の状況やその後の展開の違いによって、国によって権力分立のあり方も違う。しかしながら、行政が議会の定める法律に服することはいずれの国においても共通のことであるといえる（**法律による行政の原理**）。

ところで、行政が法律に服するといった場合、二つのことが念頭に置かれていることにここで注意をしておきたい。一つは、行政は法律に違反をしてはならないということであり（**法律優位の原則**）、もう一つが、行政が何かを行う場合には法律の根拠が必要だということである（**法律留保の原則**）。行政も、私たち私人と同じように、法律に違反をしてはならないのは当然のことであるが、加えて、行政の活動は法律に根拠づけられていなければならない。たしかに、その時代における行政の役割や行政が関わる領域の違いなどによって、どのような場合に、どの程度、行政の活動に法律の根拠が必要であるかについてはさまざまな議論があるけれども、行政が法律に服するといったときのこの二つの側面は、とくに重要なことである。

❖(2) 違法な行政活動からの救済と行政の裁判的統制

行政が法律に服するということは、同時に行政が法律に反した場合の統制手段を備えていなければならない。具体的には、違法な行政活動によって人にその権利・利益の侵害が及んだ場合に、人は救済されなければならないし、違法な行政活動は是正されなければならない。行政法のしくみとしてまずあげておかなければいけないのは、こうした場合にとられる**裁判的統制**のしくみである。

① 行政処分ということと取消訴訟

行政が行うことの中には、人の好むと好まざるとに関わらず、行政の決定としてその法律関係の形成や消滅に関わるものがある（**行政行為**または**行政処分**という）。もちろん、これらは法律に基づいて行われる。たとえば、食中毒を出した店舗に対する営業の停止命令や、不衛生な店舗に対する改善命令など、ある人が法律に定める諸要件や基準を満たしていないということを前提として出され、その人に一定の行為をしないことを命じたり、あるいは逆に一定の行為をなすことを命じたりことをするものがある。また、ある人からの申請に対して、たとえば、営業の許可をしたり、一定の給付の決定をしたり、その人にとって利益になるような行政の決定もある。後者の場合、申請に基づくといっても行政と申請者双方が納得づくで決定が出されるものではなく（その点で契約とは異なる）、許可に条件がついたり、思った通りの給付でなかったり、場合によってはその申請が拒否されることもあり、その限りで好まざる決定もあり得る。いずれにせよ、そのような行政の決定（処分）は、人のこれまでの法的な地位、あるいはこれからの法的地位に大きく影響するわけであるから、その人にとって不利益な内容が含まれ、納得のいかない場合もある。

こうした場合に、わが国の行政法制度においては、主に取消訴訟を内容とする抗告訴訟制度という行政事件に固有の訴訟制度が設けられている。取消訴訟とは、行政処分あるいはそれに類する行為に法的な利害を有する人が、問題となる行政処分等の取消しを求める訴訟で、行政事件訴訟法にその定めがある。もともと、フランスやドイツといったいわゆる大陸型行政法をとる国で作られてきたものであるが、これらの国においては行政裁判所において事件が審理されるのに対して、わが国の場合は訴訟手続に特徴が見られるだけで、特別の裁判所でそれが審理されるわけではない。

この訴訟の特徴としては、まずは、訴訟要件と呼んでいるが、訴訟を起こすための資格審査がなされる。たとえば、その訴えが対象として行政処分あるいはそれに類するものを取り上げているかどうか（処分性）、原告がその行政処分を取り消すについて法的な利益を持っているかどうか（原告適格・

訴えの利益)、行政処分が個人宛になされるといっても公共に対する影響もあることから、争える期間(出訴期間)が民事事件や刑事事件の時効などと異なり三ヵ月(最大一年)と限られており、その間に訴訟が起こされているかどうかなどである。そうした点がクリアされていれば、行政処分が適法であるかどうかについて審理がなされ、違法と認定されれば原則としてその行政処分が取り消されるというしくみである。

行政処分が取り消されるということであるから、「する」または「しない」ように命令を受けたりした場合は(不利益処分)、人はその法的地位を維持できるのであるからたしかに適切な救済を得られるが、申請をして認められなかった場合などは(申請に対する処分)、拒否決定を取り消すということになり、しくみとして適切かどうか疑問が残るところもある。しかし、いくつかの補完する規定(行訴三三条等)によりおおむね救済の実が得られると考えられている。また、違法な行政処分が取り消されるということから、いうまでもなく行政の統制手段としての効果もある。

② 行政活動による損害・損失と国家補償

(a) 人は、それが適法であるか違法であるかを問わず、行政の活動によって損害・損失を受けることがある。そのような場合には処分の取消しとは別に救済がなされ、もって行政活動の結果からの是正がなされなければならない。

(b) 違法な行政活動の例としては、たとえば、法律に基づく食品サンプルの検査の結果、強い食中毒の原因となる細菌が発見されたとしてある食品加工工場から出荷された加工食品の回収命令を命じたのち、検査員が食品サンプルを取り違えていたことが判明した、という場合を考えてみよう。すでにいったん出された回収命令によって回収がなされた食品が大量にわたっているような場合、行政処分を取り消しただけでは、その業者が被った損害は回復しない。また新聞報道などが広くなされた場合には、信用に傷がつき、その後の販売に影響を及ぼすこともあり得る。あるいは、行政が管理している公園の遊具で普通に遊んでいたところ、それが老朽化していたために倒壊し、その下敷きになって子どもが死亡したという場合はどうであろうか。ここにはとくに取り消すに値する行政処分はないが被害が現に生じている。

以上のような場合、行政法のしくみでは、国家賠償という形で損害を行政に賠償させる訴訟のしくみを設けている。やや厳密にいうと、前者の場合は、損害を発生させた行政の行為がそれに当たった公務員の故意過失によるものであるかどうか等を決め手として、国や自治体に賠償責任を負わせるしくみで、国家賠償法一条に規定がある（公権力責任）。後者の場合は、とくに故意過失を要件とせず、こうした施設の設置や管理に問題がある場合の賠償責任で、国家賠償法二条に規定されている（営造物責任）。

(c)　また、適法な行政処分によって損失が生じることもある（損害ではなく、損失といっている）。空港やダム、道路その他公共用地の確保や土地区画整理のために住んでいるところを移らなければばいけないなどというのがその例であるが、そのような場合に、行政の活動や処分が法律に基づき適法になされても特別に財産的に損失を被る者が出てくる。人の財産権は保障されなければならず（憲二九条二項）、また特定の者だけに負担を追わせるのは許されないことであることから（憲一四条一項）、そのような場合には損失に見合った補償がなされる。このしくみを**損失補償**と呼んでいる。

③　法規に適合しない行為の裁判的統制

取消訴訟にせよ、賠償や損失補償を求める訴訟（国家補償）にせよ、いずれも、ある人が、自分の権利・利益が侵害されたということを端緒にして訴訟が起こされ、行政活動の是正がなされるというものであるが、行政の統制には必ずそうした端緒があるわけではない。ある人の権利をとくに侵害しているというわけではないが、行政の活動が法に適合しないと人が感じその是正を求める、そうしたことも行政の統制を考える上では大切なことである。

この点について、行政事件訴訟法は、たとえば「**民衆訴訟**」という類型でこうした行政に対する統制手段をあげている。民衆訴訟というのは、行政事件訴訟法の規定によれば、「国又は公共団体の機関の法規に適合しない行為の是正を求める訴訟で、選挙人たる資格その他自己の法律上の利益にかかわらない資格で提起するものをいう」（五条）とされているが、ただし、具体的にどのような場合にどのようなものが認められるかは、個別の立法に委ねる形をとっている（四二条）。典型例としてあげられるものとしては、公職選挙法二〇二条以下に定められている選挙の無効を申立てその効力を争う訴訟があるが、ここでは、近年、とくに注目されている地方自治法に定めのある住民訴訟を紹介しておこう（地自二四二条の二）。

住民訴訟は、自治体財政の適正化を図るために、自治体職員が行った違法な財務会計上の行為に対して、その自治体の住民であれば誰でも起こすことのできる訴訟である。「税金を払っているんだから納税者は税金がきちんと使われているかどうかを統制できるはずである」といういわゆる納税者訴訟に発想は近いが、納税者に限らず住民だれでもが訴えを起こすができるということから「住民訴訟」と名づけられている。財務会計上の行為というと狭い範囲の訴訟のようにも感じるが、税金支出を伴わない行政活動はほとんどなく、また支出の違法性は原因となる行為の違法性に行き着くところから、行政活動の法適合性を求める訴訟として広く活用されている。

住民訴訟といわれるものの中には、差止めの請求、取消しの請求、あることについて違法に怠っているということ（怠る行為）の事実の確認の訴訟のほか、損害賠償の請求の各訴訟が規定されている。このうち損害賠償請求の訴訟が最も活用されているものであるが、二〇〇二年の三月に地方自治法が改正される以前は、住民が自治体に代位して（代わって）、公金支出によって自治体に損害を与えた自治体の長や職員個人、あるいは損害を与えた相手方に対して、損害賠償等を求めるしくみとして定められていた。改正後の現在のしくみでは、住民が、まずは自治体の機関としての長などを被告として、長などが損害を与えた職員等に対して損害賠償等の請求をすることを求める訴訟を行い、その結果、住民が勝訴すれば、長の損害賠償責任の場合には自治体の代表機関として代表監査委員が長に対して、その他の職員の賠償責任の場合は長が自治体を代表して当該職員に対して損害賠償を求め、応じない場合はさらに、自治体の代表者たるこれらの者が損害を与えた者に対して第二弾の訴訟を起こすというしくみに変更されている。

自治体の住民が、自治体に代位して直接に自治体行政の法適合性を統制するというしくみからは大きく変質しているが、特定のものが自分の権利を侵害されたという端緒ではなく、法適合性の観点から訴訟を起こすルートとしてはなお重要なものであるといえる。■で述べた食糧費訴訟で、情報の公開がなされた結果不正が判明し、ゆえにその返還を求め是正を図ろうとする場合、この訴訟が使われることになる。

❖(3) 現代行政と手続的統制——透明で公正な行政の確保

① 現代行政と行政の裁量

さて、再び食糧費訴訟である。情報公開で仮に市民が求める文書が開示（公開）されたとしよう。その結果、必ずしも市民の感覚から好ましからざる事実が判明した場合、その統制のためには、すでに述べたように、食糧費として支出された公金の返還を、住民訴訟によって、長への損害賠償請求という形で求めることになる。

関連した判例として、たとえば、愛知県豊田市の接待訴訟（**判例③**）、千葉県市川市接待訴訟（**判例**

④）などがある。豊田市の場合、補助金事業の監査に来た国家公務員を、市の職員が接待・饗応し、食事代のほか、芸妓への花代、宿泊費などが公費から支出され、千葉市の場合は、補助金の獲得などのために千葉県の公務員を接待し、二回分一人あたり三万円強の支出をし、また土産を持たせている。住民はこれに対する公金支出分の市財政への返納を求めており、これに対する判決は、両ケースともやや複雑な論点が介在し短絡的な評価は禁物であるが、結論として、また結果的に、原告が敗訴している。たとえば市川市の事件では、「接待におけるその目的、出席者の顔ぶれ、会場、時期、接待の内容、所要経費等をかん案すれば、右接待は、いずれも社会通念上妥当な範囲内のものと認めるのが相当であって、控訴人ら主張のごとき公序良俗に反するものとはいえないから、本件交際費の支出につき被控訴人に裁量権の踰越又は濫用があつたとはいうことはできず、右支出が地方財政法四条一項の規定に違反するともいえない。」とされている。

判決の是非はともかくとして、原告の訴えが「裁量権の踰越又は濫用」があったとはいえないとの理由で棄却された点に注目しておきたい。行政は法律に基づかなければならないということはすでに述べた。しかしながら、現代行政は、「夜警国家から福祉国家へ」ということで知られているように、市民一人一人のニーズやそのニーズの錯綜した関係に深く関与してきており、しばしば、行政が、利害関係や状況、事案の性質に即応してまた専門性を発揮して臨機に、あるいは変化に対応しながら判断、対応あるいは具体化する方が好ましい場合がある。そのような場合に、むしろ法律では、一義的に定めずに、要件の認定や手段の選択など、一定の範囲で行政の判断に委ねたり（行政裁量）、あるいは一定の範囲で規範の定立（行政立法）や計画（行政計画）を行政に委ねたりする。行政は、いわばその裁量を行使して事の判断に当たるわけであるが、このように法律自体が委ねた行政の判断を司法の場でどれだけ統制できるかが現代行政においてはしばしば問題になる。

② 行政裁量の統制と裁量権の踰越・濫用

こうした行政の裁量をいかに統制するかについて、行政法学は実に多くの議論を重ねてきている。そうした議論については、勉強を進める中で検討されることを期待するが、右記の例で裁判所が使った「裁量権の踰越又は濫用」という基準は、裁量統制を考える一つの手がかりである。二つのことが重要である。つまり、法律によって委ねられた行政の判断は、司法による統制の場においてまずは尊重されるべきであるということ、そして、それにもかかわらず、そこには限界があり、その範囲を逸脱したり濫用したりした場合に裁判所による統制が及ぶということである。

その際、何を「踰越」とし、何を「濫用」とするかは、しばしば、その裁量を行使するに当たって、行政が考慮すべきことを考慮したかどうか、あるいは逆に考慮すべきでないことを考慮していないかどうか、そしてその結果が妥当な範囲にとどまっているかどうかといったことなどが問題となるが、何を考慮し、何を考慮すべきでないか（要考慮事項の尽不尽）、またその範囲はどの程度のものかということは、一般的にいうことは難しく、それぞれの法分野の中で見極められる必要がある。とくに、近年、社会関係ごとに特有の法論理体系（特殊法）に着目し、環境法、土地法、消費者法、教育法、医事法、社会保障法といった形での研究が盛んであるが、そこでの成果がその分野の行政の裁量統制に反映されるべきであろう。

③　透明で公正な行政と手続的統制

(a)　一方、行政のプロセス・手続が市民にみえるようになされまた市民がそこに関与することが、行政の統制という点で、とりわけ行政の裁量が求められる分野において大切であることが意識されてきている。結果的に行政が正しかったかどうかは市民にとって関心事であるが、その統制は、つねに何かが行われた後の事後的なものになりがちである。行政が市民の合意を得ながら行われるべき場合や結果が行政の裁量によって複数考えられるときに、行政の判断のプロセスの合理性を確保することがかえって統制に役立つということである。フランスやドイツなどの大陸型行政法とは源流を異にするイギリスやアメリカのいわゆる英米型の行政法には、正義は結果だけが問題なのではなく、正義が行われたとはっきりみえるものでなければならないという「手続的正義」という考え方があるが、そのような考え方が反映されたものである。

(b)　一九九三年に公布された行政手続法は、その一条に、「行政運営における公正の確保と透明性（行政上の意思決定について、その内容及び過程が国民にとって明らかであることをいう……）の向上を図り、もって国民の権利利益の保護に資することを目的とする。」とあるように、行政処分等の手続に限られるものの、こうした考え方の下に作られた法律である。

行政手続法の下でどのように行政の決定（行政処分）がなされるかは、情報公開を例にすでに述べたとおりである（ただし、手続は行政手続法のやり方に準拠しているが、情報公開法に基づく手続である）。この法律の要点は、行政処分の裁量基準を国民にあらかじめ示すこと（審査基準：五条、処分基準：一二条）、行政処分の処理にかかる期間をあらかじめ示すこと（標準処理期間：六条）、申請に対する処理を遅滞なく行うことを義務づけたこと（審査・応答義務：七条）、不利益が人に及ぶ場合や他の人の利害を考慮する必要がある場合、行政処分が行われる前に関係者が意見を述べる機会を設けるということ（公聴会：一〇条、聴聞・弁明の機会：一三条および一五―二八条）、関係者には処分に関する情報、資料を提供しなければいけないこと（情報の提供：九条、文書等の閲覧：一八条）、処分とともに処分の理由が示されなければいけないこと（処分理由の提示義務：八条・一四条）、などである。

これにより、行政の処分がどのように処理されるのか、またなぜそうなるのかが明らかになり、そして行政の処分によって不利益を被りそうな場合には行政の説明と行政へ意見の表明の機会を得ることができる。そして、その効果として、行政は、つねに、行政処分を出すプロセスで利害を公平に考慮することが求められ、また説明が付くような方法で処分等を行うことが求められる。手続的統制が行政の裁量統制に資するゆえんである。

(c) また、手続的統制は行政処分手続に限られない。たとえば、近年、「まちづくり」といういい方をよく耳にするが、その元になる青写真たる行政計画は、国、都道府県、市町村、さらにより身近な地域にいたるさまざまなレベルで作られ、それに基づく「まちづくり」が何年かの期間を予定して実施されてきている。その時の思いつきではなく、計画的に「まち」が整備され、あるいは保存されていくことは私たちの暮らしにとって不可欠のことであるが、どのような「まち」にするかのイメージはそこに暮らす人の数だけ描けるほどさまざまである。そのような場合、行政がよかれと判断してつくる計画よりも、市民が直接にそこに参加し、合意形成をしながら作っていく計画の方が手間はかかっても、結果的に満足いくものとなったり、また何よりもスムースにそれを実施に移すことができる。また、実施されている途中や実施されてしまった後ではいかんともしがたい場合もあり得ることを考えると、とりわけこうした計画の場面では、計画策定手続、なかんずく市民の参加手続をどのように設計し、結果に結びつけていくかが重要なものとなってくる。統一的な一般法制度があるわけではないが、現実に、自治体など身近なところでさまざまな試みがなされており、開発の余地また改善の余地もたくさんある。

❖(4) 現代行政の統制のために

以上が、行政の統制の行政法上のしくみの概観であるが、ひるがえってこうした行政法上の行政統制のしくみに対して情報公開制度はどのような問題を提起していると考えられるだろうか。まずは手続的な意味で、広く情報の共有をはかる一般的なしくみとして位置づけることができるであろう。さらに、食糧費訴訟でみたように、明らかになったことをもとに行政の是正をはかるべく訴訟を起こすことが本来のやり方であるが、行政の実態が明らかにされることを端緒として是正がはかられていく側面も見逃すことはできない。明らかにされると、おのずと説明を必要とし、説明のできないことは実施できないということから、行政の統制、合理化が図られていくのである。法適合性の観点からの統制を完結させた感がある。

このように行政を統制するためには、多くのしくみがあり、行政法を通じてそれを知ることができる。裁判という形でなされる事後の司法統制のしくみ、事前の手続的統制のしくみ、そして、計画策定手続や市民参加手続などまだ開発途中の統制手段もある。情報公開制度を端緒として問われた「説明責任（アカウンタビリティ）」の行政統制上の意義も決して小さくない。多くの行政統制手段を市民が得るということは、好ましいことであるが、これらを通じてどういう行政を実現していくかということは市民に問い返された問題であり、私たちの市民としての力量が問われているということを自覚することが大切である。行政法のしくみの背景には行政と市民のダイナミズムがある。

〈ステップアップ〉

① 松井茂記『情報公開法入門』（岩波新書、二〇〇〇年）

② 塩野宏『行政法Ⅱ（第二版）』（有斐閣、一九九四年）

③ 兼子仁『行政法学』（岩波書店、一九九七年）

判例①――仙台地判平成八・七・二九判例地方自治一五五号一三頁
判例②――最判平成元・一一・三〇判例時報一三〇〇号三頁
判例③――名古屋高判昭和五〇・二・一〇行裁集二六巻二号一五五頁
判例④――最判昭和六三・一一・二五判例時報一二九八号一〇九頁

（野村武司）

Bridgebook

第3章 多様な消費者問題の発生
——消費者問題を通して民法を学ぶ

I 消費者問題の展開と消費者関係法

❖(1) 消費者問題の展開

自給自足が行われた古い農耕社会では生産者と消費者は一体だったが、商業・工業の発展により生産と消費が分離した結果、事業活動によって商品やサービスを提供する者（**事業者**）と、その者から自己が消費する商品を買い、あるいはサービスの提供を受ける者（**消費者**）とが出現し、技術革新により大量生産・大量販売体制に移行すると、事業者と消費者との間の力の格差が増大した。これを背景にして、消費者問題が社会問題化した。わが国における消費者問題の展開は、いくつかの観点から分析可能なものであるが、ここでは次のようにまとめておこう。

(a)　終戦後の経済混乱から豊かな社会への移行と消費者問題の社会問題化（一九四五年～一九六〇年頃）

終戦（一九四五年）からしばらくの間は、経済混乱期である。この時期には、主婦たちによる不良商品追放運動など、生活防衛的・生活維持的な性格の消費者運動が展開された。その後、豊かな社会へと移行して行くが、この時期に、粉ミルクの製造過程で使用した食品添加物に混入されていたヒ素が原因で、一三〇名の乳児が死亡した森永ヒ素ミルク事件（一九五五年）、睡眠薬ないし妊婦のつわり防止薬の成分であるサリドマイドにより先天性の奇形をもった子どもが誕生したサリドマイド事件（一九六二年）などの欠陥商品問題が起こり、また、牛の絵の缶詰の中身が鯨肉であったにせ牛缶事件（一九六〇年）を契機として、不当表示問題に関心が集まった。

なお、この時期に自動車、電気製品などが割賦で大量に販売されるようになったのに伴い、割賦販売法が制定された（一九六一年）。

(b)　高度経済成長によるひずみの出現と消費者行政の体制整備（一九六〇年代）

これに続いたのは、経済の発展・化学技術の進歩によって生じた豊かさや便利さと引き換えに、物価問題などの高度経済成長のひずみが生じた時期である。この時期に、農林省（一九六三年）と通産省（一九六四年）が相次いで専管課である消費経済課を設置し、経済企画庁に消費者行政を総合調整する機関である国民生活局が設置された（一九六五年）。また、わが国の消費者保護施策に基本的な枠組みを与える「消費者保護基本法」が制定された（一九六八年）。

(c)　消費者問題の多様化・複雑化と消費者関係法の整備（一九七〇年頃～一九八〇年前半）

続いて、消費者問題の多様化・複雑化の時期が到来する。販売組織が、子ども・孫・曾孫というようにピラミッド状の階層に延びるにつれて上部の会員に多額の利益が得られるとして勧誘するマルチ商法による被害が一九七〇年代から社会問題化し、また、訪問販売・通信販売が広範に行われるようになったことから、訪問販売法（訪問販売等に関する法律）が制定された（一九七六年）。

さらに、貸金業者による過剰貸付け・高金利・過酷な取立てなどによるサラ金被害の社会問題化に伴って、貸金業規制法（貸金業の規制等に関する法律）が制定され、出資法（出資の受け入れ、預り金及び金利の取締りに関する法律）が一部改正された（一九八三年）。

クレジットによって商品を購入した購入者が販売業者に対して有する抗弁権（同時履行の抗弁権など）をクレジット会社に対して主張することができるか否かについては、販売業者・購入者間の売買契約とクレジット会社・購入者間の立替払契約が密接不可分の関係にあること、販売業者とクレジット会社が提携関係にあることなどを理由として、抗弁権の接続を認める裁判例が積み重ねられてきていたが、割賦販売法の改正（同法三〇条の四の創設）により、抗弁権の接続が立法上認められたのもこの時期である（一九八四年）。

(d)　消費者を取り巻く社会的・経済的環境の急激な変化と消費者契約適正化の要請（一九八〇年代

（後半〜現在）

一九八〇年代後半からは、消費者を取り巻く社会的・経済的環境は急激に変化し、エステティックサロン、外国語会話教室、警備保障契約、結婚情報サービスなど、商品ではなくサービス（役務）を対象とするサービス取引の増加に伴い、これをめぐるトラブルが増加した。

また、抗弁権接続問題をめぐるトラブルは、割賦販売法三〇条の四の創設後も跡を絶たず、さらに、販売業者が消費者の名義を借りたり冒用したりしてクレジット契約をする名義貸しや、過剰貸付けなどのローン・クレジットをめぐる問題が重要な課題となった。最近では、インターネットで購入した商品をめぐるトラブルなどの電子商取引の問題が緊急の課題となっている。

この時期にも、従来から問題となっていた製品の安全性の問題がなお重要な課題であり、これに対処する法律として製造物責任法が制定された（一九九四年）。しかし、この時期を特徴づけるのは、何と言っても消費者取引の多様化・複雑化・サービス化を背景にした消費者契約（事業者・消費者間の契約）をめぐるトラブルの大幅な増加である。これに対処する法律として、最近になってようやく消費者契約法が成立した（二〇〇〇年）。以下で、消費者契約法の制定に至るわが国の消費者関係法の歩みについて見てみよう。

❖(2) 消費者関係法

(ア) 消費者保護基本法

消費者保護基本法は、わが国の消費者法の基本的枠組みを定める法律である。この法律は二〇ヵ条からなり、①国・地方公共団体が消費者保護の責務を負っていること（二条・三条）、②事業者の責務（四条）、③消費者の役割（五条）、④国・地方公共団体の施策の内容（危害の防止、計量、規格、表示の適正化、公正自由な競争の確保など）（七条〜一七条）、⑤消費者保護会議の設置（一八条・一九条）、⑦国民生活審議会の果たすべき役割（二〇条）について規定している。

しかし、この法律は、消費者保護立法や行政に指針を与える「基本法」であり、消費者の具体的権利を定めるものではない。そのため、消費者が事業者と対等の立場にたって行動することができるように、消費者契約の適正化を図るといった施策はこの法律には含まれていない。この時期、イギリス（一九六七年の不実表示法）やフランス（不当条項規制法をその内容に含む一九七八年法）などでは、すでに法律により公権力が消費者契約に直接に介入し、消費者契約の適正化をはかっていたことと対照的である。

(イ)　各種の業法

わが国では、消費者を具体的に保護する法律として、いわゆる業法が一定の役割を果たしてきた。業法とは、事業者ないし事業活動に対する監督官庁の監督・指導権限を定める法律であり、行政法規中心の個別法である。業法に属する法律には多数のものがあるが、特定商取引法、割賦販売法、貸金業規制法、出資法などがその代表的なものであるので、これらにおいて消費者契約の適正化がどう図られてきたかを見ておこう。

(a)　特定商取引法　訪問販売法は、当初は単なる店舗外取引をその適用対象としたが、その後、電話や葉書で消費者を呼び出して勧誘するアポイントメントセールス、街頭などで声をかけて勧誘するキャッチセールス、商品の展示会などで消費者を閉鎖的な会場に集め、独特の雰囲気を作って勧誘する催眠商法にも適用対象を拡大し（一九八八年）、電話勧誘販売を規制対象とし、連鎖販売取引（マルチ商法）のいっそうの適正化を図り（一九九六年）、特定継続的役務提供（エステティックサロン、語学会話教室、学習塾、家庭教師派遣）について規制を新設した（一九九九年）。さらに、二〇〇〇年の改正では、①「浄水器のモニターに応募したところ浄水器を購入させられたが、契約後数ヵ月したらモニター料が支払われなくなった」などの問題に対処するために、いわゆる内職・モニター商法を業務提供誘引販売取引として規制対象とし、②連鎖販売取引の定義を拡大し、また、広告規制を強化し、③インターネット取引に配慮した規則の整備を行った。これにより、法律の名称も、「訪問販売等に関する法律」から「特定商取引に関する法律」（特定商取引法）に変更された。

(b)　割賦販売法　割賦販売法は、代金を二ヵ月以上の期間にわたり、かつ三回以上に分割して受領することを条件として、政令で指定された商品（指定商品）を販売する場合を対象として、一九六一年に制定されたが、一九八四年の改正で、抗弁権の接続規定が置かれた。さらに、一九九九年の改正では、指定権利、指定役務も規制対象になり、また、ローン提携販売についても抗弁権の接続が認められた。

(c) 貸金業規制法、出資法　貸金の利息については、利息制限法と出資法の規制がある。利息制限法は、元本が一〇万円未満のときは年二割、一〇万円以上一〇〇万円未満のときは年一割八分、一〇〇万円以上のときは年一割五分を制限利息と定め、これを超える利息の定めを無効としている。これを超えて利息を支払った場合には、元本に充当され、過払分は不当利得として返還請求をすることができる(判例)。

借主が制限利息を超えて任意に支払った場合には、超過部分について返還請求することはできないが(利息一条二項)、この規定は、右の判例法理によって空文化している。ただし、貸金業者に適用される貸金業規制法は、債務者による利息制限法上の超過部分の任意支払いは有効な利息債務の弁済とみなすと規定しているから、超過部分の任意支払いに関する右の判例法理は、貸金業者以外の者による貸付けの場合にのみ効力を有する。出資法では、貸金業者の場合に、年二九・二パーセントを超える利息の特約を禁止し、これを超える特約をした場合には、処罰規定を設けている。この規制金利は、従来は、四〇・〇〇四パーセントだったが、中小企業向けに限定根保証を利用する商工ローンが登場し、この根保証をめぐるトラブルに加えて、脅迫的ないし強引な取立ても大きな問題になった(商工ローン問題)。これを契機として出資法が改正され、規制金利が年二九・二パーセントに変更された(一九九九年)。

わが国のこれまでの消費者取引トラブルに対する対処は、このような業法によるものが主流だった。しかし、業法の基本的な目的は、その業法が対象とする事業者の保護ないし事業の育成にあり、事業者が不当な活動をして多くの消費者に被害を与えると、当該事業の健全な活動が阻害されるために業法による規制がなされるのである。

ただし、業法の中にも例外的に民事的効果を有する規定（民事ルール）が存在する。一定の短期の期間（通常は八日）内であれば、消費者が何らの理由なくいったん成立した契約を白紙に戻すことを認めるクーリング・オフの権利がその例であるが、この権利は消費者がきちんと考えて意思決定をすることが困難であると考えられるような例外的な場合に認められているにすぎない（特定商取引法や割賦販売法などに規定がある）。割賦販売法における抗弁接続規定も民事ルールであるが、これも同法三〇条の四が定める一定の要件の下で認められるにすぎない。また、業法による規制は、監督官庁による縦割り行政を反映した個別業種ごとの規制であるため、多種多様な事業が展開され、多様な消費者取引トラブルが発生している現状に十分に対応できるものではない。そこで、消費者契約の適正化を図るための包括的な民事ルールが要請される。

(ウ) 民法

この包括的民事ルールとしてまず考えられるのは民法の諸規定である。ただし、民法に規定されている諸規定は、すべての人間を抽象的な「人」として平等に扱うことを前提にしている。民法は、近代市民社会の法として、すべての人間が商品所有者として自由であり、対等な立場で商品交換の当事者になるべきだという考え方に基づいて、人は自由な意思によって契約関係を形成することができ、国家はこのようにして形成された契約関係を尊重すべきであって干渉してはならないという立場に立っている。

しかし、事業者と消費者の関係という角度から見たとき、(1)で見た消費者問題の展開は、事業者と消費者を抽象的に「人」と捉えて、対等な当事者として扱うことの問題性を明らかにする。事業者は、自分が取り扱う商品や消費者との間の契約に関する情報において消費者より優位な立場にあり、また、知識・経験の豊富な人材を用いて交渉に当たることができるため、交渉力についても消費者より優位にある。取引の大量化・多様化・複雑化を背景にして、事業者・消費者間の情報・交渉力の格差が構造的に生じ、拡大している。そのため、消費者が十分な情報をもたないで契約し、あるいはセールスマンの言葉巧みな勧誘により、よく考えないで契約してしまうということが起こる。こうした場合には、消費者の意思表示が不完全であることを根拠にして、いったん成立した契約の効力を否定することが要請される。この要請に応える民法上の法制度としては、**錯誤**（民九五条）、**詐欺**、**強迫**（民九六条）があるが、契約当事者の対等性を前提にした民法の諸制度をそのまま消費者契約に適用することには限界がある。

また、契約当事者は、当事者間に生ずる債務の内容や債務を履行する方法、あるいは債務不履行の場合の対処などを自由に決めることができるという考え方（契約内容決定の自由）も、当事者が対等な関係にある場合に妥当する。消費者契約においては内容決定の自由は、事業者によって濫用されがちであり、ここでも契約当事者の対等性を前提にした民法の諸規定をそのまま適用しても適切な解決を導くことが困難なことが多い。

このような民法の限界を踏まえて消費者契約法が制定された（二〇〇〇年）。以下で、消費者契約に対する民法の適用、次いで消費者契約法の適用について見てみよう。

2 消費者契約と民法

❖(1) 錯誤

民法九五条は、法律行為の「要素」に錯誤がある場合には意思表示は無効であると規定している。錯誤には、①甲建物と乙建物を間違えて、甲建物を買うつもりで乙建物と言った場合（内容の錯誤）や、②契約書に甲建物と書くつもりで乙建物と書いてしまった場合（表示上の錯誤）のように、乙建物を買うという意思自体がない場合の他、③乙建物を買うつもりで乙建物を買ったが、乙建物を買うという意思の形成過程に錯誤がある場合もある（動機の錯誤）。住宅ローンを借りられると思って乙建物を買ったが、借りられなかったというような場合がこれに当たる。

③の場合には、乙建物を買うという意思表示自体には何らの錯誤もないから、乙建物を買うという

意思表示自体に錯誤がある①②の場合と同様に扱ってよいかが問題になる。消費者契約における消費者の錯誤の多くは、契約締結に至る動機に錯誤があるというものであり、③に属する事例である。

動機の錯誤の扱いについて、民法の起草者は、錯誤は「意思欠缺《けんけつ》」（表示に対応する意思が欠けていること）の場合に限られ、動機の錯誤は民法九五条の「要素」の錯誤にならないとした。判例の主流も、基本的にこれと同様であり、動機に錯誤があっても原則として顧慮しないとしつつ、動機が表示されて意思表示の内容になった場合には要素の錯誤になり、**錯誤無効**が認められうるとした。この判例の立場は、意思表示の動機に錯誤があっても表意者は原則として保護されないが、動機を表示すれば例外的に保護されうるとして、**取引の安全**と**表意者の保護**との調和を図ったものである。これによると、――消費者契約において消費者の動機が表示されることは少ないから、――消費者による錯誤無効の主張は、否定されることが多いだろう。

もっとも、このように動機の錯誤を別扱いする判例・従来の通説に対しては、動機と意思表示の内容との区別は必ずしも明瞭ではないことや、取引安全のためなら動機についてのみ表示を要求することは一貫しないことなどを理由として、動機の錯誤を含めて**錯誤無効の要件**を統一的に考察すべきだとする学説も有力である。その統一的な要件として、錯誤者が錯誤に陥っていることについての相手方の認識可能性を要求する学説（a)説）や、錯誤事項が錯誤者にとって重要であることについての相手方の認識可能性を要求する学説（b)説）が有力に主張されている。また、事業者による勧誘行為の影響のもとで契約締結に至った消費者の意思表示においては消費者の内心の意思や動機を重視すべきだという観点から、消費者の認識と客観的事実の不一致があればそれだけで錯誤無効を認めうるという学説（c)説）や、消費者契約における消費者の錯誤の判断においては事業者の認識や行為態様を考慮することなく、消費者に動機の錯誤があればつねに錯誤無効を認めるべきであるとする学説（d)説）もある。

しかし、事業者と消費者の情報・交渉力の格差からすると、消費者契約における消費者の錯誤の場合には、事業者が消費者の誤った動機をつくり出したこと、あるいは事業者が消費者の動機の誤りを消費者に認識させるべき立場にありながらこれを怠ったという、事業者の行為態様に焦点を合わせた構成を考えるべきであろう。この点から見て、(a)説や(b)説は、消費者契約の場面における適切な処理を提示したものとは言えない。これに対して、(c)説や(d)説は、消費者契約の場面により適切な構成と思われるが、ここまで錯誤の適用を拡大してよいかは問題である。もっとも、(c)説は、事業者の宣伝・説明内容と事実の不一致が合理的消費者を基準として契約の重要部分に当たるときにのみ錯誤無効の問題になるとし、(d)説は、消費者の恣意的な錯誤無効の濫用は認めないとする絞りをかけているが、これらは錯誤の適用を絞る基準として抽象的にすぎるとの感は否めない。

❖(2) 詐欺

詐欺とは、他人をだまして（これを「欺罔《ぎもう》」という）、その者を**錯誤**（この場合の錯誤は、錯誤無効の要件である「要素」の錯誤である必要はない）に陥らせることをいう。詐欺による意思表示は取り消すことができる（民九六条一項）。詐欺が成立するためには、詐欺をする側に、相手方を錯誤に陥らせようとする故意と、その錯誤に基づいて意思表示をさせるようとする故意の二つの故意が必要であり、この故意は、表意者の側で立証しなければならない。しかし、実際の訴訟でこの二つの故意を立証することは容易なことではないから、詐欺の主張はそう簡単には認められない。

また、詐欺が成立するためには、欺罔行為の結果として意思表示をしたという因果関係が必要である。欺罔行為は違法なものでなければならないが、取引社会では多少のかけひきや誇張は許されるので、欺罔行為は、社会観念上、違法とされるものでなければならない。判例・通説は沈黙も信義則上告知する義務がある場合には詐欺を成立させるとするが、実際に沈黙による詐欺を認めた判決はごくわずかである。

したがって、消費者が詐欺を受けたことを理由として契約を取り消すことは、簡単には認められない。しかし、消費者契約では、事業者・消費者間の情報、交渉力の格差が大きいから、信義則の観点から事業者の義務を厳格に解し、詐欺の成立を広く認めることが必要である。そこで、事業者に消費者に対する一定の情報提供義務を認め、この義務違反を詐欺と評価して契約の取消しを認めるべきであると主張されている。このような情報提供義務の考え方は、消費者契約法における「誤認」取消へとつながっている。

❖(3) 強迫

他人に畏怖を生じさせ、それによって意思表示をさせることを強迫という。強迫による意思表示は取り消すことができる（民九六条一項）。強迫といえるためには、強迫する側に、相手方に畏怖を生じさせようという故意と、それによって意思表示をさせようという故意の二つの故意が必要である。また、強迫行為の結果として意思表示をしたという因果関係が必要である。また、強迫行為は、違法なものでなければならない。

通説の立場で強迫とされる場合は比較的狭く、不公正な方法で契約が締結されたというだけでは強迫とはならない。しかし、全面的に元請会社に依存している下請会社に対して納入する製品の価格を市価より安くしなければ取引を停止すると告げる場合のように、経済的に強者の立場にある者が自己に有利な契約を締結させる場合にも契約の効力を否定する国があり、わが国でもこれを参考にして強迫概念の拡張が説かれている。また、消費者契約の締結の場面では、事業者が消費者を執拗に勧誘し、あるいは威圧的な行動をとることがあり、これを強迫と捉えて、契約を取り消すことができないかが問題とされている。これは、消費者契約法における「困惑」取消へとつながっている。

❖(4) 公序良俗違反

公序良俗に反する事項を目的とする法律行為は、無効である（民九〇条）。公序良俗に反する場合としては、伝統的に、①人倫に反するもの、②正義の観念に反するもの、③他人の無思慮・窮迫に乗じて不当な利益を得る行為（暴利行為）、④個人の自由を極度に制限するもの、⑤営業の自由の制限、⑥生存の基礎たる財産を処分すること、⑦著しく射倖的なもの、などが挙げられてきた。

しかし、戦後の判例によれば、公序良俗違反が問題になる主な場面は、人倫が問題になるような場面から経済取引の場面へと移っており、公序良俗違反により達成しようとする目的も人倫を中心とした社会正義の実現といったことから取引当事者の利害調整や健全な取引環境の確保といった点に移ってきている。とりわけ、暴利行為、不当な内容の約款による取引行為、不当な方法による取引行為、といった不公正な取引行為に対する民法九〇条の適用が最近の特徴であり、今日、消費者契約の内容の公正さを確保するものとして、判例上、公序良俗違反が重要な役割を果たしつつある。

公序良俗違反は合意の形成、すなわち契約の「成立」ではなく、契約の「内容」を規制するための法技術である。しかし、公序良俗違反の判断に際して契約内容以外の要素を考慮してはならないということはない。民法九〇条の一般条項としての性格上、公序良俗違反の判断に当たっては、多様な要素を考慮し、成立した契約の内容の不当性のみならず、契約の成立過程における当事者の違法行為をも視野に含めることが可能である。判判も、商品先物取引・原野商法・ネズミ講などの事例で、契約内容のみならず契約締結にいたる勧誘行為まで含めて公序良俗違反の判断をしている。

このように勧誘の不当性を含めて公序良俗違反を判断するという方法は、優越的地位の濫用や欺瞞的・強要的取引など、民法が規定する詐欺・錯誤・強迫に該当しない取引の効力を否定する手法として重要な意義をもつ。しかし、判例上、公序良俗違反を拡張的に適用するのは、今のところ右のような事例に限られている。

3 消費者契約と消費者契約法

消費者契約トラブルに対処する方法としては、個別業法による場合にも民法による場合にもなお右のような問題がある。そこで、消費者契約の場面での契約関係の適正化を目指す包括的な民事ルールとして**消費者契約法**が制定された。その主たる内容は、①消費者・事業者間には情報、交渉力の格差があることから、事業者の一定の行為により消費者が「誤認」または「困惑」して契約した場合には、契約を取り消すことができるとすること（**契約締結過程の適正化**）、および②事業者の損害賠償責任を免除する条項など、消費者の利益を不当に害する条項（不当条項）を無効とすること（**契約内容の適正化**）である。

❖(1) 契約締結過程の適正化

消費者契約法は、事業者が消費者に不実の事実を告げる等の不適切な勧誘を行い、これによって消費者の自由な意思決定が妨げられた場合には、消費者は当該契約を取り消すことができることとした。このような場合として、「誤認」と「困惑」という二つの類型がある（四条）。

(ア) 誤認

(a)　誤認類型と重要事項　事業者が消費者契約の締結について勧誘をするに際し、消費者に対して次の①②③の行為をし、これによって消費者が**誤認**をして契約を締結した場合には、消費者は契約を取り消すことができる（四条一項・二項）。

①　重要事項について事実と異なることを告げること（**不実告知**）。

②　物品、権利、役務その他の消費者契約の目的となるものに関し、将来における変動が不確実な事項（目的物の価額、消費者が受け取るべき金額など）につき断定的判断を提供すること（**断定的判断の提供**）。

③　ある重要事項または当該重要事項に関連する事項について消費者に利益となる旨を告げ、かつ、当該重要事項について消費者の不利益となる事実を故意に告げないこと（**不利益事実の不告知**）。

ただし、①と③の類型については、これらの行為の対象となる事項が「重要事項」に限定されている。「**重要事項**」とは、「消費者の当該消費者契約を締結するか否かについての判断に通常影響を及ぼすべきもの」であり、その対象が、物品、権利、役務、その他の当該消費者契約の目的となるものの「質、用途、その他の内容」および、「対価その他の取引条件」とされている（四条四項）。

(b)　誤認類型の意義と問題点　以上の①〜③の類型を規定したことの意義ないし問題点はどこにあるだろうか。まず、①と②では、事業者の故意も過失も不要であるが、民法上の詐欺による取消しの場合には、事業者に消費者を騙す意図（故意）があったことが必要で、これを消費者の側で立証しなければならないから、①と②は消費者に有利な規定になっている。

③は事業者に故意を要求する点で民法と同じであり、民法の「沈黙による詐欺」に該当する類型であるが、民法による場合よりも要件が厳格になっている。もっとも、民法の「沈黙による詐欺」は、沈黙も信義則上相手方に告知する義務がある場合には詐欺に該当するという判例準則によるものであり、実際に「沈黙による詐欺」を認めた判決はごくわずかである。この点で、限定的にではあるが、事業者の沈黙（不告知）の場合に契約の取消しを認める規定を置いた意義は大きい。しかし、情報や交渉力において事業者と消費者の間に大きな格差がある以上、事業者が消費者に対し、契約締結の意思を決定する上で重要な情報を提供する義務（情報提供義務）があるとすべきである。消費者契約法は、事業者の情報提供について、「消費者契約の内容についての必要な情報を提供するよう努めなければならない」と規定するにとどまる（三条一項）点で、問題が残る。

また、右のような重要事項の限定は、契約締結の前提となる事項は対象からはずれるという理解につながるおそれがある。たとえば、家屋の耐震強度について不実告知をされて補修工事を契約した場合には、契約の目的である補修工事について不実告知されたわけではないから、契約の取消しはできないとする解釈である。このような事例にも民法の錯誤（動機の錯誤）や詐欺による処理は可能であるが、民法よりも要件を緩和するところに消費者契約法を立法する意義があることからすると、「消費者の当該消費者契約を締結するか否かについての判断に通常影響を及ぼすべきもの」という以上に、さらに、その対象を限定することは問題である。

(イ) 困惑

事業者が消費者契約の締結について勧誘をするに際し、①事業者に対し、消費者がその住居またはその業務を行っている場所から退去すべき旨の意思を示したにもかかわらず、退去しないこと(不退去)、あるいは②事業者が勧誘をしている場所から消費者が退去する旨の意思を示したにもかかわらず消費者を退去させないこと(監禁)によって、消費者が困惑して契約を締結した場合には、消費者は契約を取り消すことができる(四条三項)。「退去すべき旨の意思を示した」ないし「退去する旨の意思を示した」という要件については、「帰ってくれ」、「帰る」等の直接的な意思の表示がこれに当たることは明らかだが、判断が困難なこともあろう。

「困惑」概念が右の①②の類型に限定される結果、いわゆる催眠商法、執拗な電話勧誘などが適用対象外となる。また、事業者の威圧的な言動により消費者が萎縮した結果、消費者が右の意思を表明できないような場合にも適用対象外となる。消費者契約法におけるこのような困惑概念の限定は問題である。

❖(2) 契約内容の適正化

(ア) 消費者契約法八条・九条

消費者契約法は、消費者と事業者の間の情報・交渉力の格差に着目し、消費者に一方的に不利益な条項により消費者の正当な利益が害されることを防ぐために、当該不当条項の全部または一部を無効とする規定を置いている。このような不当条項のリストとして、債務不履行責任の免除または制限条項（八条一項一号・二号）、不法行為責任の免除または制限条項（八条一項三号・四号）、瑕疵《かし》担保責任の免除条項（八条一項五号、二項）、解除に伴う損害賠償額の予定・違約金条項（九条一項）、金銭債務の履行遅滞に対する損害賠償額の予定・違約金条項（九条二項）がある。

消費者契約法の立法は、第一七次国民生活審議会の報告に基づくものだが、それに至る第一六次国民生活審議会の中間報告は、当然に無効とされる条項をブラック・リスト、不相当と評価された場合にのみ無効とされる条項をグレイ・リストとし、それらに当たる可能性のある条項として、九種類、三五項目の条項をあげていた。これと対比すると、制定された消費者契約法における不当条項リストの内容は、著しく限定されている。

(イ)　消費者契約法一〇条

消費者契約法は、右記のような個別的リストに該当しない場合でも、「民法、商法その他の法律の公の秩序に関しない規定の適用による場合に比し、消費者の権利を制限し、又は消費者の義務を加重する消費者契約の条項」であって、信義則に反して消費者の利益を一方的に害する条項を無効とする規定を置いている（一〇条）。

民法上、信義則は、本来的には「権利の行使および義務の履行」（民一条二項参照）の場面で適用される原則であり、法律行為の有効・無効の場面で働くものではないから、消費者契約法一〇条は、信義則に新たな展開を与える規定として意義がある。ただし、一六次中間報告が、「不当条項とは、信義誠実の要請に反して、消費者に不当に不利益な契約条項をいう」としていたことと対比すると、同法一〇条は、民商法等の任意規定から逸脱した契約条項のみが消費者契約における不当条項であるかのような理解につながるおそれがある点で問題である。

4 民法の実質化・現代化

消費者契約法は、法主体を抽象的に対等な「人」と捉える民法の思考から脱して、情報・交渉力において事業者に圧倒的に劣位する「消費者」として捉える思考に立つ。これは、法主体としての「人」をより具体的・実質的に把握しようとするものである点で意義が大きい。ただし、消費者契約法には右のようになお多くの問題がある。これらの残された問題を含め、消費者契約法の成立を、民法上の法主体をより実質的に把握し、民法の契約理論を実質化・現代化する一つの契機として捉えることが必要だろう。消費者契約法によって提示された消費者契約ルールは、意思表示論、法律行為論を中心とする、民法の実質化・現代化へとつながっている。

〈ステップアップ〉

① 消費者問題の展開および消費者関係法について

加藤一郎「消費者問題の展望」『消費者法講座1 総論』（日本評論社、一九八四年）一頁以下

大村敦志『契約法から消費者法へ』（東京大学出版会、一九九九年〔初出、一九九〇年〕）一頁以下

鎌田薫「『消費者法』の意義と課題」『岩波講座・現代の法13 消費生活と法』三頁以下（岩波書店、一九九七年）

大村敦志『消費者法』（有斐閣、一九九八年）一頁以下

伊藤進＝木元錦哉＝村千鶴子『テキストブック消費者法〔第二版〕』（日本評論社、二〇〇〇年）一七頁以下

落合誠一＝及川昭伍『新しい時代の消費者法』（中央法規出版、二〇〇一年）二頁以下

② 錯誤について

中松纓子「錯誤」『民法講座1』（有斐閣、一九八四年）三八七頁以下

川島武宜『民法解釈学の諸問題』（弘文堂、一九四九年〔初出、一九三八年〕）一八八頁以下

同『民法総則』（有斐閣、一九六五年）二八九頁以下

野村豊弘「意思表示の錯誤――フランス法を参考にした要件論（7・完）」法学協会雑誌九三巻六号八四頁（一九七六年）

長尾治助『消費者私法の原理』（有斐閣、一九九二年〔初出、一九八三年〕）一〇四頁

伊藤進「錯誤論――動機の錯誤に関する一考察」山本進一教授還暦記念『法律行為論の現代的課題』（第一法規、一九八八年）二七頁以下〔同『法律行為・時効論』（私法研究著作集3）（信山社、一九九四年）所収〕

③ 詐欺・強迫について

田中教雄「日本民法九六条（詐欺・強迫）の立法過程――不当な勧誘に対処する手がかりとして」香川法学一三巻四号（一九九四年）五一五頁以下
松尾弘『詐欺・強迫（叢書民法総合判例研究）』（一粒社、二〇〇〇年）五頁以下

④ 信義則について

内田貴『契約の時代』（岩波書店、二〇〇〇年（初出、一九九三年））六九頁以下

⑤ 公序良俗について

椿寿夫＝伊藤進編『公序良俗違反の研究』（日本評論社、一九九五年）三頁以下
山本敬三『公序良俗論の再構成』（有斐閣、二〇〇〇年）一頁以下
小粥太郎「不当条項規制と公序良俗理論」民商法雑誌一二三巻四・五号（二〇〇一年）一一七頁以下

⑥ 消費者契約法について

山本豊「消費者契約法（1）（2）（3・完）」法学教室二四一号七七頁以下、二四二号八七頁以下、二四三号五六頁以下（二〇〇〇年）
「特集・活用しよう 消費者契約法」法学セミナー五四九号所収の諸論稿（二〇〇〇年）
落合誠一『消費者契約法』（有斐閣、二〇〇一年）一頁以下

⑦ 消費者契約法と民法との関係について

山本敬三「消費者契約法の意義と民法の課題」民商法雑誌一二三巻四・五号（二〇〇一年）三九頁以下

⑧ 本章で扱った問題全般について

後藤巻則『消費者契約の法理論』（弘文堂、二〇〇二年）一頁以下

（後藤巻則）

Bridgebook

第4章 コーポレートガバナンスへの関心
――コーポレートガバナンスを通して商法を学ぶ

I 商法＝企業法秩序の再編

市民間の法律関係を規律する民事法の分野の中で、企業の生活関係を規律する法分野が企業法としての商法である。商法は、企業取引とその決済に関する法分野（商行為法・保険法・海商法・手形法・小切手法などがこれにあたる）と、企業組織を規律する法分野（会社法）の二つに大きく分けることができる。

このうち、企業組織法としての会社法については、最近になって頻繁に法改正がなされており、平成に入ってからでも、平成二年、五年、六年、九年、一一年、一二年、一三年、一四年と、ここ数年は毎年のように改正が繰り返されている。とりわけ平成一三年には、六月、一一月、一二月と都合三度にわたり会社法のかなりの部分に関わる改正がなされており、最新の平成一四年商法改正と併せて、五〇年ぶりの抜本的な改正ともいわれる内容となっている。最近における一連の改正は、わが国における経済情勢の悪化、企業を取り巻く社会・経済環境の劇的な変化に対応した法規制への変更を目的としたもので、①企業統治（コーポレートガバナンス）の実効性の確保、②高度情報化社会ないしIT革命への対応、③企業の資金調達手段の改善と整備、④企業活動の国際化ないしグローバル経済への対応、の四点が主として掲げられている。

このうち①の**コーポレートガバナンス**については、商法学会においても数年来、大きな課題として取り上げられ、さまざまな議論がなされてきた。とくに、現代の株式会社をどのような企業組織として把握し、それに基づいて経営に対する監督の体制をどのように構築すべきかについては、いまだ議論が集約されて確立した体制が整っているわけではない。ここでは、コーポレートガバナンスを論ずるうえでの前提としての会社法上の基本理念を確認し、最近の議論を大まかに整理したうえで、商法改正による新たなガバナンスのシステムを紹介していくことにする。

2 株式会社の基本理念

❖(1) 資本の調達=資本の集中

一般的に、**株式会社**は、公開会社として証券市場から十分な資金調達を行い、資本の集中という経済的効果を図ることができるよう、株式制度・有限責任原則・資本制度などを中心に制度の基本設計がなされている。すなわち、株式会社に対する出資単位を均一に細分化された割合的単位である「株式」とすることで、個々的には零細な資本の糾合を可能にするとともに、株主の権利行使や株式譲渡を容易にしている。また、株主有限責任の原則（商二〇〇条一項）により、企業活動から生ずる危険負担を分散することができる。これにより、大衆からの出資を幅広く募ることにより巨大資本による大企業経営をなし得る組織として設計されている。また、有限責任原則により企業活動から生ずる危険負担が会社債権者に転嫁されることになるため、債権者保護のための装置として「資本制度」をはじめとする諸制度（資本原則や情報開示・会計監査など）が置かれている。

❖(2) 所有と支配が分離した会社経営

このような制度により資本の集中が達成できたとして、その大資本による企業の運営を誰がどのような形で行うのかが問題となる。一般に、株主は、会社からの利益等の配当を受け取ることを目的とする投資株主か、あるいは株価の変動による「利ざや」の獲得を目的とする投機株主が大部分であり、株主となることでその会社の実質的所有者として経営権を掌握することを目的とする経営者株主は、中小企業の場合や経営権争奪戦が行われている場合を除いては、ほとんど存在しないようになる。そこで、株主は会社経営に関する関心や能力がないことから、会社経営をその専門家である経営者に委ねるという仕組みが考えられる（所有と経営の分離・第三者機関性）。しかし、すでに一九三二年の段階でアメリカのバーリ＝ミーンズにより、大企業においては、株式所有の極端な分散が進行し、株式所有に基づかない経営者支配が確立していること、支配なき富の所有と所有なき富の支配が株式会社の発展の論理的帰結である点が指摘されていた（所有と支配の分離）。

❖(3) 株主総会による経営監督システムの機能不全

商法は、株式会社の運営機構において、株主総会を会社の最高意思決定機関として位置づけ、経営を任された一部の取締役による専横・権限濫用を防止するために、取締役会制度・監査役監査、さらには大会社における会計監査人監査等の監督体制を置き、それぞれの権限分配と相互の関係が精密に定められており、その相互牽制によって適法かつ妥当な業務運営がなされることを期待している（機関の分化）。しかし、取締役会による監督（商二六〇条一項）は、業務執行内部における自主的な監督にとどまり、また監査役監査についても、わが国の監査役は取締役の選任・解任権を有しておらず、この人事権をもつ本来的な監督機関である株主総会への報告を主たる任務とする補助的な役割を果たすにすぎない。

❖(4) 株主による経営監督の強化

したがって、以上のような株式会社の機関構成は、株主総会によるコントロールが機能することを前提としたものにすぎない。前述の所有と支配の分離ないしはわが国に特有の株式相互保有により、株主総会における資本多数決は、経営者である一部の代表取締役社長等によって事実上、掌握されている。また、取締役会のメンバーのほぼ全員が、社内でキャリアを積んだ従業員の中から代表取締役によって選別されており、現に社長を頂点とする業務執行体制のピラミッドの中に組み込まれているという状況においては、その頂点にいる代表取締役社長を実質的に監督することはとうてい困難であり、経営者の独走を止めることができない点が指摘される。そのため、商法は、昭和五六年商法改正による**株主総会の活性化対策**としての、少数株主の招集請求権・株主提案権・質問権などにより株主総会が少しでも機能するように方向づけるとともに、個々の株主に違法行為差止請求権・代表訴訟提訴権や、その前提としての各種の情報収集権といった監督・是正権を与えて、資本多数決を通さないところにおける株主権の確保を図ってきたのである。

❖(5) 株主代表訴訟の役割と問題点

とりわけ、平成五年商法改正により訴訟費用が軽減されたことを受け、わが国でも不祥事を起こした会社を対象とする**株主代表訴訟**が数多く提起されるに至っている。なかには不当な訴訟の提起といい得るものもあるが、わが国では、これまで経営に対する監督機構としての、株主総会、取締役会による監督、監査役監査が機能不全の状態にあるため、代表訴訟が不当な経営に対する牽制を果たすという意味において、今後もコーポレートガバナンスの重要な手段としての役割が期待されている。

他方、大和銀行における代表訴訟事件では、取締役が従業員の不正行為を未然に防止するリスク管理体制（内部統制システム）を構築していなかったという過失に基づいて、一一名の取締役に総額で約八二九億円の損害賠償が命じられた。これが契機となって、現行の代表訴訟制度は、経営者を必要以上に萎縮させ、日本経済の活力を減殺しかねないとの危惧が経済界から主張され、取締役の責任免除や、代表訴訟の合理化を内容とする法改正が図られたのであるが、これに代わるコーポレートガバナンスの確立が十分になされたのであろうか、また、コーポレートガバナンスの目的をどのように位置づけるべきであろうか。

3 会社は誰のものか？

❖(1) 株式会社の究極の目的

商法上、会社とは営利を目的とする社団法人と定義される（商五二条・五四条）。このうち、「営利」とは対外的な経済活動によって獲得した利益をその団体の構成員に分配することを意味する。また、この場合の団体の構成員とは出資者である社員のことを指すため、株式会社においては株主のことである。すなわち、伝統的な会社法理論においては、株式会社の究極の目的は、利益を株主に分配することにあるものと把握するのである。

このことは、株式本質論においても顕れてくる。わが国の通説は、株式の本質を、民法上の物権とも債権とも異なる第三種の団体法上の権利としての社員権と位置づけ、その内容として、会社から経済的利益を受けることを目的とする自益権（＝利益配当請求権・残余財産分配請求権など）と、会社運営に参加することを目的とする共益権（＝株主総会の議決権など）とに分類し、両者の権利性を認めている（社員権論）。これは、そもそも株主が会社の実質的な所有者として有していた所有権の「収益」権能が自益権へ、「使用」「処分」を中心とした支配権能が共益権へと団体法的に変容したものと考えるわけである。

これに対して、共益権は株主が株主総会という機関の構成員として有する権限にすぎず、株式は利益配当請求権を中心とする自益権の総体であると説く「社員権否認論」が主張されていた。また、この立場を前進させて、株式とは利益配当請求権という団体法上の債権を意味し、共益権は、国家における参政権に相当する公権の一種であるとする立場（株式債権説）、さらには株式会社を物的結合として把握する「株式会社財団法人論」が展開されていた。これらの立場は、大規模公開会社の実情に即した理論構成ということができるが、わが国の株式会社の統計的な大多数が、いわゆる小規模閉鎖会社であり、現実にも会社法をめぐる解釈論が問題となる商事事件のかなりの部分が小規模会社における事実上の内紛を契機とするものであったという事情から、これらの会社の実態に合致した社員権論が通説化し、公開会社を対象とする議論が十分に行われてこなかったという経緯に留意しなければならない。

❖(2) 会社は誰のためにあるべきか

コーポレートガバナンス論においては、「会社は誰のものか」という命題が中心に据えられ、営利性の目的や社員権論の立場を前提として、「会社は株主のものである」という結論に基づいて、株主利益の最大化をコーポレートガバナンスの目的として位置づける立場が今日でも主張されている。しかし、大規模公開会社においては、所有と支配の分離が指摘された段階から、会社は誰のものかというテーマから、経営者支配の確立を前提として「会社は誰のためにあるべきか」という問題に移行しており、そこでは経営者は株主利益の増大をその任務としながら、株主以外の者に対しても公共的ないし社会的責任を負うという議論がすでになされているところである。

ただし論者によって、株主以外の利害関係者の利益をどの程度まで考慮に入れるべきかについての微妙なニュアンスの相違を感じざるを得ないのが現状であろう。

4 コーポレートガバナンス論が目指す方向とは?

❖(1) 日本的経営システムの崩壊

従来の日本的経営システムとして、メインバンクに代表される間接金融を中心とする金融制度、年功序列・終身雇用型の雇用制度、企業内組合、株式の相互保有を通じた長期・安定的な系列関係による取引などがあげられており、これらの制度が、土地神話を背景とした融資の拡大、行政指導中心の事前規制による横並びの護送船団方式、証券市場に対する規制の未整備、会計制度・情報開示制度の未発達という状況の中で、わが国の経済成長にプラスの方向で作用してきたものといわれている。

ところが、一九九〇年代に入り、これらの制度の基盤がいずれも脆くも崩れ去る。その要因としては、バブル経済の崩壊（土地神話の終焉）、競争的市場の広がりと経済のボーダーレス化、情報技術革新の驚異的な進展などの諸点が挙げられるが、これまで機能してきたグループ経営、メインバンク、官僚による行政指導などの外部的な監視システムが機能不全となっているとともに、会社経営の内部に深く組み込まれた従業員集団の自己防衛本能が強く残っているために、企業改革の進展にブレーキがかかっていることから、コーポレートガバナンス不在の状況に陥っていると指摘されることが多い。

このような状況を踏まえて、最近の改正においては、会社をめぐる利害関係者間の利益を調整するという伝統的な私法秩序としての商法という位置づけから、国家の経済政策の一つの重要な制度的インフラとして会社法を把握しようという流れが如実に見られる。

❖(2) コーポレートガバナンス論の主要な論点

コーポレートガバナンス論に関しては、これまで①公害問題等において、企業の社会的責任が問われている場合に、企業経営のあり方を議論するもの、②総会屋への利益供与、証券会社の損失補塡、粉飾決算、あるいは贈賄など企業の不祥事が問題となる場合に、企業経営において適法性・健全性をいかに確保すべきかという観点に基づく議論（最近では、法令遵守＝コンプライアンスとしてその体制の整備が取締役会または監査役の任務として重要なものとされている）、さらには③企業の効率性を高めるためには、どのような経営組織・業務監督体制を整えるべきかという観点からの議論として主張されてきたものであり、これに関する文献などを読み解く際には、その論者が、それぞれどの部分の議論までを踏まえた立論をしているかを見極めなければ混乱を生じるおそれがある。

最近の一連の商法改正においては、経営の機動性の確保と、監督の強化、執行と監督の分離などが一連のテーマとなっており、一部の業務執行に関する決定を、少数の取締役または執行役に委任し得る点に鑑みれば、少なくとも立法においては、企業の効率性という要素がガバナンス論の中に包含されていることを否定し得ない状況であろう。

❖(3) これからのコーポレートガバナンス論の方向

また、これまでのわが国のコーポレートガバナンス論の概要について大雑把に分類すれば、今日の株式会社を、伝統的な社団論に基づいて、団体的に把握をし、株主をその実質的な所有者と捉えた上で、団体理論の中で、株主利益の最大化あるいは会社をめぐる利害関係者の利益調整を適切に図るという点から、経営者に対する監督体制をいかに整えていくべきか、という考え方と、英米流の証券市場における競争原理を中心に置き、会社を擬制的な存在と位置づけ（社会的実在とはみない）、投資家としての株主の利益の最大化という観点からガバナンスのあり方を模索しようという考え方に大別することができるであろう。この点はとくに、株主総会の形骸化の現状に対して、その活性化を図るべき方向でのガバナンスを目指すか、それとも株主総会の権限を縮小し、情報開示の充実や他の株主権の強化という方向を目指すかという議論に現れてくるであろう。これは、株式会社企業のあり方やその見方における相違という点で、今後もさらに議論が活発化することが予想される。

他方、株主総会に関しては、公開会社における株式相互保有の解消や、改正商法によるＩＴ化の流れの中での、電磁的方法による議決権行使の許容などにより一般投資家の総会への参加が外国人株主も含めて今後、活発化する可能性があり、総会運営のあり方や総会における経営のコントロールについていままでの流れが変化する兆しが見られることにも留意すべきであろう。

5 平成一三年・一四年にわたるコーポレートガバナンス確立のための商法改正

❖(1) 大規模公開会社のコーポレートガバナンス関連の商法改正

以上のような既存のコーポレートガバナンス論に関連して、平成一三年・一四年にかけて大規模公開会社を主な対象とした商法改正がなされている。この一連の改正では、法務省の法制審議会を中心とする官主導による改正と、経済界の要望などを背景とした国会議員立案による議員立法による法改正が混在しており、それぞれの拠って立つガバナンスについての根本的な考え方に微妙な差があることに注視する必要がある。

すなわち、平成一三年一二月に行われた議員立法による商法改正では、前述の大和銀行代表訴訟事件の第一審判決の脅威を取り除き、取締役が積極的な経営をなし得る環境を整備するという目的の下に、取締役の責任免除の制度や代表訴訟制度の合理化を図り、監督機能を強化するために、社外監査役の要件を強化するなど、監査役の地位・権限の強化を掲げている。これに対して、平成一四年五月に行われた法務省提案による商法改正では、大会社を対象に、取締役会の中に重要財産委員会を設置して、経営の機動性を確保し得る、あるいは執行役制度の導入と各種委員会の設置とのワンセット化など、社外取締役による監督に期待した新たなガバナンス体制の構築という内容になっている。

この結果、従来からわが国で議論されていた、経営に対する監督の強化というテーマについて、ドイツ型の二元的システム（経営者を別の機関である監査役会で監督する制度）を基にして、監査役監査の強化で対応するのか、それともアメリカ型の一元的なシステム（業務執行機関内部における監督を中心とする制度）を採用して、社外取締役を中心とする取締役会による監督制度の導入によるのかという議論が一本化されず、結局のところ、一定の条件を満たした会社にどのようなガバナンスの制度を採用するかについての選択権を与えるという形で決着されるに至っている。では、具体的にどのような株式会社の機関関連の改正がなされたのか、その概要を紹介する。

❖(2) 平成一三年・一四年の主な改正点

① 取締役の会社に対する責任の軽減・株主代表訴訟の合理化

取締役の損害賠償責任（商二六六条一項五号）について、その取締役が職務を行うにつき善意かつ重大な過失がないときは、「取締役としての報酬・退職金・新株予約権による利益の四年分（代表取締役は六年分、社外取締役は二年分）」を限度とする金額に限定して、その残りを免除することができるようになった（商二六六条七項、監査役（監査役会）の同意を要する——同九項、商特一九条）。また、株主代表訴訟制度について、まず、株主から取締役の責任を追及すべき訴えの提起をなすべき旨の請求（商二六七条一項）がなされた場合の会社の考慮期間が三〇日から六〇日に伸ばされた（商二六七条二項）。さらに、訴訟上の和解がなし得ることが明文化され、会社が、監査役（監査役会）の同意を得たうえで、被告取締役側に補助参加することができる点が定められた。

これらにより、株主代表訴訟による巨額の賠償責任の負担という、わが国の経営者が感じている脅威を少しでも取り除いて、積極的な経営に専念できるようにしようという趣旨がみられるが、いまだ経営に対する監督体制が整ったとはいえない状況の中で個別の株主に与えられた重要なガバナンス権限が縮小された観は否めない。

② 監査役の機能強化

監査役の取締役会への出席義務および意見陳述義務が法定された（商二六〇条の三第一項）。また、監査役の地位の独立性を確保するために、監査役の任期が一年伸ばされ、四年となった（商二七三条一項）。さらに、監査役が辞任した場合、辞任後最初に招集された株主総会に出席して、辞任した旨および辞任した理由を述べることができる（商二七五条ノ三ノ二）。また、大会社では、社外監査役の要件が強化され、過去において会社またはその子会社の取締役または支配人その他の使用人でなかったものであることを要することとなった（商特一八条一項）。また、社外監査役の員数も増加され、監査役会の半数以上でなければならないとされた。さらに、大会社における監査役の選任について、監査役会の同意権および提案権が法定された（商特一八条三項、同三条二項・三項）。

③ 重要財産等委員会制度

商法特例法上の大会社では、取締役の人数が多く、機動的に取締役会を開催して業務執行の決定を行うことが困難となり、役付取締役以上の経営幹部によって構成される常務会、経営会議などの非公式な会議によって実際には業務執行に関する重要な決定を行っている場合が多い。これにより取締役会が形骸化し、取締役会の代表取締役に対する監督機能が十分に機能しない点が指摘されていた。

そこで、平成一四年改正では、監査特例法上の大会社で、取締役の員数が一〇人以上で、取締役のうち一人以上が社外取締役である場合、取締役会決議により、重要財産等委員会を設置することができるものとされた（商特一条の三）。重要財産等委員会は、取締役三人以上によって組織し、その取締役は取締役会の決議によって定められ、重要な財産の処分および譲受け、多額の借財について決定することが認められた。重要財産等委員会の招集手続、決議方法、監査役の出席権、監査役の招集権、議事録の作成義務などは取締役会の運営に準じてなされることとなる。次に述べる委員会等設置会社では、重要財産等委員会を設置することは予定されていない。

④ 委員会等設置会社制度

現行の取締役会制度には、業務執行を監督すべき者が業務の執行を行っているという問題点が指摘されていたが実際上はこれに加えて、取締役の人数が増えすぎて機動性を欠く点、従業員取締役が大半であり、代表取締役の実質的な支配下に置かれていることも問題とされていた。

これに関して、取締役会の監督機能を強化するために、執行と監督の分離を図り、また業務執行の効率性を高めるために、執行役への権限委譲を実践し、さらに、取締役会の独立性を高めるためには、社外取締役を中心に構成される各委員会を設置するのが相当である。そこで、平成一四年改正により、大会社またはみなし大会社は、定款により、各委員会（監査・指名・報酬）と執行役を置くことを定めることができるようになった。この場合、監査委員会が従来の監査役の職務を行うことから、監査役を置かなくてもいいようになった。なお、各委員会制度と執行役制度はワンセットで、執行役だけを置いて、各委員会を設けないなどの態度をとることはできない。

委員会等設置会社の取締役会は、①経営の基本方針、②監査委員会の職務の遂行のために必要なものとして法務省令が定める事項、③執行役が数人ある場合における執行役の職務の分掌、および指揮命令関係、その他の執行役の相互の関係に関する事項、各委員会を組織する取締役の決定、執行役の選任・解任等を決定するが、その他の会社の業務を、執行役に決定させることができる。取締役の任期は、就任後一年以内の最終の決算期に関する定時総会の終結時までとなり、取締役は、会社の業務を執行することができない。

ここまでは大規模公開会社を念頭に置いたコーポレートガバナンスのあり方と立法を見てきた。他方、わが国では統計上は、小規模閉鎖的な株式会社が数多く存在し、証券市場での資金調達を可能にする組織としての株式会社の理想像からはかなりかけ離れた実情を有し、とくに所有と経営が未分離で株主が会社経営に深く結びついている場合が多い。そこで商法は、このような状況に鑑み、定款に株式譲渡制限の規定を置くという**譲渡制限会社**（商二〇四条一項但書）を認めて、その閉鎖性ないしは株主間における既存の持株比率の維持という利益に配慮する趣旨に基づく法制度を用意している。また、今回の改正の中で、いわゆるベンチャー企業の資金調達や、組織形成を中心としたガバナンスのための制度の整備がなされていることにも注目したい。

以上のような一連の商法改正に対して、委員会等設置会社の創設について、既存の監査役制度の改廃を含めた抜本的な見直しの作業が行われておらず、立法が目指す基本的目標が明確でないとの批判がある。また、重要財産等委員会についても、業務執行の機動性を確保したいという目的からは、取締役の員数を一〇名程度に減らして、取締役会の活性化を図れば足りるのであり、委員会の権限が限定的であるため、当初の目的が達成できるかが疑問視されている。さらには、代表訴訟に関しても、和解あるいは会社の被告取締役側への補助参加を安易に制度化することは問題であろう。

全体的に見れば、今回の改正では、いわゆる会社法上の事前的な規制を大幅に緩和するとともに、事後的な規制に関わる制度を整備し、取締役会の機能強化、企業内部のリスク管理体制の整備を促すという意味で、ここ数年の世界的傾向であるアメリカ式の企業統治方式を導入したものである。しかし、ここで提供された新たなコーポレートガバナンスを会社が選択したとしても、その制度の表面・形式をなぞるだけで、ガバナンスの目的を十分に考慮した運用を行っていかなければ、経営に対する適切な監督を実践することは不可能であり、今後の会社内において業務執行体制がどのように構築されるかが注目されるところである。

（松井英樹）

〈ステップ・アップ〉

① 上村達男『会社法改革――公開株式会社の構想』（岩波書店、二〇〇二年）
② 吉田直『競争的コーポレート・ガバナンスと会社法』（中央経済社、二〇〇一年）
③ 新山雄三『競争〝コーポレート・ガバナンス〟』（商事法務研究会、二〇〇一年）
④ 西脇敏男『コーポレート・ガバナンスの多面的研究』（八千代出版、二〇〇二年）
⑤ 深尾光洋＝森田泰子『企業ガバナンス構造の国際比較』（日本経済新聞社、一九九七年）

Bridgebook

第5章 司法改革への関心
――司法改革論議を通して民事訴訟法を学ぶ

I 司法改革における主な課題

❖(1) 今、なぜ司法改革なのか?

政治改革、行政改革、金融改革、教育改革……。改革と名のついたわが国社会の課題は誠に多い。廃墟と化した戦後日本。二〇世紀後半は、敗戦の復興から始まり、ひばり・裕次郎・長嶋・王らのスターが国民を元気づけ、所得倍増や日本列島改造を掲げた自民党支配の政治体制がわが国の行方を決定づけた。相当の経済的繁栄がいったんは広く国民にも及んだようにも思えるが、バブル経済がはじけ長期の不況が続くと過去への反省と社会の新しいあり方を探らざるをえなくなり、各方面で二一世紀日本のあり方が問われているのである。一九九九年七月以来、政府の諮問機関として司法制度改革審議会が設置され、包括的かつ精力的に司法改革論議を展開し、国民の圧倒的支持で総理となった小泉首相の所信表明演説でも司法改革が取り組むべき課題であるとされた（二〇〇一年五月七日）。

翻って、本章のテーマである司法の前世紀後半における姿を思い起こしてみよう。戦後日本の理念はまず憲法に描かれたはずである。それは、立法・行政・司法の三権の拠って立つ基盤を主権者たる国民におきつつ、一切の法律、命令、規則、処分の憲法適合性の審査権を司法に委ねる（憲八一条）「司法優位国家」であった。一九六〇年代頃までは、司法がそれなりの元気をもち、その判断が社会へのインパクトをもつこともあったが、前世紀後半の総合評価としては、司法の実情は憲法の理念にはほど遠かった。司法は、主権者たる国民からきわめて遠い存在であり、機能不全に陥ってしまっていた。

司法改革を叫ぶ声は、相当以前から一部の国民の中になかったわけではない。しかし、これが本格的取組みになったのは、在野の法曹勢力である弁護士会が改革派のリーダーを抱くようになった一九九〇年以降にすぎない。さらに、これが政治的課題として日本社会全体の構造改革の脈絡で語られるようになったのはごく最近のことである。過度の規制とそれをあやつる行政中心の国家体制は矛盾が露呈し活力を失ってしまった。新しい社会における司法の重要性に、遅ればせながら政府や経済界も気づいたのである。すなわち、結果的に日本社会の活力を殺《そ》ぐような事前規制はできるだけ最小限に止め、真の意味で各人の自由を尊重する社会にあっては、他方でその安全網として、事後の監視・救済を実効あらしめる司法が存分に機能する必要があるというわけである。

❖(2)「小さな司法」から「大きな司法」へ

憲法が描いた司法優位の理念に対し、現実はあまりにもかけ離れたものであった。それを象徴するのが国家予算である。国家予算全体に占める裁判所予算は、一パーセントを超えたことすらなく、最近はわずか〇・四パーセントにも満たない（二〇〇二年は、およそ八一兆円中三一七一億円である）。また、司法を支える人的基盤である**法曹**（すなわち、裁判官、検察官、弁護士の三者）の人口も、二万人をわずかに超えるほどにすぎず、世界の主要国と比べて非常に少ないものであった。

さらに、わが国の司法の機能低下を憂えた「**二割司法**」という言葉も定着した。すなわち、司法があまりに国民から離れた存在であるため、本来必要な時の二割しか司法が利用されず、かりに利用されても、国民の期待の二割しか応えられないという、まさにわが国における司法の小ささを的確に現していたからである。実際、行政が権限の拡張を志向し肥大化したのとは対照的に、司法はむしろみずから縮小路線を歩んでいるかのようであった。

まず、司法は一般国民にとって非常にアクセスのしにくいものであった。たしかに、司法は受け身の存在であるから（「訴えなければ裁判なし」）、「営業」展開することはない。国民と裁判所を仲介するのが弁護士のはずであるが、これが少ない上に都会に偏在している。また、裁判に要する費用や時間、そして難解な法律用語は、人々を寄せつけにくい。かりにそうしたアクセス障害を乗り越え訴訟を起こしても、訴えの利益がないとか、統治行為であるとか、門前払いの却下判決で斥ける例も少なくなかった。

あるいは、社会的な問題意識をもって提起された訴訟（政策形成訴訟）に対して、アメリカの裁判所のように大胆な判断でこれに応える例も、わが国では少なかった。これは、裁判官の選挙制度、陪審・参審などの形で国民が司法に直接接する機会の乏しいことも無関係ではなく、司法をして必要以上に自制させた結果でもある。司法に救済を求めた国民の思いは果たされず、社会に占める司法の地位は小さくなる一方であった。

社会における司法の存在として、わが国の対極にあるのがアメリカである。そこには、司法を良きにつけ悪しきにつけ利用し支える圧倒的数の弁護士、そして一般国民も気軽に司法を利用し、裁判所も試行錯誤を続けながら真摯に応える、司法が社会装置として有効に機能する大きな司法の姿が窺える。わが国が事前規制中心の行政・官僚優位の社会から脱し、真に主権者たる国民中心の社会になっていく上で、司法の充実は不可欠といえる。二一世紀日本社会では間違いなく、司法は「大きな司法」への転換を求められることになる。司法予算の拡大や裁判官ほか職員の大幅増加の実現、そして何よりも「大きな司法」にとっては、司法関係者がその意識を変えることはもちろん、国民一人一人もまた統治主体としての自覚をもって司法を支えていく体制が必要となるという意味で、司法改革は二一世紀の日本を占う大事業ともいえるのである。

❖(3) 司法改革で何が問題とされたか？

司法改革を論ずる公式機関となった前述の司法制度改革審議会は、期限を二年と画した審議会であり、二〇〇一年六月一二日に最終報告書を出すに至っている。もとより、司法改革はこの最終報告をもって終わるわけではない。今後はむしろ、その報告を受け、これを具体的に実現して行くことになる（政府与党は司法制度改革推進本部を設置した）という意味で司法改革は始まったばかりなのである。改革に向けての課題は非常に多い。比較的早期に実現できるものから、長期にわたるものまであり、前記の推進本部の下に設置された一一の検討会で詰めの作業がなされている。審議会の議論を中心に、何が問題とされたのかを紹介しておこう。

まず、審議会は、わが国の司法の歴史を振り返りつつ、二一世紀日本における司法の役割の重要性を共通認識とした上で、今こそ真に国民の期待に応える司法制度を構築すべきものとした。その実現に向け、審議会において最も議論されたのは、司法制度を支える人的基盤としての法曹のあり方であった。すなわち、小さな司法から大きな司法への転換には法曹人口の拡大が基本的な課題となることは必然であった。もっとも、法曹が国民の社会生活上の医師として全国に隈なく存在することが望ましいとしても、これは一朝一夕にできることではなく、これまでの法学教育および司法試験のあり方の変換を迫る法科大学院（ロースクール）制度の導入が一気に盛り上がった。創造力豊かで人間味のある法曹を養成するためには、大学院レベルでの責任ある法学専門教育機関の創設が必要であるとの認識に至ったのである。そうして、原則として法科大学院の修了者から年間三〇〇〇人程度の新規法曹を生み出し、できるだけ早期に（先進国の中では法曹人口の少ない）フランス並みの法曹人口（五万人）を確保すべきものと目標設定もされた（二〇一八年達成が目処）。

このように二一世紀日本社会に質量ともにふさわしい法曹を確保していくことを改革の出発点とすることは、同時に法曹のあり方にも変革を迫ることを意味する。とりわけ、裁判官制度や弁護士制度の改革は、司法改革の具体策としての意義を担うものと言えよう。まず裁判官制度に関しては、修習修了後直ちに任官しキャリアを邁進しこれを最高裁を頂点とする官僚型統制で支配する現状システムにメスを入れることとされた。スローガン的には、相当期間の弁護士経験を経た者から裁判官を任用する「法曹一元制」への転換が論じられた。もっとも、審議会は国民には真意の伝わりにくいこの文言にこだわることは避け、裁判官の給源の多様化、任命制度や人事制度の見直し（民主化・透明化・客観化）とそこに国民の参加を得るべきものと方向づけられた。また、弁護士制度に関しては、日々の弁護士活動の中で軽視されがちであった公益的役割が確認され、その活動領域の拡大、地域的偏在の解消、国民に対する責務に見合った弁護士倫理・報酬・広告・自治の確立の必要性が論じられた。検察官制度に関しても、審議の最中に検察官から裁判官への捜査情報漏洩事件が発覚し、やはり検察庁運営への国民的基盤の確立が不可欠とされた。

そして、今回の司法制度改革審議会の議論で実は最も大事と思われるのが、司法の民主的正当性の確保、すなわち司法改革と国民の意識改革を自覚的に結びつけたことである。もちろん、制度的に司法と一般国民が意図的に遠ざけられてきた面があるとはいえ、国民の中には統治主体としての自律意識が薄く受け身の姿勢が見られたことは否めない。しかし、今後は、一人一人が主権者としての自覚をもって司法に関与することが求められるとされた。世界の多くの国で実施されている陪審・参審のわが国への導入論は、無作為抽出で選ばれた者が裁判の全過程に職業裁判官とともに関与する「**裁判員制度**」という日本独特の方式に結実しようとしている。そのほか、すでに述べたように、いろいろな面で国民が司法制度の運営に関与することも求められている。そのためには、司法に関する情報公開の推進や一般国民の法教育の充実策も講じられなければならないとされた。

司法改革に関する論点は実に多岐にわたり、本章のテーマである民事訴訟法に関係するものばかりではない。否むしろ、司法改革は、民事訴訟法の改善を支える骨格と言える。多くの論点を頭の隅に入れた上で、民事訴訟法と関係する一つについて述べてみよう。

2 ＡＤＲへの関心——注目されるＡＤＲの存在意義

❖(1) 司法改革でＡＤＲが注目される訳

ＡＤＲとは、Alternative Dispute Resolution の略で、仲裁、調停、あっせんなど要するに裁判以外の方法で紛争を解決すること、あるいはそうしたサービスを提供する機関のことを指す。司法権の行使は裁判所に委ねるとしているのに（憲七六条一項）、ADRが司法改革論議の中で議論されるという脈絡は、法学入門者にはわかりにくい面をもつ。たしかに、わが国におけるADRは、裁判所における訴訟を回避するところから発展したものも多く、したがって、訴訟そのものを利用しやすくわかりやすいものにすればADRは無用なように思えなくもない。しかし、今日ではADRは、裁判所における訴訟とは別の独自の意義が認められるようになり、むしろ裁判手続とADRとが連携することで社会における正義の総量が増大する、ADRは広い意味で司法の一翼を担うと解されるに至っている。これが司法改革の中でADRが注目される理由である。

そもそもこの世の中で生起する紛争には多種多様なものがあるが、裁判所の民事訴訟という司法制度は、あらゆる紛争に備え、これを公開の法廷における審理を経て法を適用した判断を示すことでその解決を導こうとするものである。それは相応の慎重さとコストを宿命としている。これに対し、ADRは一般に、①簡易かつ迅速な解決、②法律だけに頼らない柔軟な解決、③各種の紛争類型に特化した専門的な対応、④廉価性、といった特色を有している。紛争の深刻度や諸々の状況に照らし、当事者が裁判所における訴訟とADRを自由に使い分けることができるよう、どちらも改善を重ねていくべきであろう。

❖(2) どんなADRがどんな解決をしているか？

では、一般にADRとして社会に認知されているものには、どんなものがあるのであろうか。分類しながら、主なものを掲げてみよう。

まず、裁判所内にもＡＤＲが存在する（裁判所内ＡＤＲ）。すなわち、わが国では、裁判所の調停（民事調停、家事調停）や審判（家事審判）が比較的盛んであった。とくに、調停は、法適用による一刀両断の解決を避け、双方の譲歩と条理により事情に即した柔軟な解決を導く制度として日本社会に根づいてきたものである。

これ以外は裁判所の外にあるＡＤＲということになるが、大きく分けて、①行政型と②民間型に分類が可能である。行政型としては、労働委員会、国税不服審判所、建設工事紛争審査会、公害等調整委員会、国民生活センター・消費生活センターなどがある。これらは、所定の紛争に特化した紛争処理機関として各都道府県に常設されている（消費生活センターは全国四五〇ヵ所におかれている）。これに対し、民間型は、弁護士会が主導する交通事故紛争処理センターや仲裁センターと、業界が主導する、たとえば、クリーニング賠償問題協議会、クレジットカウンセリング協会、製造物責任法の施行に伴い多数設けられた各製品別のＰＬセンターなどがある。民間型のＡＤＲも紛争類型を特定する形である程度の実績を上げているものもあるが、設置場所は東京や大阪といった大都市に限定されているものが多く、全国民が均等にアクセスできるものとはなっていない。

ところで、これらのＡＤＲにおける紛争解決の方法は多様である。相談から始まり、苦情処理、あっせん、調停、そして強行性の強い仲裁・裁定までを、各々の事案に応じて使い分けているのが特徴である。もっとも、仲裁・裁定のメニューをもつＡＤＲでも、現実の事案解決は双方当事者の譲歩を引き出すことで任意の解決を図る調停の方式が好んで使われる傾向にあるようであり、この辺にもＡＤＲが受ける理由がありそうである。

❖(3) ＡＤＲと裁判所はどのような関係を確立すべきか？

一見、紛争処理機関としてのＡＤＲと裁判所は、存在意義を異にした別個のものと捉えられなくもない。しかし、今回の司法改革論議の中で利用しやすい司法制度という観点でＡＤＲを狭義の司法に引きつけて位置づけようとしたことはきわめて示唆に富む。

すなわち、両者を広く正義を実現する一体のものとして連携を強化する方向が打ち出されている。そのためには、まず訴訟およびＡＤＲを含んだ紛争処理に関する総合的な相談窓口を国民がアクセスしやすい形で創設し、そして①裁判所とＡＤＲ間、②ＡＤＲ間、③ＡＤＲ関係省庁間で、連携を強化し総合的なＡＤＲ政策を構築することが必要であろう。すべての紛争を裁判所の訴訟で解決することは不可能であるし、またそう考える必要もない。ＡＤＲでの解決が可能であり、そうすることが望ましい紛争も多いのである。

今後、ＡＤＲと裁判所は良好な関係、すなわち適切な役割分担と相互乗り入れの体制を築くことを目指さなければなるまい。その前提として、各ＡＤＲの担い手の質・量を確保すること、言い換えれば、法律家その他各種専門家の協力体制を整備しＡＤＲに対する国民の信頼を確立することが必要であろう。その上で、審議会が検討を進めている、①ＡＤＲ利用による時効中断・停止の効果、②ＡＤＲの判断の証明力や執行力の付与、③ＡＤＲと裁判所間でのスムーズな移送体制、などの方法も基盤整備に寄与するであろう。

3 司法改革時代を経た民事司法の近未来

❖(1) 変わる民事司法、変わらぬ民事司法

司法改革と言っても、実はさまざまなレベルがある。今般の改革論議が、待望久しい抜本的司法「大」改革を企図したものであることは間違いないが、それ以外のレベルでは改革はすでに進行していた。とくに、民事執行法、民事保全法、民事訴訟法、民事再生法、会社更生法と矢継ぎ早に民事関係の手続の法改正が進められてきており、これは現在も続いている（手続法改革）。旧弊を打ち破り、国民にとって利用しやすくよく機能する民事司法を目指して改正がなされてきた。訴額三〇万円以下の事件を原則一期日で審理する少額訴訟（民訴三六八条以下）や民事再生手続の順調な滑り出しは、改正の成果の現れであろう。

しかし、平成八年成立・同一〇年施行の民事訴訟法は、大正年代以来の大改正であり、争点整理手続の工夫等が功を奏しある程度の訴訟促進の効果をもたらした。電話会議・テレビ会議（民訴一七〇条三項・一七六条三項・二〇四条）の利用、電子情報処理組織の活用（民訴三六七条）と技術革命の波

が裁判所にも押し寄せている。さらに、近時のＩＴ革命は、電子情報による送達・争点整理・記録化を現実のものとし、通信型の巡回裁判所ないしバーチャル・コートの可能性も予感させる。だが、平成八年の民訴改正では、差し当たり現在の裁判官、弁護士を前提にしていたので、弁論主義と釈明権を加減して行う民事訴訟の基本構図は変えようがなかったし、これは変えるべきものでもないだろう。

それでは、法曹の大幅増員、裁判官任用の多様化、民事事件への専門家や国民の参加など司法「大」改革が実現した暁には民事司法はどのように変わって行くのであろうか。

❖(2) 五月雨式審理から計画的集中審理へ

現在の法曹は、沢山の事件を同時並行的に抱えている。裁判官に至っては、一人数百件の手持ち事件を抱えていることが知られている。法廷では同時刻に何件もの事件の弁論期日が指定され、そこで準備書面の交換と次回期日が決められ、裁判官の頭の中ではいろいろな段階の種々の事件が進行しているのである。その都度、記録の読み直しと記憶の喚起が必要となるので効率が悪く、訴訟遅延は避けられない。弁護士も同様の事情にあり、スケジュールの都合で無駄な遅れが生じているのが現状である。

迅速な裁判の実現にとって、法曹の大幅増員が欠かせないことは明らかである。裁判員の制度は当面刑事の重大事件に限定されるようだが、民事でも、各々の事件にふさわしい法律家以外の専門家の関与を仰いだり、少なくとも人事訴訟に民間人を参与員として関与させたりする場合、おのずと合理的な期間設定が要請されよう。審議会では、あらかじめ両当事者間と裁判所で迅速な処理に向けた審理計画を立てそれを励行する方式が、審理期間短縮に資すると考えられた。これは、審理の長短を当事者の訴訟追行ぶりの如何にかからせる巧みな方法と言えよう。つまり結局のところ、審理速度に対する不満は当事者の主観に左右される面があるので、迅速への要請を審理計画に反映させればそれなりに当事者も努力するし、遅れても自己責任だから納得が行くように思えるのである。

もっとも、弁護士が訴訟代理人となるケースにおいては、速度に対する不満の一部は、裁判所に対するより弁護士に向けられたものであることにも留意する必要がある。自分の代理人があまり仕事をしない、あるいは相手方当事者の代理人が無用な引き延ばしをしているように思えるという具合に、時には弁護士懲戒の申立てに発展する問題でもある。弁護士も、この経済大国にわずか一万八〇〇〇人であり、その多くが単独開業である。そして、民事事件はその収入基盤でもあるので常時数十件を手持ち事件として回している現実がある。しかも、手持ち事件も、わが国の弁護士には専門性を標榜する状況になく、ほとんど無差別にあらゆる事件を受任せざるをえないのが実態である。それを、聞き取り、調査（現地調査や文献調査）、準備書面執筆という具合に進める仕事は、遅れの要因をもっている。一般に民事紛争の当事者は自分の中に「正義」を見出しているので、自分の代理人はその発見に手間取っているように映るし、いわんや相手方弁護士の主張は悪者の味方に思えてしまうのである。

法曹人口の大幅増員で、大きな社会勢力となる弁護士は、法知識の修得に努めるだけでなく、依頼者との接触の仕方（リーガル・カウンセリング）も磨き、その責務にふさわしい職業倫理や懲戒制度を確立し国民に対するアカウンタビリティを尽くさねばならないであろう。また、ある程度の専門化も進み、証拠収集手続の拡充で主張・立証活動も早期化に向かうことが期待できよう。

❖(3) 法曹の将来像

今、司法は大きく変わろうとしている。とくに、進展めまぐるしい情報処理技術が司法運営にどのような影響を及ぼすかは、数年先を見通すことすら簡単ではない。裁判所情報のデジタル化、オンライン化は実務を大きく変えて行くであろう（たとえば、民事執行に関しては、平野④）。バーチャル・コートはもう現実に近く、少なくとも書面の交換だけに法廷で一期日を費やす必要性はほとんどない。事件に対する国民の意見も、裁判員などの方式でなくとも、瞬時に電子メールで募ることだってできる。裁判所の判例情報の公開やＡＤＲ情報の充実が実現されて行けば、当事者も一般国民も素早く的確に事件を見通すことができるであろう。それだけプロの法律家は厳しい国民の監視に晒されることも覚悟しなければならない。

言い換えれば、司法がどう変わるか、その最大の鍵はやはりそれを支える人間、とりわけ裁判官そのものであろう。司法試験科目の六法の知識のみで合格し一年半の修習を経て判事補となり（二〇代の前半でも可能）、以後定年までの四〇年間を裁く立場の裁判官としてのみ過ごす。明らかに一般国民の意識や感覚に触れる機会は少なかった。やはり、審議会は、種々の人生経験を経てある程度の年齢になった法律家が、改めて国民からの任を受け裁判官となる姿が望ましいと判断したのである。単に弁護士からの任官者が増えればよいというものではないので、法曹一元という文言へのこだわりは避け、裁判官指名過程への国民参加、人事評価の透明化という提言がなされた点をしっかり受け止めておかねばならないであろう。

本書を手にする多くが法学入門者であることを念頭に、敢えて言うならば、良き法律家への道は「急がば回れ」の精神であろう。法学は憲法・民法・刑法・商法・刑事訴訟法・民事訴訟法の六法に限られるものではない。法学にはたくさんの分野があり、それらは別個独立のものではなくすべてが密接に関連している。そして、法が扱う人間社会はもっと複雑で奥が深い。一つの法律問題も、さまざまの法学の角度から、あるいは歴史的脈絡、国際的脈絡の中で分析されなければならない。二〇〇四年開校予定の法科大学院に入ろうと思う者もいるだろう。そこは、単なる知識としての法学修得の場ではなく、全人格的鍛練という理念で法学が講じられることになろう。修了後の法律家としてのスタートは弁護士という形で切ることになるだろう。しかも弁護士は「法の支配」の担い手として国民の社会生活の隅々に浸透して行かなければならない。弁護士にとって、今後は民事訴訟はパフォーマンスの一手段に過ぎなくなるだろう。ＡＤＲに関与したり、ＮＧＯやＮＰＯへの関与、そして地域の自治に貢献したりすることも求められる。そして、これからの法律問題は、他の専門分野との有機的連携を図ること抜きに解決のできないものも益々増えてくるであろうから、法に精通するほど他分野への尊重の念を強める必要もある。そうした活動の中で国民の信任を受けた者のみが裁判官への途が開かれてくる。そして、裁判官とは、事件の当事者と法律以外の専門委員（民事参審）や日々の生活専門家たる裁判員との対話の中で、完成した法律家としての存在意義を果たして行く、そういう存在であろう。

（佐藤鉄男）

〈ステップアップ〉

①の意見書は、審議会のホームページ等で公表されているほか、月刊司法改革二二号（二〇〇一年）、ジュリスト一二〇八号（二〇〇一年）に全文掲載されている。司法改革全般に関する基本書として、②をお勧めする。そして、ＡＤＲに関する特集として、③が充実している。

① 司法制度改革審議会『司法制度改革審議会意見書――二一世紀の日本を支える司法制度』（二〇〇一年）
② 渡部保夫ほか『テキストブック現代司法』（第四版）（日本評論社、二〇〇〇年）
③「特集・ＡＤＲの現状と理論」ジュリスト一二〇七号（二〇〇一年九月）
④ 平野哲郎「ＩＴ執行裁判所。or. jp」判例タイムズ一〇四三号（二〇〇〇年）七一頁

Bridgebook

第6章 臓器移植への関心

――臓器移植問題を通して刑法を学ぶ

I はじめに

医学の発展が刑法に対してインパクトを与えた問題の一つとして、脳死と臓器移植の問題が挙げられる。本来、脳死と臓器移植とは別個独立した問題であるが、「心臓」移植の可能性によって、二つの問題が交錯することとなった。心臓移植をまったく否定する立場であれば、従来の死の概念や判定基準などそのままでよいことになる。これに対して、**心臓移植**を肯定する立場によれば、それが刑法上犯罪とならないとするための何らかの法理あるいは概念の変更が必要となろう。たとえば、死の時期を**心臓死**に求める伝統的な立場によれば、脳死の段階ではまだ生体であるから、それから心臓を移植する行為は、殺人罪の構成要件に該当することになる。したがって、心臓移植を正当化する何らかの法理が必要となる(例外的に違法阻却)。これに対して、殺人罪の成立からまったく解放させるためには、死の時期を変更し、脳死の段階で死を認める脳死説を採用すべきことになる。脳死説によれば、心臓移植は、死体からの移植であり、形式的には、死体損壊罪の構成要件に該当するが、実質的には、それを著しく優越する利益が存するので、犯罪は原則的に成立しない(原則的に違法阻却)ということとなる。

刑法における「死」の時期について、これまでは、いわゆる三徴候説(心臓死説、総合判定説)が、争いなく採用されていた。自発呼吸の停止、脈(心臓)の停止、瞳孔反射機能などの停止によって心臓死を判定していたのである。これに対して、脳死説は、脳機能の不可逆的喪失を死の時期とするものであり、近年、有力になってきたのである。

こうした状況で、「臓器の移植に関する法律」(以下、臓器移植法という)が、一九九七年六月に制定され、同年一〇月一六日から施行された。

臓器移植法の主たる内容構成は、①法律の目的(一条)、②対象となる臓器(五条)、③臓器摘出の要件(六条一項)、④脳死した者の身体(六条二項)、⑤脳死判定の要件(六条三項)、⑥脳死判定の手続(六条四項・五項)、⑦刑事手続との調整(七条)、⑧その他(臓器売買等の禁止)(一一条)となっている。

［臓器移植法］

（目的）

第一条　この法律は、臓器の移植についての基本的理念を定めるとともに、臓器の機能に障害がある者に対し臓器の機能の回復又は付与を目的として行われる臓器の移植術（以下単に「移植術」という。）に使用されるための臓器を死体から摘出すること、臓器売買等を禁止すること等につき必要な事項を規定することにより、移植医療の適正な実施に資することを目的とする。

（定義）

第五条　この法律において「臓器」とは、人の心臓、肺、肝臓、腎臓その他厚生労働省令で定める内臓及び眼球をいう。

（臓器の摘出）

第六条　医師は、死亡した者が生存中に臓器を移植術に使用されるために提供する意思を書面により表示している場合であって、その旨の告知を受けた遺族が当該臓器の摘出を拒まないとき又は遺族がないときは、この法律に基づき、移植術に使用されるための臓器を、死体（脳死した者の身体を含む。以下同じ。）から摘出することができる。

2　前項に規定する「脳死した者の身体」とは、その身体から移植術に使用されるための臓器が摘出されることとなる者であって脳幹を含む全脳の機能が不可逆的に停止するに至ったと判定されたものの身体をいう。

3　臓器の摘出に係る前項の判定は、当該者が第一項に規定する意思の表示に併せて前項による判定に従う意思を書面により表示している場合であって、その旨の告知を受けたその者の家族が当該判定を拒まないとき又は家族がないときに限り、行うことができる。

4　臓器の摘出に係る第二項の判定は、これを的確に行うために必要な知識及び経験を有する二人以上の医師（当該判定がなされた場合に当該脳死した者の身体から臓器を摘出し、又は当該臓器を使用した移植術を行うこととなる医師を除く。）の一般に認められている医学的知見に基づき厚生労働省令で定めるところにより行う判断の一致によって、行われるものとする。

5　前項の規定により第二項の判定を行った医師は、厚生労働省令で定めるところにより、直ちに、当該判定が的確に行われたことを証する書面を作成しなければならない。

6　臓器の摘出に係る第二項の判定に基づいて脳死した者の身体から臓器を摘出しようとする医師は、あらかじめ、当該脳死した者の身体に係る前項の書面の交付を受けなければならない。

（臓器の摘出の制限）

第七条　医師は、前条の規定により死体から臓器を摘出しようとする場合において、当該死体について刑事訴訟法（昭和二十三年法律第百三十一号）第二百二十九条第一項の検視その他の犯罪捜査に関する手続が行われるときは、当該手続が終了した後でなければ、当該死体から臓器を摘出してはならない。

（臓器売買等の禁止）

第一一条　何人も、移植術に使用されるための臓器を提供すること若しくは提供したことの対価として財産上の利益の供与を受け、又はその要求若しくは約束をしてはならない。

2　何人も、移植術に使用されるための臓器の提供を受けること若しくは受けたことの対価として財産上の利益を供与し、又はその申込み若しくは約束をしてはならない。

3　何人も、移植術に使用されるための臓器を提供すること若しくはその提供を受けることのあっせんをすること若しくはあっせんをしたことの対価として財産上の利益の供与を受け、又はその要求若しくは約束をしてはならない。

4　何人も、移植術に使用されるための臓器を提供すること若しくはその提供を受けることのあっせんを受けること若しくはあっせんを受けたことの対価として財産上の利益を供与し、又はその申込み若しくは約束をしてはならない。

5　何人も、臓器が前各項の規定のいずれかに違反する行為に係るものであることを知って、当該臓器を摘出し、又は移植術に使用してはならない。

6　第一項から第四項までの対価には、交通、通信、移植術に使用されるための臓器の摘出、保存若しくは移送又は移植術等に要する費用であって、移植術に使用されるための臓器を提供すること若しくはその提供を受けること又はそれらのあっせんをすることに関して通常必要であると認められるものは、含まれない。

本章では、このような臓器移植法の問題を踏まえて、自己決定権、死の概念などを問題とすることによって、刑法のあり方を検討していくことにする。

2 死体からの臓器摘出と提供者の承諾

臓器移植法は、死体からの臓器摘出に関する法律である。この法律によって、死体からの**臓器摘出**は、死体損壊罪の構成要件に該当するとしても、正当化（違法性が阻却）されることとなる。この場合の正当化の根拠は、第一に、**提供者の承諾**に求められなければならない。すなわち、提供者の自己決定権の行使が存在しなければならないのである。提供者の意思を問う方法として、二つの方式がある。すなわち、**反対意思表示方式**と**承諾意思表示方式**がこれである。前者は、提供者本人が生前に提供に反対する意思表示をしていない場合には摘出できるとする方式であり、移植を推進する側としては、移植しやすい好都合な方式といえよう。しかし、反対の意思表示をしていないことは、承諾の意思表示をしていることを推定するものではない。どちらとも決めていない場合もあるし、その場合に承諾があるとすることは、提供者の自己決定権を侵害することとなろう。したがって、承諾意思表示方式が妥当であり、臓器移植法も、この方式を採用している。

提供者本人の意思が絶対的要件であるとすれば、本人の意思のみで臓器摘出の有無を決定すべきということになろう。しかし、臓器移植法は、六条一項で、本人が事前に書面により臓器移植を承諾していても、遺族がその摘出を拒めば摘出できないと規定している。

本人の自己決定権に最大の価値を認めるならば、このような遺族の他者決定権を肯定することは不当であるという考え方もありえよう。ここでは、**自己決定権**の意味が問われているのである。

自己決定権の行使において、そもそも自由な意思決定というものが存するのか否かは、実は、必ずしも明らかではないのである。この問題は、自殺関与罪（刑二〇二条）の処罰根拠、安楽死・尊厳死の不可罰性などの問題に関わる。

自殺それ自体は（未遂の場合に問題）不処罰である。その理由については、死ぬ権利を肯定することによって適法とする考え方と、生命侵害がある点で違法ではあるが、非難可能性がないとして責任がないとする考え方に大きく分かれる。前者によると、自殺が適法なのに、なぜ自殺に関与する行為が犯罪となるのかを説明することが難しい。また、そもそも、死に対して自己決定権が及ぶのかが問題である。自己決定権は生命の存在があってはじめて行使しうるものであり、その基盤を自己決定で破壊するというのは矛盾であろう。他方、後者によると、自殺も他人の殺害と同様に、殺人となってしまうのみならず、自己決定権の問題が、ケースバイケースにおける非難可能性の問題に解消されてしまうこととなろう。そこで、自殺は違法ではあるが、自己決定の行使が一応あると思われるので、自殺者には刑罰を科す必要がないとして、可罰的違法性が欠けるとする考え方が妥当である。つまり、刑罰必要性についての判断のレベルで、自己決定権を考慮することになるのである。

自殺は、その可罰性を欠くものの、違法であることから、自殺への関与行為は違法行為への関与となり、自殺関与罪で処罰されることになる。

さらに、自殺における自己決定が完全な自由であるか否かが問題となる。自殺に追い込まれているという状況が抑圧的であるとすれば、その下での意思決定が自由であるはずがない。このように、不自由な自己決定という一見矛盾する状態があることは否定し難いであろう。とすれば、不自由な自己決定である自殺を唆したり、援助したりすることは、自殺者自体への侵害という側面をも有しているように思われる。この意味で、自殺関与罪の規定は、一種のパターナリズムを規定したものと解することができよう。

結局、自己決定が出発点となるべきだとしても、自己決定のみに絶対的な価値があるわけでなく、自己決定の有無や内容を他者の決定を含めて考慮するという方法も、自己決定の保護という点でも優れているように思われる。その限度では、臓器移植法六条一項の規定は妥当であるといえよう。

3 「死」とは何か

人の死はさまざまな法的効果を生じさせることになる。人の死に関する法規は数多く、たとえば、民事関係などにおいては、権利や義務の主体としての地位が失われ、相続や遺産の効力について死亡時期がいつかは重要な問題となる。また、人の死は、犯罪の成否についても重要であることはいうまでもない。生体の心臓を取り出せば、殺人罪（死刑、無期懲役、三年以上の懲役）となるが、死体の心臓を取り出せば、死体損壊罪（三年以下の懲役）となる。

法令上、死の定義や死の判定方法などを規定したものはないが、「死産の届出に関する規律」（昭和二一年厚生省令第四二号）二条では、「この規程で、死産とは妊娠四月以後における死児の出産をいひ、死児とは出産後において心臓膊動、随意筋の運動及び呼吸のいづれをもみとめないものをいふ。」と規定されている。ここでは、いわゆる三徴候説・心臓死説が採用されている。

さらに、判例においても、たとえば、被告人がA女を殺害して金品を奪取しようと決意し、手拭いをその頸部に巻き付けて絞め上げ、動かなくなったAからその所持金と腕時計を奪い、さらに、Aを付近の川まで運び、そこに投棄したという事案に対して、札幌高裁は、強盗殺人罪（刑二四〇条）の成立を認めたのであるが（**判例①**）、検察官が死体遺棄罪も成立すると主張したことに対して、死体とは、心臓の鼓動が完全に停止した後のことをいうと判示した。同様に、死体に対する殺人未遂罪が成立するとされた事例（**判例②**）、死体と思って遺棄した人体が生体であった可能性があるときにも、死体遺棄罪の成立を認めた事例（**判例③**）などにおいても、三徴候説の立場が採用されている。

また、被告人の暴行によって脳死状態に陥った被害者の人工呼吸器を医師が取り外し、被害者が心臓死に至った事案につき、被害者の心臓死と暴行との因果関係を肯定した判例もある（判例④）。これは、積極的に脳死説を否定したわけではないが、三徴候説の枠内にあるものといえよう。

このような現行法の状況において、脳死も死であるという主張が出現したのである。

それでは、**脳死**とは何か。一九八八年に発足した「臨時脳死及び臓器移植問題調査会」（いわゆる脳死臨調）は、一九九二年に、最終報告をとりまとめ、脳死とは、「脳幹を含む全脳機能の不可逆的機能停止」と定義した。これは、**機能死説**を採用し、全脳の機能を喪失した患者からの臓器移植を可能とすべきとしたものである。

ここまでに至る過程において、機能死説と**器質死説**（脳全体の組織ないし細胞が壊死したことを脳死とする）が対立し、脳死の判定基準について、いわゆる**竹内基準**（「脳死の判定指針及び判定基準」一九八五年・一九九一年）をめぐって論争も行われた。

さらに、わが国では、**和田心臓移植事件**（一九六八年）以来、脳死問題はタブー化されたが、諸外国の積極的な動向、とりわけアメリカを中心とする移植ブーム、移植希望者の要望や移植推進運動などによって、前述した脳死臨調の設立へということに連なったのである。

脳死に関してさまざまな議論、すなわち、医学的、社会学的、哲学的なさまざまな議論を参考にしつつも、法律問題として脳死をどのように考えるかが重要となろう。法的には、脳死を死とすることの社会的合意があるのか否かがポイントとならざるをえないように思われる。

4 心臓移植と脳死論

以上の問題を踏まえ、心臓移植と脳死説との関係を整理しておきたいと思う。

第一は、死とは、心臓停止・呼吸停止・瞳孔散大の三徴候があらわれたときと解する、伝統的な**三徴候説**（**心臓死説**）の立場である。この立場を一貫させれば、脳死状態はまだ生体であるので、心臓移植は殺人罪の構成要件に該当するから、心臓移植は一切禁止されると解することとなろう。しかし、この結論が妥当でないとするならば、例外的に、違法阻却とする方向がとられることとなる。前述したように、提供者の事前の自己決定権が中心的根拠とならざるをえないが、その自己決定権が必ずしも完全で自由な自己決定といえないことが問題となる。また、提供者である脳死患者と受容患者との間で生命の質を考量することはなお一層問題があるといわねばならない。

第二は、**脳死選択説**であり、死の一般的時期は三徴候説によって判断するが、患者が脳死を選択していた場合、すなわち、事前に自己決定権の行使として脳死を死と認めており、家族もこれを拒否しない場合、脳死を死とする立場である。これは、臓器移植法の立場である。死の時期を自己決定に委ねる点に自己決定権の尊重を意図するものといえるが、死の時期をそもそも個人の意思に依存させる点は問題であるし、二つの死の存在を肯定することになるなど問題は多い。

第三は、**脳死拒否権説**であり、脳死を死と認めるが、患者やその家族がそれを拒否する場合には、三徴候説に依拠する立場である。前述の脳死選択説と原則・例外関係が逆転することになるが、脳死選択説と同様の問題点がある。

第四は、脳死一元論であり、すべて脳死をもって死とする徹底した考え方である。これによれば、心臓移植は、患者に対する死体損壊罪となり、患者の同意その他の違法阻却要件の存在を理由に違法阻却の可能性は高いことになる。

結局、大きな対立枠組みとして、三徴候説対脳死一元論の論争が重要であり、脳死は死かという問題に端的に答える必要がある。自己決定権に依存するその他の説は、一元的であるべき死の概念を相対化するものであり、疑問であるが、臓器移植法は、脳死に対する自己決定というものを認めたのである。

さて、臓器移植法に対する評価と今後の展開がどうなるかが問題であるが、脳死に対する自己決定を認めたことは、やはり疑問といわざるをえない。たとえば、脳死段階の人を殺害した場合、被害者が脳死に対して自己決定している場合には、死体損壊罪が成立し、そうでない場合には、殺人罪が成立することになってしまう。たしかに、被害者の同意の有無は犯罪の成否に影響を及ぼしうる。しかし、死の時期について被害者が決定しうるというのは問題ではなかろうか。承諾殺人罪が違法減少とされ、刑が軽くなっているのは、生か死かという選択については、自己決定を尊重するからであるが、それによって、加害者の行為は殺人罪の違法性よりは軽くなるという限度で評価するというのが、現行刑法の立場である。脳死に対して自己決定を認めることは、加害者は、死体損壊罪か殺人罪かという二者択一関係に立たせられるが、それは現行刑法の予定するところではないだろう。やはり、死の概念は一つに統一されるべきである。臓器移植法六条一項の「死体(脳死した者の身体を含む。)」は、「死体または脳死した者の身体」と改正されるべきであろう。さらに、より根本的な改正が可能であるならば、心臓移植を殺人罪の違法減少事由として位置づけ、原則として禁止されるが、刑罰は科さないという方向を採用すべきであるように思われる。

5 死の概念の変化と刑法のあり方

脳死をめぐる論争は、臓器移植の推進という政策的な課題のみならず、刑法のあり方にも根本的な問題を投げかけている。

従来は、ドイツの刑法学者リストの有名な言葉、すなわち、「刑法は刑事政策の越えられない柵である。」に表現されているように、政策的な目標を実現するために行われるさまざまな施策の歯止めを設定するというのが、刑法の役割だったのである。たとえば、刑法上の基本原則である、罪刑法定主義、法益保護主義、責任主義といったものによって、処罰の限界を画するわけである。しかし、現代の危険社会・リスク社会ともいうべき時代になって、刑法は、刑事政策その他の政策を実現するための一手段的なものに変化してきたのである。このような傾向は、刑法を、単に思弁的な学から脱却し、機能的な学へ向かうべきという正当な方向を示すものといえるが、刑事政策その他の政策に対する歯止めをどこに求めるかという、新たな問題が生じたのである。臓器移植を推進するために、刑法上の死の概念を変えるというのは、まさに、このような傾向を示しているといえよう。

一つの立場として、伝統的な刑法の諸原則に固執し、社会的変化にまったく対応させないという方向も徹底した態度といえるかもしれない。しかし、近代刑法が生み出したそれらの諸原則も、近代という時代的、社会的制約を受けたものであり、絶対的な正当性を具備するものではないことを看過すべきでないだろう。未来の刑法学者にとって、今のわれわれにとっての「中世の刑法」と同じように、近代刑法が「愚かなもの」と映ることはないと断言できる保障はまったくない。すでに、その徴候は各所で見られるのである。したがって、時代的、社会的変化を考慮して、刑法学も再構築していかざるをえないのである。しかし、問題はそれをどのように行うかである。

脳死をめぐる論争は、これらの問題のごく一部の問題である。臓器移植に対してポジティブかネガティブかという価値観を背景として、それを法的にどのように処理するかが検討されるべき課題であるが、前述のように、そこにはいくつかの考え方があり、最終的には、価値観に基づく選択の問題となる。その際、刑法によって保護されるべき法益は何か、という問題が重要となる。すなわち、脳死状態を生体として保護すべきなのか、死体として保護すべきなのかという問題がこれである。

以上のことは、立法論的にも、解釈論的にも、同じように問題となることであるが、臓器移植法に見られるように、法律が、脳死に対して明確な立場を明らかにしていない場合、解釈論的な論争がより重要となる。もっとも、条文上の要件を形式的に充足しておれば、臓器移植は可能となるわけである。しかし、その場合でも、刑法理論から導かれる演繹的な思考方法は当然必要であると同時に、社会的実態を見据えた刑事政策その他の政策から導かれる帰納的な思考方法も必要であることは否定できない。この両者をいかに調和させるかが、これからの刑法学の課題といわねばならない。

（高橋則夫）

〈ステップアップ〉

① 町野朔＝秋葉悦子編『脳死と臓器移植（第三版）』（信山社、一九九九年）
② 齊藤誠二『脳死・臓器移植の論議の展開』（多賀出版、二〇〇〇年）
③ 加藤久雄『医事刑法入門（改訂版）』（東京法令出版、一九九九年）
④ 石原明『法と生命倫理二〇講（第二版）』（日本評論社、二〇〇〇年）
⑤ 大谷實『いのちの法律学（第三版）』（悠々社、一九九九年）

判例①――札幌高判昭和三二・三・二三高刑集一〇巻二号一九七頁
判例②――広島高判昭和三六・七・一〇高刑集一四巻五号三一〇頁
判例③――札幌高判昭和六一・三・二四高刑集三九巻一号八頁
判例④――大阪地判平成五・七・九判例時報一四七三号一五六頁

Bridgebook

第7章 少年犯罪への関心
――少年犯罪・少年法を通して刑事訴訟法を学ぶ

Ⅰ はじめに

殺人や放火のように、国家により刑罰を科せられる行為を「**犯罪**」という。また、犯罪と刑罰について定めた法律を「**刑法**」とよぶ（第6章参照）。どんな行為が犯罪となり、それにどのような刑罰が科せられるかは、予め法律で定めておかなければならない（これを「**罪刑法定主義**」という）。たしかに、犯罪は悪い行為である。しかし、たとえそうだとしても、国家の思いつきで恣意的に処罰されたら、安心して生活できなくなる。そこで、現代社会では、きちんとしたルールや手続にのっとって犯罪者を罰することとしているわけである（これを「**適正手続主義**」という。憲三一条参照）。そして、そのルールを定めている法律が、「**刑事訴訟法**」である（略して「刑訴法」ともいう）。

ところで、刑法に書かれた犯罪行為そのものは、成人であろうが少年（二〇歳に満たない者）であろうが、実現可能である。しかし、少年を成人とまったく同じように処罰するのは、本人にとっても、社会にとっても、よくないと考えられている。そこで、少年事件については、特別の手続が定められている。この法律が、「少年法」である。

この章では、皆さんの関心の高い少年犯罪や少年法を通して、刑事訴訟法を学んでみよう（なお、少年の非行には、犯罪行為、触法《しょくほう》行為、虞犯《ぐはん》があり、それに対応して、非行をした少年も、犯罪少年、触法少年、虞犯少年とよばれている）。

2 少年犯罪と少年事件手続

❖(1) 少年犯罪の動向——少年犯罪の増加・凶悪化は本当か？

まず、少年犯罪の動向を、政府の公式統計である『犯罪白書』（最新版は平成一四年版）をもとに探ってみよう。そうすると、世間で言われるような少年犯罪の「増加」・「凶悪化」・「低年齢化」は、必ずしも、最近の目立った動向でないことがわかる（一七九頁以下参照。もっとも、同年版『警察白書』一三八頁以下では、近年における凶悪な少年事件の増加が強調されている）。

しかし、国民の多くが少年犯罪の増加・凶悪化・低年齢化の印象を受けていることは、おそらくたしかだろう。とくにここ数年は、一九九七年の神戸連続児童殺傷事件、二〇〇〇年のバス・ジャック事件など、社会を震撼させる特異な少年事件が少なからず発生し、テレビ・雑誌などのマス・メディアによって大々的に報道されたため、国民もその影響を受けているようである。こうした世論の動きなどを背景として、少年法改正論議が盛り上がり、二〇〇〇年一一月に少年法が改正された。

少年法改正の背景と改正の内容は後で取り上げるとして、まずは、少年法とはどんな法律かをみておくことにしよう。

❖(2) 少年法の理念と少年事件手続の特徴

(ア) 少年法の理念

少年法の理念は、少年の保護である（少一条）。これは、少年は人格が発展途上で可塑性に富み、教育可能性も大きいので、処罰よりも保護・教育的処遇によって立ち直らせるべきものだという考えに基づいている。

これを受けて、少年法は、少年事件の処理について特別の手続を定めている。すなわち、成人の事件は刑事手続で処理されるのに対し、少年事件は原則として保護手続という形をとるのである。

(イ) 少年事件手続の特徴

成人が犯罪を行った場合には、警察等による捜査・検挙、検察による公訴提起（起訴）を経て、通常の裁判所で有罪・無罪の決定と刑の量定が行われる。裁判は公開の法廷で行われ、検察官が被告人の有罪を証明しようとするのに対し、被告人（および弁護人）は反論・反証を行う。そのうえで、裁判官が有罪の心証を形成すれば、量刑をして有罪判決を言い渡す（以上を、「公判（手続）」という）。

これに対し、少年事件の場合には、事件は通常の裁判所ではなく、家庭裁判所を中心に処理される。少年法の理念は少年の保護にあるから、家庭裁判所の主な仕事は、事件を起こしたとされる少年に保護処分が必要か、どのような保護処分が適切かを判断することである（これを「少年審判（手続）」という）。審判は非公開で、通常は、一人の裁判官が、検察官抜きで、少年（および付添人である弁護士）と向き合って、保護処分の内容を決める。保護処分には、少年院送致、保護観察、児童自立支援施設または児童養護施設への送致の三つがある。保護処分の決定に際しては、少年問題の専門家である家庭裁判所調査官とその調査報告が大きな役割を果たす。

なお、少年事件でも、保護処分でなく刑事処分が相当と判断された場合には、事件は検察官に送致され（これを「逆送」という）、成人と同じ刑事手続に乗ることがある。しかし、少年事件全体からみれば、これは例外である。

(ウ)　保護処分は甘いか？

少年院送致などの保護処分は甘い、もっと厳罰を科するべきだ、という意見を耳にすることは、少なくない。しかし、少年院は、通常の刑務所と比べても決して甘いところではない。少年院では、保護処分として少年院に送致された少年と、逆送後懲役または禁錮の実刑を言い渡された一六歳未満の少年に対して、矯正教育が行われる（逆送後実刑となった一六歳以上の少年は、少年刑務所または通常の刑務所内のとくに区画した場所で刑が執行される)。矯正教育は、生活指導、教科教育、職業補導、保健体育および特別活動の五種類からなる。これらは、通常の刑務所の処遇内容にほぼ対応していて、厳しい規律の中で実施されている。

では、なぜ、わざわざ刑務所と少年院を分けるのだろうか。最大の理由は、少年を成人の受刑者から隔離することにある。すでに述べたように、少年は人格が発達途上で可塑性に富む。そこで、成人とは区別して、少年の特質に着目した処遇を行う方が、より大きな教育効果を期待することができる。また、少年は心身の発達が未熟なので、もし通常の刑務所で成人受刑者と一緒に生活を続けたら、立ち直るどころか、犯罪のテクニックを伝授されるなど、かえって悪影響を受けやすいという事情もある。

❖(3) 少年法の改正

(ア) 改正の背景

さきに触れたように、二〇〇〇年一一月に少年法が改正された。今回の改正に大きな影響を与えたのは、一九九三年の山形明倫中学校マット死事件や一九九七年の神戸連続児童殺傷事件をはじめとする近時の凶悪重大事件だが、一九八五年に発生した草加事件、一九八八年の綾瀬事件、一九九三年の調布駅南口集団暴行事件なども、少年法や少年司法のあり方に多くの問題を提起した。

このうち、**山形明倫中マット死事件**は、少年審判における事実認定のあり方に問題を投げかけるものであった。具体的には、犯行を認めない否認事件であったこと、六人の少年が同級生を死なせたとして審判にかけられたことなどから、事実認定に困難が生じた。しかも、少年は皆まだ中学生であったため、逆送して刑事手続で真実を明らかにすることもできなかった。審理は長期に及び、審判の結果、三人に非行なし不処分、三人に少年院送致等の保護処分が下されたが、保護処分を受けた三人は容疑を否認して異議申立て（「抗告」）を行った（最後は最高裁に再抗告されたが、棄却されている）。

また、やはり六人の少年が、少女を強姦し殺害したとされる草加事件では、そのうち五人が少年審判で否認に転じたが、全員に保護処分が下され、最高裁への再抗告も棄却された。ところが、その後、被害者の両親からの民事損害賠償請求が棄却（実質上「無罪」認定）され、いったん高裁で賠償命令が出たものの、最高裁は「無罪」を示唆してこれを破棄し、先頃（二〇〇二年一〇月）これを確認する高裁の判決が出た。これは、少年審判の事実認定に誤りがあったことを認めたものとして、きわめて重要である。

さらに、神戸連続児童殺傷事件は、きわめてショッキングな凶悪事件でありながら、事件を起こした少年が一四歳であり、当時の少年法では刑事処分は不可能だったことから、大きな議論を巻き起こした。この事件をきっかけに、刑事処分可能年齢を引き下げるべきだ、少年も厳罰に処するべきだという意見が、大変強まることになった。

少年法は加害少年に甘く被害者に冷たいという被害者・遺族の声も、改正の原動力となった。殺人などの重大事件でも少年院送致で済むのは軽すぎる、警察・家庭裁判所・少年院も弁護士も被害者のことを考えていない、審判は非公開であり被害者に情報が入ってこない、審判で意見を述べる機会が被害者にないのはおかしい、などの批判が出されたのである。

(イ) 改正の内容

こうした事件や動きを背景に、今回の改正では、少年事件の処分のあり方、少年審判における事実認定のあり方、被害者の保護との関連で、重要な改正が行われた。主な改正点は以下のとおりである。

① 処分のあり方の見直し　まず、刑事処分の可能な年齢が引き下げられた。これは、「**厳罰化**」とよばれる。刑法では、犯行時一四歳以上であれば刑事処分は問えるとされている（四一条）が、改正前の少年法では、いかに凶悪で重大な犯罪を行ったとしても、処分時一六歳未満の年少少年に対して、成人と同じ刑事手続にかけたり、刑事処分を科したりすることはできなかった。しかし、今回の改正により、刑事処分可能年齢の下限が一六歳から一四歳に引き下げられ、年少少年に対しても刑事処分が可能となった（少二〇条一項）。また、殺人、強盗致死などの凶悪重大事件を犯した犯行時一六歳以上の少年に対しては、原則逆送とすることが規定された（同二〇条二項但書）。

たしかに、このような厳罰化によって、凶悪重大事件を起こした少年が罪の意識を十分に自覚すること、厳罰化を求める意見や被害者の処罰感情が抑制・緩和されることなどは期待できるかもしれない。しかし、厳罰化に対しては、とくに家裁調査官など現場の人々から、少年を本格的な犯罪者に仕立て上げ、再犯を増加させるおそれがあるなどの批判が少なくないのである。

② 少年審判への検察官関与 改正前の少年法では、少年審判に検察官が立ち会うことはできないことになっていた。しかし、山形マット死事件のように、少年が非行事実を否認している場合や、真相解明の難しい複雑な事件では、裁判官だけで事実認定を正しく行うのは困難なときがある。そこで、改正少年法は、一定の場合に、検察官が少年審判に関与することができることにした（少二二条の二）。これは、否認事件や事案の複雑な事件では、審判の協力者として検察官を関与させる方が、事実認定手続がより適正に行われるとする考え方に基づいている。

もっとも、検察官関与によって、期待されるような事実認定手続の適正化が図れるかは、微妙である。むしろ、保護手続の側面が後退し、審判が刑事手続と同じような責任追及の場になるのではないかという懸念が出されている。

③ 被害者への配慮の充実 最後に、今回の改正では、少年事件の被害者等への配慮を充実する内容も盛り込まれた。すなわち、被害者等による記録の閲覧および謄写（少五条の二）、被害者等の申出による意見の聴取（同九条の二）、被害者等に対する審判結果等の通知（同三一条の二）の制度である（なお、被害者への配慮の動きは、成人の刑事事件にもみられる。これについては、後で触れる）。

(ウ) 少年法は変質したか？

以上のようにみてくると、改正少年法は、重要な改正点を含んでいる。しかし、少年保護という改正前の理念は現在もなお維持されていることに、十分留意しなければならない。

3 現代社会と刑事手続

❖(1) 刑事手続を支える原則と制度

(ア) 刑事手続の目的

少年事件手続は、少年の保護を主な目的とする。では、**刑事手続**（**刑事訴訟**）の目的は何であろうか。

どのような行為を犯罪とし、それにいかなる刑罰を科するかは、刑法に規定されている。しかし、刑法で犯罪と刑罰を明らかにするだけでは、犯人を捕まえることも、実際に刑罰を科することもできない。刑法とは別に、刑法に書いてあることを具体的に実現する手続が必要である。「刑事手続」とは、この手続のことである。だから、刑事手続の目的は、まずは、刑法の具体的実現である、と答えることができる。

しかし、これだけではまだ不十分である。刑法の実現のためなら、何をやってもいいというわけではない。でたらめな処罰がなされないように、犯人（被疑者・被告人）等の基本的人権を十分保障していなければならない。つまり、刑事手続は、「適正な」手続でなければならないのである（憲三一条）。そこで、刑事手続の基本法である刑事訴訟法は、適正手続による真実発見を、刑事手続の目的として定めている（刑訴一条）。あわせて、それを迅速な裁判によって行うことも重要である。

刑事手続の目的に関しては、実体的真実主義と適正手続主義が対立している。大まかにいえば、実体的真実主義は事件の真相解明・犯人処罰を重視する考え方、適正手続主義は手続の適正・個人の人権保障を優先する考え方である。どちらの考え方に立つかによって、具体的な結論に違いが生じることがある。たとえば、違法な手段で得られた被告人に不利な証拠（違法収集証拠）を裁判で用いてよいかという問題では、犯人処罰の方を重視すれば使ってよいという方向へ、人権保障を重視すれば使ってはいけないという結論に傾く（なお、さらに進んで、適正手続による真実発見は何のために行うか、という問題がある。従来は、刑法の具体的実現と考えられてきたが、最近では、犯罪により侵害された法的平和を回復して、刑事事件を解決することと解する説も有力となっている）。

(イ)　刑事手続を支える制度と原則

刑事手続は、捜査→公訴提起→公判→裁判の執行という流れで進められる。「捜査」とは、犯罪の証拠を収集・確保したり、被疑者の身柄を発見・確保したりすることである。捜査は、主に警察によって行われる。捜査の結果、裁判の必要があると判断されれば、検察官が被疑者を裁判所に訴える。これが、「公訴提起（起訴）」である。公訴が提起されると、「公判」が始まる。公判は、公訴の提起から裁判の宣告に至るまでの手続をさす。裁判所の法廷（公判廷）で、検察官と被告人および弁護人が向かい合って、犯罪事実の有無や量刑などについて意見を戦わせ、最後に裁判官がそれに対する判断（判決など）を下す。最後の「**裁判の執行**」は、裁判で決まった内容を強制的に実現する手続のことである。たとえば、罰金刑を言い渡された人は罰金を徴収され、懲役の実刑判決を受けた人は刑務所に収容されて刑に服することになる。

以下では、執行手続を除く各手続を支える主な原則をみてみよう。

① 捜査の原則　**捜査**は、できるだけ国民の人権を侵害しないように行わなければならない。そこで、個人の重要な権利・利益を侵害する強制処分は、とくに法律に定められている場合にのみ行うことができるとされている（刑訴一九七条一項但書）。これを「**強制処分法定主義**」という（なお、強制処分による捜査を強制捜査といい、強制処分によらない捜査を任意捜査とよぶ）。強制処分はできるだけ避けた方がいいから、捜査はできるかぎり任意捜査によるべきことが導かれる。つまり、捜査は、参考人取調べなどの任意捜査が原則（「**任意捜査の原則**」）で、逮捕などの強制捜査は例外である。

また、何人《なんぴと》も、原則として、裁判官の令状がなければ逮捕されることはなく、また、住居、書類および所持品について侵入、捜索および押収《おうしゅう》を受けることはない（憲三三条・三五条）。これを「**令状主義**」という。これを受けて、刑訴法は、逮捕・勾留《こうりゅう》、捜索・差押え・検証などについて、各種の令状に関する規定を設けている（一九九条以下・二一八条以下など参照）。

② 公訴提起の原則　**公訴の提起**（**起訴**）は、個人の私的感情や地方の特殊事情などにより公平性を欠くものであってはならない。そこで、国家機関である検察官が、公訴の提起を行う（「**国家訴**

追主義」。刑訴二四七条）。しかも、公訴を提起できるのは検察官だけである（このようなやり方を「起訴独占主義」という）。さらに、検察官は、犯罪の証拠と訴訟条件が備わっていても、訴追の必要がないときには、起訴しなくてもよい（「起訴猶予」）とされている。これが「起訴便宜主義」である（刑訴二四八条。反対に、証拠と訴訟条件が揃っていたら必ず起訴しなければならないというやり方を、起訴法定主義という）。わが国では、起訴猶予処分が頻繁に用いられている。このようにみると、検察官にはきわめて大きな権限と裁量が認められていることがわかる。

③　公判の原則　公判は、刑事手続の中核である（「公判中心主義」）。公判を充実・活性化させるため、わが法は、「当事者主義」の訴訟構造を採用している。当事者主義とは、裁判の当事者である検察官と被告人に訴訟追行の主導権を認めるものである（刑訴二五六条六項・二九八条一項・三一二条一項など参照。これに対して、裁判官に主導権を認めるやり方を「職権主義」とよび、旧刑訴法で採用されていた）。この点が、職権主義をとる少年審判と大きく異なる。ただし、現行法も、職権主義的規定を一部残存させている（二九八条二項・三一二条二項など）。

公判は、公開されなければならない（憲八二条一項・三七条一項）。これを「公開主義」とよび、この点も、非公開の少年審判と大きく異なる。また、裁判所は、口頭で提供された直接的な証拠に基づいて裁判を行うべきであり（「口頭主義・直接主義」）、当事者（検察官、被告人および弁護人）の弁論、つまり当事者の主張・立証に基づいて判断を行うべきものとされる（「弁論主義」）。さらに、裁判所は、迅速で公正な裁判を実現するために、事件を継続的に集中して審理しなければならない（「集中審理主義」）。ただし、これらの原則の多くは現実にはきわめて不徹底にしか行われていないため、その改善が刑事司法制度改革の大きな課題の一つとされていることに注意するべきであろう。

❖(2) 刑事手続における問題点

刑事手続上の問題点はきわめて多岐にわたるが、以下では、そのうち、日本の刑事手続の特色、および、現代社会の動きと密接に関連する問題のいくつかを取り上げることにしよう。

① 捜査における問題点　わが国の刑事司法は「精密司法」といわれている。具体的には、捜査機関が十分に証拠収集を行い、かつ、検察官が裁判官のように訴追裁量《そついさいりょう》を行使し真に起訴に値するものだけを起訴して、高い有罪率を誇っている点に特徴がある。

徹底した捜査の重点は、被疑者を取り調べて自白させることにある。被疑者が警察に逮捕されると警察留置場に身柄を拘束されるが、その後の勾留にもこれが「代用監獄」として利用される場合がほとんどで、最長二三日間も捜査機関の支配下に置かれる。被疑者はその間に厳しい取調べを受け、ほとんどの人が自白する。中には虚偽の自白をする人もいる。このような代用監獄を利用した自白の強要や黙秘権（自己の意思に反して供述しなくてよい権利。憲三八条一項、刑訴一九八条二項）の侵害は、誤判・冤罪の温床になっていると厳しく批判されている。この点は、実務では身柄拘束中の被疑者に取調べ受忍義務があるとされ（刑訴一九八条一項参照）、また、取調べが可視的でないことから、いっそう深刻である。そこで、代用監獄の廃止と並んで、取調べ過程の適正化・可視化策（弁護人の立会い、取調べの録音・録画など）の採用が提案されている。

ところで、近年、科学技術の進歩に伴って、犯罪捜査にも、科学技術を応用した手法（「科学的捜査」）が用いられるようになっているが、これは、ますます巧妙化する現代型犯罪に対処することを可能にし、また、自白中心の伝統的捜査方法から物証中心へという、刑事警察のあるべき方向にも即応している。

科学的捜査にはいろいろなものがあるが、現行法に規定のないものや人権侵害のおそれを伴うものも少なくない。ポリグラフ検査はその一例である。ポリグラフ検査とは、一定の質問に対する被疑者の応答に伴う脈拍・呼吸・発汗という生理的変化を記録して、被疑者のうそを発見しようとする検査である。これの何が問題かというと、被疑者の黙秘権を侵害するのではないかという点である。これについては、ポリグラフ検査での被疑者の応答は供述ではないから、黙秘権侵害は問題にならないとする見解と、質問への応答は内心の表出であり供述の一種とみるべきだから、黙秘権侵害が問題となりうるとする見解が対立している（ただし、後者の立場でも、黙秘権は放棄できるとしたうえで、被疑者の真の同意があればポリグラフ検査を実施できると考えることは可能である）。

科学的捜査との関連では、盗聴（通話の当事者に無断でその通話内容を聴取すること）も問題となる。盗聴は、個人のプライバシー権を侵害するものであるので、強制処分の一種と考えられる。そうだとすると、強制処分法定主義から、法律上の根拠が必要となる。この点については、従来から厳しい意見の対立があったが、二〇〇〇年八月の「通信傍受法」によって、法律上、一定の厳格な要件の下で（盗聴の一種である）通信傍受が可能となった。

② **公訴提起における問題点**　前述のように、「精密司法」では、徹底した捜査および慎重な起訴が行われるという点に長所がある。しかし、その反面で、真相解明のためいきおい捜査が厳しくなり、また、本来、有罪か無罪かは公判手続において決められるべきなのに、むしろ検察官の判断を裁判所が追認するにすぎなくなって公判中心主義が形骸化してしまうおそれもある。なお、手続の中心的役割を果たしているのは検察官であることから、わが国の刑事司法は「検察官司法」ともよばれている。

以上のような手続の結果として、わが国では有罪率が九九・九パーセントともいわれている。これは、世界的にも希有な精度の高い刑事手続だが、公判中心主義の見地からは、こうした手続運用は強く批判されている。つまり、精密司法には賛否両論があるといえるだろう。

なお、公訴提起は検察官の専権なので、不当な不起訴・起訴のおそれは否定できず、とくに不当な不起訴について被害者やその遺族から不満が出されることがある。法律上は、検察審査会や付審判請求手続などが設けられているが、検察審査会の議決に拘束力がないなど、十分に機能を果たしているとはいえないのが、実情である。

③　公判における問題点　公判では、書面は原則として証拠になりえない。これは、伝聞法則《でんぶんほうそく》による（刑訴三二〇条一項）。伝聞法則とは、捜査段階で作成された供述調書や他人の供述を内容とする公判供述は、かつてその供述をした本人に公判廷で問い質《ただ》して供述内容の信用性を確かめることができないので、証拠とすることができない、というものである。ところが、被告人の同意がある場合（刑訴三二六条）や、証人の記憶喪失ないし供述の矛盾がある場合（同三二一条参照）には、こうした伝聞証拠も証拠として使ってよいとされている。そして、日本の実務では、多くの書面が証拠採用され、証拠調べの相当部分が証拠書類の取調べにあてられるのが通例である。このような書面中心の裁判では、連日、公判手続を行う必要はなく、現にわが国の刑事公判はとびとびに法廷が開かれている（これを「歯医者方式」とか「月賦販売方式」とよぶ人もいる）。その際、裁判所は、弁護人の防御活動も踏まえて、真実解明のため詳細な審理を行い判決を下す。そもそも、現行刑訴法の証拠法は、基本的に、公判廷での証人尋問を通じて真実を浮かび上がらせようという考え方をとっていたはずだが、現実には、「証人裁判」でなく「調書裁判」になっていると批判される。これは、現行法が、陪審制など国民の司法参加を排除して職業裁判官制度に依拠していることとも大いに関係があるといえるだろう。

ところで、犯罪事実の証明は、証拠にもとづいて行わなければならない（「証拠裁判主義」〔刑訴三一七条〕）。そして、自白偏重を避けて事実認定の精度を高めるには、科学的捜査によって収集された証拠（「科学的証拠」）が有用である。しかし、その基本原理や具体的実施方法いかんによっては証拠能力・証明力に疑問の生ずる場合もある。証拠能力とは、証拠の許容性（つまり、その証拠を事実認定の資料として公判で用いてよいかどうかの適格性）を意味する。また、証明力とは、一定の事実を推認させる証拠の実質的価値のことである。なお、証拠能力は法律等で規制され、存在するか否かのいずれかであるのに対し、証明力は原則として裁判官の自由な判断に委ねられ（「自由心証主義」（同三一八条））、百からゼロまで幅がある点も異なっている。

科学的証拠のうち、血液型や指紋の鑑定結果については、一般に証拠能力・（高度の）証明力が認められている。しかし、ポリグラフ検査やDNA型鑑定の結果については、証拠能力をめぐって深刻な争いがある。DNA型鑑定は、血液型鑑定よりも格段に精度が高いとされているが、いまだ発展途上の鑑定技法なので、証拠能力（さらには証明力）の判断は慎重に行うべきであろう。

④　犯罪者処遇における問題点　犯罪者処遇は刑事手続そのものではないが、刑事手続のすぐあとに続くものなので、ここで触れておこう。

裁判の結果、懲役、禁錮または拘留の刑を言い渡された者は、刑務所（少年の場合は少年刑務所）に収容される。受刑者（既決拘禁者）の収容定員は約五万人、適正な収容率は八〇パーセントといわれている。ところが、最近、受刑者の数が大幅に増加し、収容定員を上回る状況が続いている（二〇〇一年一二月末現在、受刑者数は五万三〇〇〇人以上、収容率は一一〇パーセントとなっている。前掲『犯罪白書』一一二頁以下参照)。なかには、独居房に二段ベッドをいれて二人部屋としているところも少なくない。受刑者の更生、刑務所の適切な運営という観点からは、このような事態は早急に改善しなければならない。

❖(3) 刑事手続に関する新動向と将来的課題

刑事手続で最も大切なことは何だろうか。それは、憲法の保障する被疑者・被告人の権利を国家権力による侵害から守りつつ、真実発見(真相解明)を図ることである。このことは、現在でも基本的に変わらない。しかし、それだけでは十分といえない。なぜなら、そこには、「犯罪被害者」にどう対応するかという視点が欠けているからである。最近、犯罪の被害者にも目を向け、これを保護する施策を積極的に講ずるべきだとする考え方が、とりわけ先進諸国の間で強くなっている。わが国でも、二〇〇〇年に、いわゆる「犯罪被害者保護関連二法」が成立した。これにより、証人尋問の際の証人への付添い、証人尋問の際の証人の遮へい、ビデオリンク方式による証人尋問、被害者等による心情その他の意見の陳述、一般傍聴者とは区別された被害者等の公判手続の傍聴、公判記録の閲覧・謄写、民事上の争いについての刑事訴訟手続における和解といった、被害者保護のための諸制度が導入された(少年法についても、前述のように、被害者保護の視点から改正が行われた)が、今後もそのための法改正や運用の改善が望まれる。

犯罪被害者の保護と並んで、国際化・組織化の進んだ犯罪現象にどのように対応するかということも、刑事手続における重要な課題となっている。捜査における問題点のところで紹介した通信傍受法は、組織犯罪対策を根拠の一つとして成立している。しかし、組織犯罪対策の必要性・重要性や被害者の法的地位・権利を強調するあまり、人類が長い年月をかけて確立してきた被疑者・被告人の人権の保障をないがしろにするようなことがあってはならない。この点に留意しつつ、国際化・組織化の進む現代型犯罪に適切に対処する方策を探ることが、今後ますます要請されると思われる。

そして、何より忘れてならないのが、現在進行中の刑事司法制度の改革作業である。二〇〇一年六月に提出された司法制度改革審議会『意見書』は、二一世紀の日本を支える司法制度のあり方を提言しているが、刑事司法に関しては、裁判員制度の導入のほか、刑事裁判の充実・迅速化、被疑者段階の公的弁護制度の導入、検察審査会の機能強化などの提案が大いに注目される。この意見書については、その後、司法制度改革推進本部の各検討会で具体的な制度設計が開始されている。どの論点も、それぞれ大きな問題であるうえ相互に密接に関連しており、また、いずれも、その実現は、従来の刑事司法や刑事手続のあり方に大きな影響を与え、変革するものばかりなので、今後は、掘り下げた論議とそれを踏まえた説得力ある改革案の提示が大いに期待されるところである。それとともに、当面の課題から除外された捜査段階の改革（被疑者取調べの適正化、身体拘束問題など）についても、十分検討を行ってゆくべきであろう。

〈ステップアップ〉

少年法・少年犯罪について

① 澤登俊雄『少年法入門（第二版増補）』（有斐閣、二〇〇三年）
② 菊田幸一『少年法概説（第四版）』（有斐閣、二〇〇三年）
③ 団藤重光ほか『「改正」少年法を批判する』（日本評論社、二〇〇〇年）
④ 甲斐行夫ほか『Q&A改正少年法』（有斐閣、二〇〇一年）
⑤ 前田雅英『少年犯罪　統計からみたその実像』（東京大学出版会、二〇〇〇年）
⑥ 日本弁護士連合会編『検証　少年犯罪』（日本評論社、二〇〇二年）
⑦ 田宮裕編『少年法判例百選』（有斐閣、一九九八年）
⑧ 田宮裕＝廣瀬健二編『注釈少年法（改訂版）』（有斐閣、二〇〇一年）

刑事訴訟法について

⑨ 三井誠＝酒巻匡『入門刑事手続法（第三版）』（有斐閣、二〇〇一年）
⑩ 田宮裕『刑事訴訟法（新版）』（有斐閣、一九九六年）
⑪ 松尾浩也『刑事訴訟法　上（新版）』『同　下（新版補正第二版）』（弘文堂、一九九九年）
⑫ 田口守一『刑事訴訟法（第三版）』（弘文堂、二〇〇二年）
⑬ 松尾浩也＝井上正仁編『刑事訴訟法の争点（第三版）』（有斐閣、二〇〇一年）
⑭ 松尾浩也＝井上正仁編『刑事訴訟法判例百選（第七版）』（有斐閣、一九九八年）
⑮ 松尾浩也監修『条解刑事訴訟法（新版増補版）』（弘文堂、二〇〇一年）

（加藤克佳）

Bridgebook

第8章 雇用平等への関心
——新時代の労働法を学ぶ

I 雇用における男女平等

❖(1) 男女雇用平等のこれまで

(ア) 第I部第1章で、男女の定年差別が違法となることを勉強した（一〇頁）。しかし、これは定年という、雇用関係のいわば「出口」の問題である。雇用における男女平等を実現するためには、募集・採用～賃金～配置・昇進といった雇用関係の全ステージを対象とする必要がある。まず、次のケースについて考えてみよう。

［設例］ A社では、男女が同一の採用試験で採用され、業務内容も同一であるが、男性については

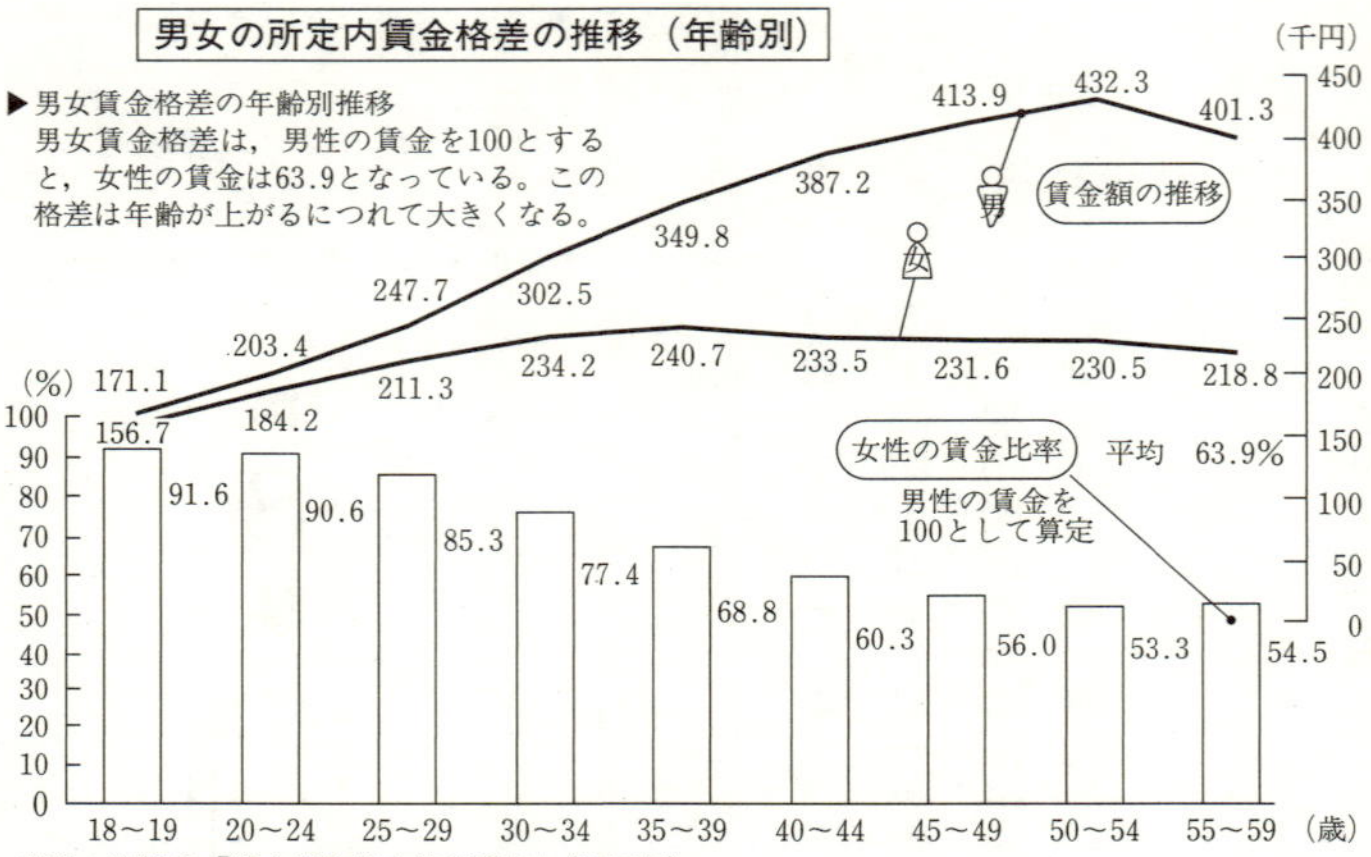

出所：労働省「賃金構造基本統計調査」（1998年）

給与表上の昇格を勤続年数によって自動的に行いつつ、女性については行っていない。この結果、女性のB氏（平社員）は、同期入社で年齢も同じC氏（課長）に比べ、年収で一〇〇万円もの差をつけられている。この場合、B氏は、どのような法的救済を求めることができるだろうか。

この［設例］からも、また上の図からも明らかなように、男女の労働条件には大きな格差がある（女性の賃金は平均で男性の六三・九パーセントにとどまる）。では、このような賃金格差は違法かといえば、そう簡単にはいえない。たしかに、**労働基準法**（以下「労基法」という）四条は、「使用者は、労働者が女性であることを理由として、賃金について、男性と差別的取扱いをしてはならない」と規定している（**男女同一賃金の原則**）。しかし、この規定が禁止するのは「女性であることを理由とする差別」であるため、勤続年数・職務内容・地位・責任の違いに基づく格差は同条違反にあたらない。そこで［設例］の場合、B氏とC氏の賃金格差は地位や責任の違いによる格差とされ、労基法四条違反とならないのである。

しかし、［設例］のような差別を許容することはもちろんできない。A社の措置は、男性を一律昇格させつつ、女性を一律不昇格とするステレオタイプな差別であり、早急に是正される必要がある。そのための法律が**男女雇用機会均等法**である。

男女雇用機会均等法が制定されたのは、一九八五年という比較的最近のことである。それまでの労基法は、時間外労働（残業）の制限や深夜労働の禁止などの手厚い**女性保護**を設ける一方、**男女平等**については賃金差別のみを禁止してきた。女性を「弱い性」と捉える**保護優先モデル**である。その背景には、［設例］が示すような「男性＝基幹業務→昇進、女性＝補助業務→不昇進」という企業の伝統的慣行があり、さらには「男＝仕事、女＝家庭」という伝統的な社会意識があったといえよう。労働法は永らく、このような社会・企業の意識に見事にマッチした法政策をとってきたのである。しかし、それは男女の雇用平等にとっては大きな障害となった。雇用平等は女性の保護とトレードオフの関係にあり、「保護」を強めれば強めるほど「男女平等」は後退する結果となるからである。

(イ)　しかし、時代は変わった。高度経済成長とともに、女性の進学率が高まり、働く女性が急増した。それに伴い、右記の定年差別事件などの訴訟を含む雇用平等運動が盛り上がる。そして国際的にも、国連が一九七九年に**女子差別撤廃条約**（正式名称は「女子に対するあらゆる形態の差別の撤廃に関する条約」）を採択し、日本もこれを批准したため、国内法の整備が必要となった。こうして一九八五年、男女雇用機会均等法（正式名称は「雇用の分野における男女の均等な機会及び待遇の確保に関する法律」）が成立した。

ところが、この一九八五年均等法は、当時なお伝統的な雇用システムや社会意識が健在だったため、それを漸進的に改革するためのソフトランディング的な立法とならざるをえなかった。つまり、雇用平等立法としては不十分な平等漸進・保護緩和モデルとなった。具体的には、次のような問題点が挙げられる。

① 男女差別の根幹を成す募集・採用、配置・昇進の差別規制が努力義務というあいまいな規制にとどまった（旧法七条・八条）。そのため、努力義務を明確化するための指針（ガイドライン）も不十分なものとなった。

② 男女平等立法ではなく、女性の差別だけを規制する立法とされた（片面的性格）ため、かえって女性の職域を望ましくない職域に固定化する結果をもたらした。たとえば、パートタイマーを女性のみとすることは適法とされたため、パートの圧倒的多数が女性という状況が固定化された。

③ 救済方法の目玉とされた行政救済（都道府県の機会均等調停委員会による調停等）についても、調停の開始に当事者双方の合意を要件とするナンセンスな制度設計をとった（旧法一五条）ため、調停制度がほとんど機能しなかった。

こうした状況をふまえて、雇用機会均等法は一九九七年に改正され（一九九九年四月一日施行）、同時に、女性保護に関する労基法第六章の二も改正された。この改正は、男女の雇用平等を強化する一方、女性保護をほぼ完全に撤廃するというかなり思い切った改革を内容としている。アメリカやＥＵ諸国が採用する**平等優先モデル**の登場である。

❖(2) 男女雇用平等の現在

(ア) 平等規定

改正雇用機会均等法の第一の特徴は、募集・採用、配置・昇進規定を努力義務から強行規定に改めたことである。すなわち、事業主（使用者）は、**募集・採用**に際して、「女性に対して男性と均等な機会を与えなければならない」（五条）。また**配置・昇進**についても、事業主は、女性であることを理由に「男性と差別的取扱いをしてはならない」（六条）。

雇用機会均等法は、募集・採用や配置・昇進に関して男女に均等な機会を与えることを命ずる法であるから、結果において平等である必要はない。しかし、これら規定が強行規定とされた結果、女性の採用割合や昇進割合が著しく低い場合は、使用者は、それが公正な選考の結果であるなどの正当化事由を証明する責任を負うことになる。たとえば、一〇〇人中女性の応募が四〇人なのに、採用が一〇人の場合とか、女性が平均的成績を上げているにもかかわらず、昇進数が少ない場合が挙げられる。男女差別の抜本的是正に向けた有意義な改正といえる。

なお、五条・六条の規制の具体的内容は、均等法一〇条に基づく指針（平成一〇・三・一三厚生労働省告示一九号）に定められている。紙幅の関係上、省略するが、ぜひ参照してほしい。また、その他の平等規定としては、教育訓練に関する差別の禁止（六条）、福利厚生に関する差別の禁止（七条）、定年・解雇に関する差別の禁止（八条一項）、結婚退職制・妊娠退職制・出産退職制の禁止（八条二項）などが挙げられる。男女別定年制の禁止は、判例が確立した定年差別の禁止（日産自動車事件・**判例①**）を立法化したものである（一〇頁参照）。

(イ)　片面性の修正

均等法は、改正前と同じく、男女両性に対する差別の禁止ではなく、女性に対する差別のみを禁止している（片面的性格）。しかし改正法は、この片面性が女性の職域の固定化に逆作用したことを反省し、女性のみを対象とする措置や有利に扱う措置も原則として「女性差別」にあたるとする。そこでたとえば、「一般職」「パートタイマー」を女性に限定して募集・採用したり、補助業務や受付の配置対象を女性に限定することは指針で禁止され、五条・六条違反とされる。改正均等法の第二の特色である。

一方、改正均等法は、基幹業務などの良好な雇用機会に女性を優先させることを推奨している。これをポジティブ・アクション（Positive Action）といい、アメリカやEU諸国でも採用されている。すなわち、女性が男性より相当程度少ない状況にある場合に、使用者が募集・採用、配置・昇進、教育訓練に関して、それぞれの基準を充たす労働者の中から、女性を男性より優先して対象とすることは均等法に違反しない（九条）。一見すると「男性差別＝逆差別」だが、そうでもしないと男女平等は実現しないという考え方に基づく規制である。

(ウ) 紛争解決システム

改正均等法は、紛争解決の中心を担う機会均等調停委員会の調停についても双方合意申請の要件を改め、女性の一方的申請による調停開始を認めた（一三条）。これでようやく一人前の法律になった。また、均等法に違反する悪質な企業名の公表制度（二六条）も効果的といえる。

(エ) 労基法の改正

労基法は永らく、女性保護の規定（時間外・休日労働の制限、深夜業の禁止）を設け、保護優先モデルを形成してきた。しかし、雇用平等を徹底させた以上、女性保護を残しておくのは一貫しない。そこで、均等法の改正と同時に労基法第六章の二が改正され、これら女性保護規定は撤廃された。ただし、女性の母性機能に着目した保護は維持・強化されている（産前産後休業＝六五条など）。女性保護から母性保護への変化である。

もっとも、とくに時間外労働規制を撤廃することは、女性に男性並みの長時間労働を課し、事実上家庭責任を負うことが多い女性の職場進出を妨げ、かえって雇用平等に逆行するおそれがある。そこで、一九九八年の改正労基法三六条二項は、男女共通の時間外労働の限度を設け（たとえば一ヵ月四五時間)、労働時間の男女共通規制をスタートさせている。

❖(3) まとめと課題——改正雇用機会均等法が目指すもの

(ア) 雇用機会均等法・労基法の改正は、①男女の雇用平等を促進し、②女性独自の保護を解消しつつ、③職業生活と家庭生活との調和を図るために男女共通規制を行うことを内容としている。男女の平等と保護の関係に関する妥当な法政策のスタートと評価できる。

残された課題は、男女の雇用平等を具体的にどう実現していくかである。とくに［設例］のような昇進差別の救済については、裁判所による救済が重要であり、均等法六条違反の効果が問題となる。この点、均等法改正以前には、日産自動車事件と同様、公序(民九〇条)による救済が認められていた。憲法一四条(法の下の平等)によれば、労働条件に関する合理的理由のない男女差別の禁止は公序として確立しているので、昇格に関する男女差別は公序違反として不法行為(民七〇九条)を成立させるというのである(**社会保険診療報酬支払基金事件・判例②**)。ただし、不法行為の効果は過去の違法行為に対する損害賠償請求に限定されるため、より抜本的な救済である昇格請求(昇格した地位にあることの確認請求)の実現は困難であった。これを［設例］にあてはめると、A社の措置(女性のみの不昇格)は明らかに改正均等法六条違反であるから、均等法改正後は、公序によるまでもなく違法となるが、その救済内容は、過去の賃金差額分の損害賠償に限定されることになる。

しかしこれでは、男女差別の根幹は何ら是正されず、賃金格差が将来にわたって継続することになる。これほど理不尽な話はない。そこで裁判例では、昇格が賃金の増額に連動し、賃金上の処遇としての性格が強い場合に、労基法四条（賃金差別の禁止）違反に近い差別と捉え、同法一三条の類推適用によって昇格請求を肯定する判断が登場している（**芝信用金庫事件・判例③**）。これによれば、［設例］でも、B氏は昇格請求を求めることができる。男女差別という社会的不正義を是正し、雇用平等を実現するためには、司法のこのような意欲的法解釈が不可欠である。

(イ)　個人がその能力を十分発揮し、活力ある社会を実現するためには、個人の能力・意欲・努力以外の理由による差別を禁止する**機会の平等**の保障が必要となる。労働法の分野では、男女平等以外にも、「正社員と非正規従業員との差別」や「年齢差別」も問題となっている。本書を手がかりに、**雇用における平等**を勉強していただきたい。より深く勉強したい読者には、浅倉むつ子『均等法の新世界』（有斐閣、一九九九年）（浅倉①）をお勧めする。

2 労働法のガイダンス

❖(1)　労働法を学ぶ意義

(ア)　以上の「雇用平等」問題からもわかるように、**労働法**は、採用から退職に至る雇用の全ステージを対象とする法である。つまり労働法は、人が働く上で生ずる無数の問題を法的に解決することを任務とする。

したがって、労働法は「身近な法」である。雇用労働者は五三〇〇万人に及び、そのすべてに労働法が適用される。学生アルバイトも、働いている場面では労働者であり、労働法の適用を受ける（労基九条参照）。また、企業を経営していく上でも労働法の知識は不可欠である。労働法は、誰もが経験する雇用社会の基本ルールにほかならない。

(イ)　労働法を学ぶ第一の意義は、この雇用社会の基本ルールを学ぶことにある。誰もが雇用社会を経験する以上、その基本ルールである労働法を学ぶ意義は大きい。またそれは、働く上で実際にトラブル（たとえばリストラによる解雇）が生じたときに頼りになる「弁護士」ともなる。

(ウ)　労働法を学ぶ第二の意義は、雇用社会の現実の動きを知ることにある。もともと法は、それだけで観念的に存在するものではなく、社会の動きと密着して存在し、変化する。とくに労働法は、雇用社会という生活の場を舞台とするため、その動きと密接に関連している。

そして現在、この雇用社会が大きく変化している。日本では従来、終身雇用制（正社員の定年までの雇用を保障しつつ、解雇を避ける慣行）・年功賃金（年齢・勤続年数によって賃金を上昇させる制度）を中心に、長期安定雇用システムが形成されてきた。しかし今日、このシステムが劇的に変化している。①非正規従業員（パートタイマー、派遣社員等）の急増による終身雇用のスリム化、②転職による自発的労働移動・企業再編による非自発的労働移動の活発化（雇用の流動化）、③年功ではなく能力・成果で賃金・処遇を決める成果主義人事制度の普及、④労働組合の組織率の低下に伴う個別労使間の紛争

（個別労働紛争）の激増などが挙げられる。

そして労働法も、こうした雇用社会の変化を反映して変化している。転職環境を整備するため、**職業安定法**を改正して民営職業紹介事業を原則自由化したこと（一九九九年）、企業再編（会社分割）に対処するため、**労働契約承継法**（正式名称は「会社の分割に伴う労働契約の承継等に関する法律」）を制定したこと（二〇〇〇年）、成果主義人事制度とリンクした裁量的な働き方を認める**裁量労働のみなし制**を導入したこと（労基三八条の三・三八条の四＝一九九八年）、個別労働紛争を迅速に解決するための裁判外紛争処理制度（ADR）を整備したこと（**個別労働紛争解決促進法**＝二〇〇一年）などである（ADRについては一四五頁以下参照）。労働法を学ぶことで、このような雇用社会のダイナミクスを法的側面から学び、理解することができる。

(エ)　さて、日本では（外国もそうだが）、「労働法」という統一的な法典があるわけではない（この点は憲法、民法などの単一法典と異なる）。労働法は、労働基準法、労働組合法、雇用機会均等法、労働者災害補償保険法（労災保険法）、労働安全衛生法などの多数の法律の総称である。では、そうして形成された労働法の全体像はどうなっているのか――二〇一頁の図を参照してほしい。

この図からわかるように、労働法は大きく三つの領域に分かれる。

❖(2)　雇用関係法

(ア)　雇用関係法とは

まず第一の領域は、個々の労働者と使用者（企業）を当事者とする雇用関係法である。雇用関係法は、労働者・使用者間の労働契約を舞台とする。正社員もアルバイトもパートタイマーも、働く限りは必ず労働契約を結ぶ。労働契約は、書面で結ばれないことも多いが、労働それ自体によって労働契約が締結されたものとみなされるのである。そして、働いた以上、対価としての賃金（給与）が支払わなければならない（民六二三条参照）。法的には、労働者の労働義務と、使用者の賃金支払義務が当事者の基本的義務となる（図の[A]）。

採用から退職に至るまでの労働者のライフステージは、法的にはこの労働契約の展開を意味する。そして、労働契約も契約である以上、労働者と使用者は法的には対等である。しかし、実際の力関係を見ると、もちろん使用者の方が強い。では、次のような問題が起きたとき、どうすればよいだろうか。

［設例］　K氏が働いている会社では、①給与の支払いが遅れがちで、②給与額も、採用時に約束した額より少ないようだ。しかも③残業が多く、毎日一〇時間も働かされるのに、残業に応じた割増賃金も支払われない（サービス残業）ばかりか、④有給休暇も名ばかりで取得できない。⑤以前、苦情を申し立てた人がいたが、解雇されてしまった。⑥そこでK氏は同僚と労働組合を結成し、会社と交渉しようとしたが、窓際に追いやられてしまい、交渉も拒否された。

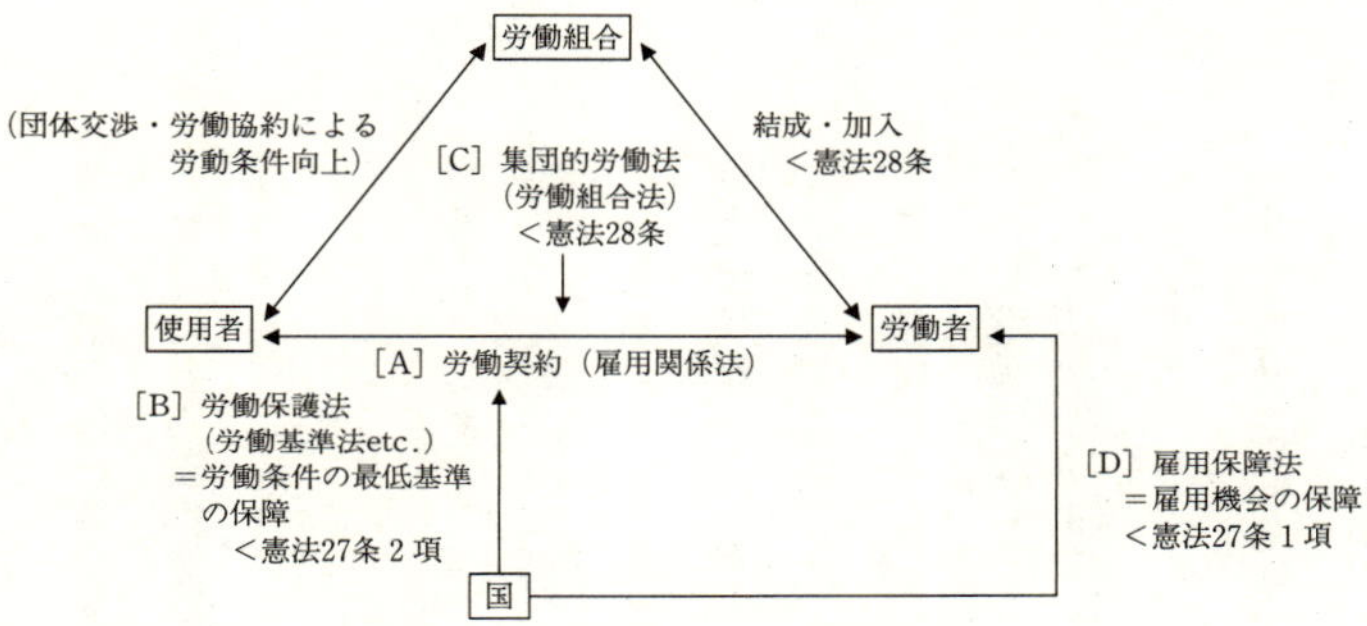

（イ）　労働保護法

①〜④の問題が生じたときに、一人一人の労働者が対抗することは難しい。いくら「法的には対等」といっても、企業の圧倒的な力の前に、個人は弱い。そこで労働法は、労働条件の最低基準（その基準を下回ることは認めないという強行的基準）を法律で定め、労働者をバックアップしている。その中心を成すのが労働基準法（労基法）である。

たとえば①については、「賃金の毎月一回以上定期払いの原則」（労基二四条二項）があり、賃金を一定期日に支払う義務を課している。また②については、労基法の特別法として最低賃金法があり、最低賃金を下回る賃金を禁止している（最低賃金額は都道府県によって異なる）。③については、労基法三二条が「一日八時間制・一週四〇時間制の原則」を定めており、使用者は本来、八時間・四〇時間を超えて労働者を働かせてはならない。そして同法三六条は、所定の要件（労使協定の締結・届出）を充たす場合に限り残業（時間外労働）させることができると規定し、三七条は、使用者に対して一二五パーセント以上の割増賃金の支払義務を課している（時給換算で基本給が一〇〇〇円なら、一二五〇円以上）。

「サービス残業」はもちろん違法である。④については、年次有給休暇は労働者の権利であり、使用者は「事業の正常な運営を妨げる場合」がない限り、これを与えなければならない（労基三九条）。そして、これら基準を遵守させるための行政機関として労働基準監督署が設置されている（労基第一一章）。

これらの法律は、国がみずから労働条件の最低基準を定め、労働契約に強行的に介入することを意味する。これが、雇用関係法の中心を成す労働保護法である（図のB）。労働契約も契約である以上、民法の契約自由の原則（契約内容をどう決めるかは当事者の自由という原則）が妥当するが、これをそのまま貫くと、労使間の交渉力の格差ゆえに、労働条件は労働者に著しく不利なものとなってしまう。そこで労働法は、契約自由の原則を労働者のために修正しているのである。この修正・介入の根拠は、「賃金、就業時間、休息その他の勤労条件に関する基準は、法律でこれを定める」と規定する憲法二七条二項にある。

(ウ)　労働契約法

次に、労働契約においては、法律に規定のない問題も発生する。たとえば②の場合、給与額が最低賃金額をクリアしていれば、最低賃金法の適用はなく、再び契約自由の世界となる（労基法や最低賃金法の規制は最低基準であるから、それを上回る労働条件はもちろん許され、労働契約や労働協約［後述］によって決定される）。しかし、採用時に約束した賃金が支払われていないのであれば、それは労働契約違反となるので、K氏は会社に約束した金額を支払えと請求することができる。このように、もっぱら労働契約の内容・解釈によって解決される法律問題の領域を**労働契約法**という（図の[A]）。

同じく労働契約法に属する問題として、［設例］⑤の**解雇**が挙げられる。解雇については、労基法は、解雇するときは三〇日前に予告せよと定めているが（二〇条）、解雇それ自体に正当な理由を求める規制を置いていない（国籍・信条を理由とする解雇の禁止［労基三条］や、性別を理由とする解雇の禁止［雇用機会均等法八条］はある）。しかし、正当な理由もなく解雇できるというのは常識に反するし、労働者を失業に追い込むことになる。そこで判例は、「合理的理由のない解雇は権利の濫用として無効になる」という法理論（**解雇権濫用法理**）を確立している（**日本食塩製造事件**・**判例④**）。六法のどこを探しても載っていないが、判例が形成した重要な法的ルールである。

このように、労働契約法は、民法の契約法をベースに、膨大な**判例法**の積み重ねを経て形成され、雇用関係法の中核を成すに至っている。それは賃金、解雇のほか、採用内定、人事異動、懲戒処分、付随義務（安全配慮義務、守秘義務等）など多様な領域に及ぶ。したがって、労働契約法を学ぶ際には、判例を知ることが不可欠となる。ただし、この分野でも次第に法の整備が進み、前記のとおり、会社分割に伴う労働契約の承継関係を定めた労働契約承継法や、労働契約紛争をより迅速に解決するためのＡＤＲを設けた個別労働紛争解決促進法が制定されている。右の解雇権濫用法理についても、二〇〇三年四月現在、これを立法化して労働基準法に規定する旨の改正が予定されている。

❖(3) 集団的労働法

労働法の第二の領域は、集団的労働法である。

労基法三二条は「一日八時間・一週四〇時間制」を労働時間の最低基準としている。では、所定労働時間を一日七時間に短縮して労働条件を改善するためにはどのような方法があるだろうか。また、[設例]でK氏がより高い給与を得るためにはいかなる方法があるか。

この場合、個々の労働者が企業と交渉しても、前述した交渉力の格差があるため難しいだろう。そこで登場するのが労働組合である。すなわち、個々の労働者の交渉力が弱いことははっきりしているのだから、労働者が労働組合という団体を結成し、集団の力で交渉(団体交渉)すれば交渉力の弱さをカバーできる。使用者も、個人はともかく、団体の力は無視できない。歴史的にも、労働者は労働組合を結成して労働条件の改善を獲得してきたのである。こうして労働組合は、労働者・使用者と並ぶ労働法の第三の主役となる。

憲法二八条は、このような労働組合の結成、団体交渉、そして、団体交渉を有利に進めるための団体行動(典型はストライキ)を基本的人権(団結権・団体交渉権・団体行動権)として保障している。ただし、憲法の保障は抽象的であるため、それを具体化した法律が必要となる。これが労働組合法であり、同法を中心に、労働組合を当事者とする法を集団的労働法と呼ぶ(図の[C])。

たとえば[設例]で、K氏が賃上げを得るためには、労働組合を結成し、団体交渉によって賃上げを求めることが効果的である。しかし⑥のように、使用者が団体交渉を拒否してしまうと意味がないから、労組法七条二号は、正当な理由のない団体交渉拒否を不当労働行為として禁止している。また⑥のように、「労働組合結成→窓際行き」では、誰も労働組合など結成しないだろう。そこで労組法七条一号は、その種の不利益取扱いをやはり不当労働行為として禁止している。

また、団体交渉で賃上げが合意されても、それが実際の労働条件とならなければ意味がない。そこで労組法は、労使間の合意を書面にした協定を労働協約と呼び、労働契約を規律する強い効力を認めている（一六条）。たとえば、労働協約で賃上げを合意すれば、それが自動的に労働契約内容（当事者の権利義務）となり、それを下回る給与（賃金）を定めた労働契約は無効となる。この効力を規範的効力という。

❖(4) 雇用保障法

労働法の第三の領域は、雇用保障法である。労働者の就職を促進したり、失業した労働者の経済的生活を支援するなど、雇用関係にない労働者に雇用機会を保障することを目的としている（職業安定法、雇用保険法など）。憲法二七条一項の勤労権を具体化するための法である（図のD）。この分野でも、転職環境を整備するための新たな法改正が進みつつある（前記の職業安定法など）。

❖(5) 労働法の理念

(ア) 実質的自由・対等の理念

以上のように、労働法は、労働者が使用者と対等の立場に立って交渉し、労働条件を向上させるためのさまざまな仕組みを定めている。労働者が使用者に対して弱い立場に立つ現実（これを労働者の「従属性」ともいう）を直視し、それを是正するための規制を定めたのが労働法である。したがって、労働法の目的・理念は、労働者・使用者間の実質的な意味での自由・対等関係を確立することにある。この理念を確認したのが、「労働条件は、労働者と使用者が、対等の立場に立って決定すべきものである」と規定する労基法二条一項である。

この理念を達成するため、労働法は、民法（契約法）をベースとしつつ、さまざまな修正を加えている。それは労働法と同様、民法から出発しながら、それを現代社会の変化に即して修正する法領域との共通性を有している。たとえば消費者契約法は、①消費者契約に関する企業の情報提供義務を定めたり、②消費者に不当に不利な契約条項を無効とする規制を定めるが（一一四頁）、それは労働法と同様、消費者・企業間の事実上の交渉力格差を埋め、両者の実質的対等関係を確立することを目的としている。この意味で、労働法は、現代市民法（現代契約法）との共通性を有し、その一翼を担う法ということができる。

(イ) 社会連帯原理

しかし同時に、労働法は、現代市民法にない固有のシステムを用意している。労働組合である。個々の労働契約を規制したり、労働者個人の交渉力を高めることももちろん重要だが、労働者が労働条件の向上と労使対等関係を獲得するためには、他の労働者との連帯が不可欠となる。その連帯の場が労働組合にほかならない。もともと個人が〈個の自立〉を実現するためには、他者との連帯（集団のサポート）が重要な意味をもつが（五三頁）、とくに使用者に対して交渉力に劣る労働者は、労働組合に連帯してはじめて自立と対等関係を得ることができる。この社会連帯原理こそが労働法固有の理念である。そして、憲法二八条は、この労働法固有の理念を国の最高法規として宣言したものということができる。

以上のように、労働法は憲法・民法と関連するほか、商法、行政法、経済法などと関連することが多い。そこで労働法を勉強する場合、法律全般に関する知識を幅広く身につける必要がある。その意味で、労働法は応用法学である。また、労働経済学や人事管理論など、雇用労働をめぐる隣接諸領域の勉強も欠かせない。そこで、労働法の勉強は大変だが、同時にやり甲斐もある。積極的に勉強してほしい。労働法の基本的体系書としては、菅野和夫『労働法（第六版）』（弘文堂、二〇〇三年）（菅野②）がある。読みやすい教科書としては、中窪裕也＝野田進＝和田肇『労働法の世界（第五版）』（有斐閣、二〇〇三年）（中窪＝野田＝和田③）、浜村彰＝唐津博＝青野覚＝奥田香子『ベーシック労働法』（有斐閣、二〇〇二年）（浜村＝唐津＝青野＝奥田④）、土田道夫『労働法概説Ⅰ』（弘文堂、二〇〇三年）（土田⑤）をお勧めする。

〈ステップアップ〉

① 浅倉むつ子『均等法の新世界』（有斐閣、一九九九年）
② 菅野和夫『労働法（第六版）』（弘文堂、二〇〇三年）
③ 中窪裕也＝野田進＝和田肇『労働法の世界』（第五版）（有斐閣、二〇〇三年）
④ 浜村彰＝唐津博＝青野覚＝奥田香子『ベーシック労働法』（有斐閣、二〇〇二年）
⑤ 土田道夫『労働法概説Ⅰ』（弘文堂、二〇〇三年）

判例①——最判昭和五六・三・二四民集三五巻二号三〇〇頁
判例②——東京地判平成二・七・四労働判例五六五号七頁
判例③——東京高判平成一二・一二・二二労働判例七九六号五頁
判例④——最判昭和五〇・四・二五民集二九巻四号四五六頁

（土田道夫）

Bridgebook

第9章 介護保険制度への関心
――社会保障法の目指すもの

1 はじめに

高齢社会の到来がいわれて久しい。高齢社会とは国の総人口にしめる六五歳以上の人口が一四パーセント以上を占める状態をさし、わが国は二〇〇〇年ですでに一七・二パーセントをしめている。六人に一人が六五歳以上ということである。

高齢社会とは、単に高齢者が増えるという意味ではない。少子社会と表裏一体の関係にあり、人口ピラミッドが崩れ、従来の社会システムがうまく機能しなくなることに最大の問題点がある。若年層が少ないために、労働力不足、高齢者を支える人的資源不足、高齢者特有の疾病構造に適切に対応する医療システムの早急な構築などが考えられ、また高齢者の介護も大きな問題となってきている。

ではなぜ介護が現在、このように大きな問題とされたのだろうか？　たしかに平均余命の伸長とともに介護を要する状態にある高齢者の数は増えているが、介護を要する高齢者、寝たきりの高齢者は昔もいたはずで、介護の必要性は昔もあったはずである。昔からあったはずなのに、なぜかつては大きな問題とならなかったのだろうか？　なぜ九〇年代に入り急遽介護保険法まで制定されたのであろう？

それは介護の必要性が社会問題化したからである。社会保障制度は、あることがらが社会に表面化し、社会的支援が必要であると、社会が認識したときに始まる。いままでは、介護が社会的に表面化することなく、社会的支援の必要性が認識されてこなかった。従来、介護は、家族の中で解決されていたのである。家族規模が比較的大きく、介護を必要とする高齢者がいても、家族内に介護の担い手が存在したからなのである。また女性の就労率も低く、地域社会の繋がりも希薄ではなく、介護は家庭と地域社会で充足できた（させられた）。

ところが高度経済成長以後のわが国では、急激に家族規模が縮小し、地域社会のつながりは崩れた。いっぽうで平均余命の伸長とともに、介護の長期化・重度化が進行し、もはや家庭の内部で介護の必要性を充足できる余地はなくなった。介護が社会問題化したのはこのような背景があったのである。

2 介護保険制度

❖(1) 介護の社会化

介護保険は介護を個人や家族のみに押しつけるのではなく、社会全体で対応しようとする制度である（介護の社会化）。具体的には、社会保険制度によって介護を提供しようとするものである。社会保険制度とは、介護を必要とする人も必要としない人も、まだ介護とは無関係の人も、すべての者が保険料を拠出し合って、介護を必要とする人がそのプールされた基金を使って介護を受けるという制度である。わが国の介護保険は、四〇歳以上のすべての国民が保険料を拠出し、六五歳以上で介護を必要とする状態（要介護状態）の人が、介護の社会福祉サービスを受ける制度である。

❖(2) 誰が保険料を拠出するのか

四〇歳以上の日本国民はすべて介護保険の保険料を拠出せねばならない。加入を拒むことや脱退することはできない。サラリーマンは、給料から天引きされる他の社会保険料に上乗せするかたちで徴収される。サラリーマンの妻で専業主婦の人の保険料は、夫の支払う保険料に含まれており、別個に支払う必要はない。自営業者、自営業者の妻は各自が別個に支払う。またすでに退職し現在無職の高齢者も保険料を拠出する。

保険料の徴収、決定、額等は四〇歳～六四歳の人（第二号被保険者）と六五歳以上の人（第一号被保険者）とで異なる。第二号被保険者はそれぞれの属している医療保険制度（健康保険、国民健康保険など）ごとに保険料が決定され、医療保険の保険料に上乗せして徴収される。第一号被保険者の保険料は市町村の給付するサービスの水準に応じて自治体ごとに決定され、市町村が徴収する。一号被保険者の保険料は、その所得に応じて五段階（自治体によっては六段階も可能）にわけられている。市町村は介護保険給付を受ける本人が住民税非課税の場合の「基準額」を決め、これより低所得の人には「基準額」の五〇パーセント、七五パーセントと軽減された介護保険料になり、住民税が課税される人はその所得によって「基準額」の二五パーセント増し、五〇パーセント増しの保険料となる。

❖(3) 誰が介護を受けるのか

原則的には六五歳以上で**要介護状態**にある人である。四〇歳以上の特定疾病（パーキンソン病や慢性関節リウマチなど一五種）によって介護を要する状態にある人も、介護保険の給付を受けることができる。

要介護状態の判断は市町村の判定機関（認定審査会）が行う。まず介護保険の認定申請をすると、市役所の職員や専門判定員が家庭訪問をし、八五項目にわたる調査を行う。これをコンピューターによって処理し、第一次判定が出る。この第一次判定を、医師、看護士、福祉職ら専門家の構成する介護認定審査会で検討し最終的に**要介護認定**を行う。

要介護の認定は、自立（介護保険は適用されない）、要支援、要介護一～五までで表わされる。要支援は介護保険のサービスの一部のみを利用でき、要介護一～五までの認定を受けた人は、その段階に応じて保険給付を受ける範囲（支給限度額）がきまる。各人はその範囲内で、必要とするサービスを、自己の選択によりサービス供給事業者と契約により利用する。この支給限度額を越えてサービスを利用した場合には、その費用は自己負担となる。

要介護度がきまったら、自分でサービスを組み合わせてメニュー（ケアプラン）を作成するが、自分にどのようなサービスが必要でふさわしいか、どこからそのサービスを供給してもらうかなど、複雑な問題も多いので、介護支援専門員（ケア・マネージャー）と呼ばれる専門家に依頼してプランを立ててもらうこともできる。

ケアプランに基づき利用するサービス内容が決まれば、自分の好きなサービス供給事業主と契約を結び、サービスを受ける。この時、利用者は利用するサービスの一割を自己負担する。サービス供給事業者は、利用者にサービスを提供し、かかった費用の九割を、保険者たる市町村に請求し、市町村から支払いを受ける。

❖(4) どのようなサービスがあるのか

介護保険は、介護に必要なすべてのサービスをカバーするものではない。たとえば、寝たきりのお年寄りは買物に行くのに車の送迎が必要であるが、このような車の送迎は介護保険の基本的な法定サービスには含まれない。

介護保険が供給するサービスは、在宅介護サービスと施設サービスに分かれる。在宅介護サービスは、①訪問介護、②訪問入浴介護、③訪問看護、④訪問リハビリ、⑤通所介護、⑥通所リハビリ、⑦福祉用具貸与、⑧居宅療養管理指導、⑨短期入所生活介護、⑩短期入所療養介護、⑪痴呆性対応共同生活介護、⑫特定施設入所者生活介護、の一二種類と住宅改修費や福祉用具購入費などである。

施設サービスとしては、指定介護老人福祉施設、介護老人保健施設、指定介護療養型医療施設を利用できる。

これらはすべて介護保険法に規定されたサービスであるが、介護保険法は市町村が独自にサービスを行うことを認めている。法定のサービス以外の独自なサービスを準備することを「横だしサービス」と言い、法定のサービスの利用量（回数）を増やすことを「上乗せサービス」と言う。

❖(5) 介護にかかる費用は

介護保険は保険料のみでは運営されていない。かなりの公費（税金）が投入されている。介護保険にかかる総費用の五〇パーセントは保険料収入（六五歳以上の人の払う保険料が平均一七パーセント、四〇～六五歳の人の保険料が平均三三パーセント）、公費が五〇パーセント（国庫負担金が二五パーセント、都道府県負担金が一二・五パーセント、市町村負担金が一二・五パーセント）である。

3 わが国の社会保障

❖(1) 社会保障制度の目的

社会保障制度の目的は国民の生活不安を除去することにある。さまざまな生活不安の中で、社会的にこれを救済・支援する必要性の認識されたものが保障の対象になっている。私たちの生活上に生じてくる不安は、経済的なものと、日常生活に支障をきたすものの二種類がある。

経済的な不安は、収入が中断、減少、喪失したり、支出が極端に増加した場合に生じる。資本主義社会において、収入は労働することによって得られるから、収入の変化は労働に変化があった場合に生じる。収入の中断、減少としては、ケガや病気で仕事を休んだり、失業した場合が挙げられる。仕事を休めば賃金は減る。収入がなくなる場合は、高齢に達して労働から引退した場合（定年制など）、障害を負ったため労働不能になった場合、一家の稼ぎ手が死亡してしまった場合などがある。収入に減少・停止などはないが、育児や看病などで支出が極端に増えたり、家計に大きな負担となる場合もある。これらの場合に社会保障制度は所得を補うかたちで、すなわち金銭を給付するかたちで生活不安を除去・軽減している。このような社会保障を所得保障制度と呼ぶ。

一方、所得とは関係のない不安に、日常生活の支障がある。たとえば、病気になって食欲がない、知的な障害があるためにうまく日常生活をこなせない、などの場合である。病気やけがなどの支障に対しては医療的な対応で、成長過程や発達上の支障に対しては社会福祉サービスという形でこれらの支障を除去・軽減する。これらの不安は経済上の不安ではないために、金銭ではなく、人の行為、援助による社会保障給付となる。

社会保障の財源をどこに求めるかで、社会保障は二つのタイプに分けることができる。社会保険方式と公費負担（税）方式である。社会保険方式は、あらかじめ約束された社会保障の保障対象（要保障事故）に対して、国民が保険料を拠出し、保障事故が生じた場合、保険加入・保険料拠出を要件に社会保障給付を受給する方式である。一方、公費負担（税）方式は、そのような保険加入を必要とせず、社会保障の対象事故が生じれば、社会保障給付を受けることができる。どちらの方式により社会保障制度の財源を確保するかは、国民的合意の問題だが、最低生活を保障することを目的とする生活不能に対する給付は理論的にも公費負担（税）方式以外の選択はあり得ない。

わが国の社会保険方式は職種別に構成され、被用者（サラリーマンなど）の制度（健康保険制度、厚生年金制度）、公務員のための制度（国家公務員共済組合、地方公務員共済組合など）、自営業者、無職の者のための制度（国民健康保険、国民年金制度など）がある。被用者、公務員の制度は、専業主婦の妻も一体として制度に加入することになるが、自営業者の場合は完全な個人加入である。また国民年金制度は、全住民にまず基礎年金を保障し、被用者、公務員はさらにその上にそれぞれの職種別年金制度に加入するという二重構造となっている。被用者対象の社会保険では、被用者一人につき必要とされる保険料の半分は、事業主負担となる。

なお社会福祉などでは、利用にあたって利用者の自己負担を要するものもある。

❖(2) 所得保障

(ア) 生活不能

就労が長期的あるいは永久に不可能な場合、収入がなく個人の資産・貯えを費消し尽くしてしまえば、生活水準は低下してゆき、遂には生存すら危くなる。このような生活状態（生活不能）に対しては、人としての生存を確保する水準まで税を財源とする公的支援がなされる。

生活不能の場合、その原因、理由を問わずに、**生活保護法**による生活保護が支給される。生活保護法は社会保障諸法の中でも直接的に憲法二五条に根ざしており、生活保護を「権利」として捉えている。このことによって国民の最低生活は当然に保障される。**生活保護**は歴史的に利用者の人権侵害の可能性が高く、また最低生活保障という目的から緊急性を要することなどに鑑み、法に生活保護の原理をおいている。自立助長、無差別平等、最低生活保障、保護の補足性、の四原理に基づき、その実施は申請保護、基準・程度、必要即応、世帯単位の原則による。

支給額は、自己の能力や資産を活用した上での本人の現在の生活水準と法の定める最低生活線の差を行政職員が判定し、その差額が支給される。生活扶助、教育扶助、住宅扶助、医療扶助、介護扶助、出産扶助、生業扶助、葬祭扶助の八類型の扶助額が加算され、支給額が決定される。

生活保護法では最低生活の維持と同時に自立助長を目的にしているため、ただ生活費を支給するだけではなく、要保護者の自立に向けてのさまざまな指導を行う。

生活保護は居宅において保護を実施するのが原則だが、居宅では保護の実効性が確保できないときには施設において保護が実施される。救護施設、更生施設、医療保護施設、授産施設、宿所提供施設がある。

(イ) 収入の中断

ケガや病気で仕事を休んだ場合については、健康保険法に傷病手当金がある。平均的な一日の報酬の六〇パーセントが健康保険から支給される。健康保険は基本的には医療保障制度だが、歴史的にこのような所得保障の給付も規定している。国民健康保険制度は自営業者を対象としているため、仕事を休むことが直ちに収入の低下に結びつかないため、このような給付はない。

失業した場合には、雇用保険制度があり、失業中の一定期間、納付保険料、保険加入期間に応じて一定の所得が保障される。

(ウ) 収入の停止・喪失

これらの労働からの引退、障害のための稼得能力の低下・喪失、稼得者の死亡といった保障事故はほぼ永久的に継続するため、年金という形で継続的に支給されることが一般的である。わが国の年金制度は前述のように、まず二〇歳以上の全住民が加入する国民年金制度があり、その上に被用者、公務員はそれぞれ厚生年金、共済組合保険制度に加入するという二重加入の制度となっている。自営業者は国民年金にしか加入しない。

国民年金は政府を保険者とし、全住民が被保険者である。被保険者は、三種類に分かれ、一号被保険者は二〇歳以上六〇歳未満の者で、二号、三号被保険者でない者、二号被保険者は被用者年金各制度の被保険者、三号被保険者は二号被保険の被扶養者（妻）である。保険料（たとえば、平成一四年の一号被保険者は月額一万三三〇〇円である）、保険給付ともに定額である。国民年金の財源は、納入された保険料と、要する費用の二分の一の国庫負担による。

被用者の年金制度である厚生年金の保険者は政府で、被保険者は常時五人以上の従業員を雇用する事業所（適用事業所）に雇用される者である。なお厚生年金保険の老齢年金の報酬比例部分を政府に代行し、さらにその上に一定の上乗せ給付を行うことを目的に、厚生年金基金が設立される場合がある。厚生年金基金は、事業主とその事業主に雇われる従業員によって構成され、厚生労働省の許可を受けた法人である。厚生年金保険は報酬を基準に保険料を支払い、保険料納入期間に応じて保険給付（年金）額が決定するという報酬比例制をとっている。財源は保険料により、事務費のみ国庫負担である。

国民年金は全住民に老齢、障害、遺族という保障事故に対して定額の基礎年金を支給する。被用者、公務員は国民年金と各種職域年金の二重加入となっているから、同一の保障事故についても二重の年金を受ける。たとえば、老齢になった場合には老齢基礎年金と老齢厚生年金とを受給することになる。

① 高齢に達して労働から引退した場合、老齢年金が支給される。老齢基礎年金は、保険加入期間が二五年以上で、その者が六五歳以上になった場合支給される。四〇年間の完全加入で年間八〇四、

二〇〇円である（平成一四年度）。老齢厚生年金は老齢国民年金の受給資格を満たした者に支給され、その額は現役時代の報酬に応じた保険料納入期間を基礎として算定される。

② 障害を負ったため労働不能になった場合には、障害基礎年金や障害厚生年金が支給される。障害基礎年金は、国民年金制度に加入期間中、傷病にかかり初診日から一年六ヵ月たったときに法が定める障害程度にある者に支給される。障害には一級と二級とがあり、二級は老齢基礎年金と同額で、一級はその二五パーセント増しである。障害厚生年金は一〜三級に障害を分類し、二級、三級は老齢厚生年金と同額（ただし三級については最低保障額がある）、一級はその二五パーセント増しである。

③ 一家の稼ぎ手が死亡してしまい、収入の道を失った遺族に対しては、遺族基礎年金と遺族厚生年金がある。遺族基礎年金は被保険者の被扶養者たる有子の妻または子が受給権者である。したがって子のない妻には遺族基礎年金は支給されない。額は老齢基礎年金と同額である。遺族厚生年金は、被保険者の妻と子で、この場合は妻単独でも受給できる。額は老齢厚生年金の四分の三である。

(エ) 支出の増加

わが国では児童の扶養のために家計に対する負担を軽減するため、小学校就学前の児童を養育する一定所得以下の世帯に定額（第一子、二子は月額五〇〇〇円、三子以降一万円）の児童手当が支給される。また家庭で二〇歳未満の障害児を介護している父母、養育者に対して特別児童扶養手当が支給される。母子家庭に対しては児童扶養手当が支給される。児童手当は事業主の拠出と公費により、他の手当は公費により負担される。

❖(3) 医療保障

けがや病気になった場合、それが業務に起因するものの場合には、労災保険が適用され、業務外のものには健康保険法、国民健康保険法などの医療保険が適用される。ただし七〇歳以上の高齢者の場合は、公費負担の老人保健制度による医療の給付となる。

被用者の医療保険制度である健康保険は、政府を保険者とする政府管掌健康保険と、健康保険組合を保険者とする組合管掌健康保険がある。健康保険組合は会社の従業員と事業主を組合員として厚生労働省の許可を受けた法人で、政府にかわり健康保険業務を行う。現在のところ大企業が健康保険組合を設置している。健康保険の被保険者は、常時五人以上の従業員を雇用する事業所（適用事業所）に雇用される者である。被用者に扶養されている家族も被用者の医療保険を使うことができる。国民健康保険の場合、政府が保険者で、被保険者は住民である。

各医療制度の中心は療養の給付で、これは医療機関によってなされる医療・治療行為のことである。医療保険の場合、保険証を持って医療機関に行き、一定率の自己負担をすれば医療が受けられる。自己負担は受けた医療費の定率で、健康保険、国民健康保険では本人、家族は外来入院三割、ただし三歳未満は二割である。なお医療機関で行われるすべての医療行為が保険の対象となるわけではなく、「保険の効かない」医療行為もある（たとえば美容整形など）。また自己負担については一定額以上で負担の頭打ちになる仕組みがある（高額療養費制度）。

医療機関は医療行為の提供にかかった費用から、患者の支払った自己負担分を除いた残りを社会保険診療報酬支払基金に請求し、基金が請求に応じて支払う。

老人保健制度は基本的に七〇歳（平成一四年から五年間かけて七五歳に引き上げられる）以上の高齢者のための医療制度である。被用者保険と違い、職業ごとに分立した制度ではない。また他の医療保障制度が治療を中心とするのに対し、老人保健制度は疾病の予防、治療、リハビリテーションといった包括的医療制度であるところに特徴がある。健康診査、栄養指導などの事業は四〇歳以上を対象に行われ、七〇歳以上を対象に各種医療が給付される。かかった医療の一割（一定所得以上は二割）の自己負担を伴うが、財源は公費負担（税）方式で、各医療保険組織が財源を負担している。

❖(4) 社会福祉

成長過程や発達段階の支障については、社会福祉サービスが対応する。児童福祉、身体障害者福祉、知的障害者福祉、精神障害者福祉、老人福祉など対象者ごとにさまざまな福祉サービスが提供される。社会福祉は成長過程のゆえにあるいは生活障害のゆえに自立生活を阻害されている人々が対象である。そのような人々に人的サービス・援助を給付することで自立を目指す。このため自宅での自立を支援する在宅サービスと、それが適切でない場合には施設内で行われる施設サービスとがある。

児童福祉の領域では、児童福祉法が根拠となり、児童自立支援施設、児童養護施設、情緒障害児短期治療施設、乳児院、母子自立支援施設などが施設サービスとしてあり、保育所、学童保育、などが通所・在宅サービスとしてある。また児童福祉法は身体障害児や知的障害児の施策についても規定している。

身体障害者福祉の領域では、都道府県から身体障害者手帳の交付を受けた者が身体障害者福祉法の規定する福祉サービスを受けることができる。ホームヘルプサービス、デイサービス、ショートステイ、などの在宅サービスと、厚生援護施設、授産施設などの施設サービスとがある。また更正医療の給付、車椅子や補聴器などの補装具の交付・修理などの在宅サービスもある。

知的障害者福祉の領域では、ホームヘルプサービス、デイサービス、ショートステイ、などの在宅サービスと、更生援護施設、授産施設、知的障害者通勤寮などの施設サービス、社会参加のためのグループホーム、がある。

精神障害者福祉の領域は、精神医学と密接な関連があるが、精神障害者の社会復帰施設として援護寮、授産施設、福祉工場、小規模作業所、グループホームなどがあり、通院患者リハビリ（社会適応訓練事業）などの在宅サービスがある。

介護保険法以外の**老人福祉**の領域では、特別養護老人ホーム、養護老人ホーム、経費老人ホーム、などが施設サービスとしてあり、ホームヘルプサービス、デイサービス、ショートステイ、などの在宅サービスがある。

社会福祉の財源は、大半が国・自治体の負担や補助による。利用に際しては、利用者から費用徴収がなされ、利用したサービスの額の定率を負担したり(応益負担)、支払い能力に応じて徴収される(応能負担)。

社会福祉の領域では、福祉サービスの供給事業者の存在が不可欠である。多くの社会福祉事業者は公営ではなく、「**社会福祉法人**」という特別な法人である。「社会福祉法」によって、社会福祉サービスは第一種社会福祉事業(入所施設が中心)と第二種社会福祉事業(通所・利用施設や在宅福祉サービス)に分類され、第一種社会福祉事業は、地方自治体、社会福祉法人しか運営できないこととされている。

〈ステップアップ〉

① 荒木誠之『社会保障法読本・第三版』(有斐閣、二〇〇二年)
② 清正寛＝良永彌太郎編著『論点・社会保障法(第二版)』(中央経済社、二〇〇〇年)
③ 阿部和光＝石橋敏郎編著『市民社会と社会保障法』(嵯峨野書院、二〇〇二年)

(山田　晋)

Bridgebook

第10章 ビジネス方法特許への関心
——IT時代の知的財産法

I 知的財産法への誘い

❖(1)「知的財産法」とは?

「知的財産法」という言葉を聞いて、どのような法律をイメージするであろうか。「知的」な「財産法」??「知的財産」?! みずから「知的」を名乗るとは、なんとも奇妙な法分野だと思うかもしれない。世の中で一般的に用いられる「知的」という言葉のもつニュアンスやイメージと比べれば、一体どのような内容の法律なのか想像しにくいかもしれない。もっとも、最近では、テレビや新聞でも「知的所有権」、「知的財産」とか「著作権」あるいは「特許」といった言葉が登場する機会も増えてきたことから、音楽や映画、小説といった文化的な創作物やアイデアといった、何か人間のアタマが生み出したものにかかわる法律ではないのかと思われる人も少なくはないかもしれない。おそらくは、「著作権」や「特許」といった言葉になじみがある人も意外に多いのではないだろうか。

そこで、知的財産法とは一体どんな法律なのかという問いに対する答えであるが、もちろんここで簡単に答えを書いておしまい、というほど容易に片付くものではない。「知的財産法」という言葉でひとくくりにまとめられている法律分野は、現在最も動きの激しい法分野であって、その全体像は絶えず変化をしているといっても過言ではない。そのため、実際に知的財産法に関係のある実務の最前線や研究の現場においても、結局のところは、「何が知的財産法なのか?」「知的財産法はどうあるべきなのか?」といった問いに対する答えを追求することへつながる活動が日々展開されているといえるのである。そのような意味では、「知的財産法とは?」という問いに対する答えを考えることは、この分野の世界への最初の入口をくぐることであると同時に、めぐり巡って、実務や研究の最先端へも密接に係わってくることでもあるのだ。

そうはいっても、知的財産法の全体像を押さえないことには具体的なイメージが沸いてこないであろう。そこで、まずはごく大まかにその全貌をみておくことにしよう。

知的財産法とは、きわめて簡単にいえば、何らかの経済的価値のある情報を保護する法律あるいは法分野のことであるといえる。一口に「経済的に価値のある情報」といってもさまざまなものがある。われわれは日ごろ意識しないものの、実にさまざまな情報に囲まれ、それを受け取り、利用することによって生活している。もっともここで「情報」とはそもそも何なのか？　という、より基本的な疑問をもつ人もいるかもしれない。しかし、この問いに対する正確な答えを出すこと自体、実は非常に難しい問題であって、法律学の枠を超えて技術的あるいは哲学的な大問題にさえなりかねない。ここでは日常的な感覚で「情報」について大体のイメージをつかんでもらえれば十分である。

たとえば、小説やマンガは、文字や絵で構成されているが、われわれ人間はこれらを目を通して情報として受け取り、脳でその意味を理解することで感動したり笑ったりしているわけであるし、歌や映画、ゲームソフトにしたって、音や映像を耳や目で情報として受け取って、脳へ伝えられることによって楽しんでいる。また携帯電話やパソコン、自動車は、技術者がアタマで考え出した構造や仕組み、あるいはデザイナーが考え出したデザインといった情報をプラスチックや金属や半導体といったものをつかって実現させたものである。ラーメンのスープや料理のレシピは、材料に何をどれだけ使うのか、どのような手順で作るのかによって、その味に大きな違いが出てくるのであろうが、その「何を」「どうやって」というところは、まさしく情報であって、ラーメン屋や料理人にとっては非常に重要なものといえるのだろう。有名なブランド品も、それについているマークやロゴという情報によって、われわれはそれがどこの製品であるのかを識別している。さらに、このごろはゲノムや遺伝子といった言葉をよく耳にするようになったが、子供が親に似るという現象も、実は親の遺伝子を構成するＤＮＡの塩基配列によって蓄えられた遺伝情報によって左右されているのである。

このようにわれわれはさまざまな情報に囲まれ、それを利用している訳であるが、そういった情報があればこそ製品を作ったり、売ったりすることができるという意味で、経済的な価値をもった情報も世の中に数多くあることに気が付くであろう。知的財産法とは、そのような経済的な価値をもった情報のうち、限られたものについて法的な保護を与える法律といえる。

現実には、「知的財産法」という一つの法律があるわけではなく、保護の対象とする情報の種類によって、さまざまな法律が存在しており、それらの法律をまとめて学問的に「知的財産法」と呼んでいる。先ほど挙げた例に沿ってみると、小説やマンガ、音楽や映画といったものは「著作権法」によって、パソコンや自動車における技術は「特許法」や「実用新案法」によって、デザインは「意匠法」や「不正競争防止法」によって、ブランド品のマークやロゴは「商標法」や「不正競争防止法」によって、法的保護が提供されている。料理のレシピも、場合によっては「不正競争防止法」で保護されることがありうるだろう。

ただ注意して欲しいのは、経済的な価値がある情報なら、何でも直ちに法的に保護されるとは限らないということである。この点は、実は大変大切なことなので、この章の最後にもう一度考えることにしたい。

❖(2)「特許権」?「発明」??

次に、知的財産法の中でも、最も中心的な位置にあって、技術情報を保護の対象としている「特許法」に注目してみよう。電気メーカや自動車メーカといった製造業においては、厳しい競争の下で、ライバル企業に差をつけるために膨大な投資を行って日々新しい研究開発が行われているのであるが、その研究開発成果を生かした製品を一つ手に入れてきて分解してみれば、ライバル企業の技術者の目からみてそれがどのような技術なのかわかってしまうかもしれない。そして、その技術を直ちにライバル製品に活用することはもちろん、さらに改良版も容易につくりだすことができるかもしれない。もしそのように、多額の費用をかけた研究開発の成果を、勝手にライバル企業にタダで利用されるのでは大きな損害となるし、他社の技術をそのように利用することで研究開発に対する負担をなくして企業間の競争に挑むことができるとすると、研究開発費用の分だけ商品の値段を下げることができて、勝手に利用した企業の方がかえって競争上は有利な立場に立てるということもありうる。しかし、そのような状況が続くのでは、いずれはどこの会社も進んで新技術の開発を行わなくなってしまうかもしれない。つねに最初に世の中に出た他社の製品の技術をまねればよいのである！　しかしその結果、社会全体における技術進歩というものが止まってしまうのではないか……。

そこで、これまでない新しい技術を作り出し、特許庁という役所に対して一定の手続を行った者に対しては、特許法は、「特許権」という権利を与えて、一定期間、その技術についてはその者だけが独占的に利用することができるという法的な権利を与えるという制度を作り出している。「特許権」とは、土地や家、自動車などの「所有権」と同様に財産権であって、「特許権」を有している者以外の者が、勝手に特許権による保護の対象となっている技術を利用して事業を行うなどすると、「特許権侵害」となる。

「特許権侵害」行為は、他人の物を勝手にとったり使ったりという財産権を侵害する行為と同じであって、「特許権」を有する者は、そのような行為を行うことを止めさせたり（差止め）、それによって生じてしまった経済的損害を賠償（損害賠償）することを裁判所が命じるように求めることができる。さらに、わざと特許権侵害行為を行った者に対しては、罰金や懲役も含めた刑事上の処罰が課せられる。

ところで、特許権の対象は、さきに述べたように、「これまでない新しい技術」であることは確かなのであるが、特許法の下では、より細かく定められており、実際に「特許権」を与えるかどうかについては、特許法で定められている要件を充たしているのか否か、特許庁の専門職員（審査官）が審査を行って判断される。

特許法で定められている要件とは、簡単にまとめると、何かの産業で利用できるものであること（産業上の利用可能性）、最も新しいもので原則として未だ世の中の誰にも知られていないこと（新規性）、平均的な技術者が容易に考え出せない程度の技術水準にあること（進歩性）であるが、これらの要件以前の前提として、特許法で保護する対象は、「発明」でなくてはならないことが法律の条文の上でも明らかにされている。

そこで、「発明」と聞いてどのようなものを想像するであろうか。日頃、何か名案を思いついたときに「発明」という言葉を使うこともあるかもしれないし、あるいは、「発明家」なる、ちょっと変わった人たちが、空飛ぶじゅうたんや錬金術、不老長寿の薬、等々の奇想天外なものを開発し、一攫千金を狙うといった場面が思い浮かぶかもしれない。このように日常的に用いている「発明」という言葉の意味と特許法でいう「発明」という言葉の持つ意味は、多少異なっているのである。日本の特許法では、「発明」について何か？　という問いに対する答えとして明確な定義を条文上（特許二条一項）設けており、その主たる内容は、「自然法則を利用した技術的思想の創作」というところにあり、学問的には、「自然法則を利用していること」「技術的思想であること」「創作であること」という三つの要件に分けて考えられることが多い。

このように考えると、なにやら難しいが、さきに述べたように、一般的な感覚でいう、いわゆる技術者が研究開発して作り出すようなアイデアであれば、ほとんどは特許法でいう「発明」となる場合が多い。たとえば、オーディオや電子レンジといった電気製品にしても、元々の動作原理は電磁気に関する自然法則に従っているのであるし、自動車のエンジンも、さまざまな化学反応や力学の法則といった自然法則に基づいているのである。コンビニエンスストアでもらうビニール袋も、素材は化学上の法則を利用して作り出されているし、袋への加工にしても力学の法則を利用した機械によってなされているのである。

そのようなことから、特許法における「発明」とは何か、という点を巡っては、実のところ、これまでさほど大きな議論が生じたことはなかった。ところが、これから後にみていくビジネス方法特許の出現が、新たな議論を巻き起こすことになったのである。

2 ネットワーク社会とビジネス方法特許

❖(1) インターネットの普及――本格的なネットワーク社会へ

最近では、広告やテレビなどでも、「ホームページ」とか、「http…」とか、「ドットコム」といった言葉を普通に見聞きするようになってきた。また、普段の会話でも「メールアドレス」や「メル友」などという言葉が日常的に使われるようになってきた。ほんの五年程前までは、まだインターネットはそれほど一般的なものではなく、一〇年ほども前になると、Webブラウザなどというものすらほとんどなかったことを考えると、その急速な広がりぶりには驚かされる。もはやパソコンを触ったことがないという人は、むしろ少なくなりつつあるようにも思われるし、近頃では、iモードのように、パソコンを使わなくても携帯電話等からインターネットにアクセスし、電子メールをやりとりしたり、ホームページをみたりすることができるようになってきた。また、これまでのように単にホームページをみたり、音楽を聴くことができるだけにとどまらず、通信のブロードバンド化が進むにつれて、映画や立体画像など、ますます多種多様な情報がネットワークを介して手に入るようになるかもしれない。日本では近頃、「IT（Information technology）」という言葉がよく用いられ、「IT革命」という言葉も一時期はやったように、社会全体がこのような情報通信環境の整備と活用に力を注いでいるということもあって、インターネットを中心とするネットワーク社会は、近い将来ますます本格化するであろう。

❖(2)「ネットビジネス」の展開

ネットワーク社会が発展してゆくにつれて、さまざまな商業活動でもインターネットを活用したものが多く現れるようになってきた。インターネットを使って「ネットサーフィン」をしたことがあれば知っているだろうし、すでに利用したことのあるサービスも幾つもあるかもしれない。たとえば、インターネットを使って、本やCD、ソフトウエア等を購入したり、さまざまなチケットや航空券の予約や銀行口座の管理、株式の取引、オークション等々、これまで現実の世界で行われていた商取引がインターネット上で行われるようになってきた。また、それだけに限らず、ネットワーク特有の特徴を活用することによって、これまでの世界では考えにくかった新しいサービスを提供するビジネスも行われるようになってきた。このようなネットワークを基盤としたビジネスは、「ネットビジネス」と呼ばれることも多く、新しい時代の成長産業となる可能性を秘めているとして、大きな期待も寄せられている。このような「ネットビジネス」の最大の特徴は、利用者・消費者の側からみれば、時間や場所に関係なく、またインターネットへアクセスできる環境さえあればどんな人でも、バラエティに富んだサービスが受けられる点にあろうし、ビジネスをする側からみれば、余計な人手を使わずに、時間や場所に関係なく幅広い人を対象とした事業展開ができる点、そして、設備投資としては必ずしも大きなものを要しないことから、優れたアイデアさえあれば少ない資金でベンチャービジネスとして事業進出できるという点にあるといえよう。

❖(3) ビジネスの方法も「発明」になるのか？——「ビジネス方法特許ブーム」

これまで述べたようにインターネットの爆発的普及とインターネットを基盤とするビジネスの出現と拡大が進む状況の中で、世界的に大きな衝撃と波紋を巻き起こした判決が、一九九八年にアメリカの連邦控訴裁判所で出された。訴訟の当事者の名前から、一般には State Street Bank 判決と呼ばれる判決がそれである。この裁判では、さまざまな問題につき議論されたのであるが、一番問題となったことは、ある銀行が考え出した、株式等を使ってお金をうまく運用し利益を最大限に生み出すようにしたコンピュータシステムなるものが、はたして特許を受けられるものなのかという点にあった。

ところで、いうまでもなくアメリカには、アメリカの特許法があって、その仕組みや内容は、これまで説明した日本の特許法とは異なる部分も多い。ただし、さきほどⅠ(2)のところで説明した日本の特許法の話として考えると、さきの State Street Bank 判決では、銀行のコンピュータシステムが特許法の上での「発明」といえるのか？　ということが議論されたと考えてよい。そして、アメリカの連邦控訴裁判所は、その問いに対してYesと判断したのである。従来、アメリカの特許法でも、過去一〇〇年近くにわたって、ビジネスの方法はたとえそれがどんなに役に立つアイデアであったとしても、特許は与えられないと半ば常識のように信じられてきた。連邦控訴裁判所は、そのような従来の考え方自体に十分な根拠のあるものとはいえないとして、否定したのである。そして、たとえビジネスの方法に関するアイデアであっても、何らかの実体のある結果を生み出す、役に立つもので、十分に具体的な内容をもったものであれば、特許法で保護が与えられる対象となりうるという判断を初めて示した。もちろん、このような判断が示されたからといって、ビジネスの方法に関するアイデアに対して直ちに何でも特許権が与えられるようになったということではない。アメリカの特許法でも、最終的に特許権が与えられるためには、さきほど日本の特許法で定められていると説明した要件（新規性や進歩性等）のようにさまざまな条件を充たさなくてはならないのである。要するに、State Street Bank判決の結論を、日本の特許法になぞらえていうとすれば、ビジネスの方法に関するアイデアであっても、特許法の上での「発明」として取り扱うことができるといったまでに過ぎないのである。とはいっても、これまでは、内容の如何を問わず、そもそも特許法の取り扱う範囲の外であるとして門前払いされていたものが、この判決によって、少なくとも、特許法の入口までは入ってくることが許されたことになるわけであり、その意味ではやはり大きな変化であったといえる。State Street Bank判決で示された判断内容は、その後、連邦最高裁判所であらためて審理されることもなくなったために、アメリカの特許法の新たな解釈として定着することとなった。このような新解釈は、アメリカ特許法の実務や学問上の理論に対しても、かなりの議論を提示したことはいうまでもない。

折しも、アメリカではＩＴを背景とした空前の好景気の下にあって、とりわけインターネット関連産業がそのような好景気を導く中心的役割を担っており、ネットビジネスも花盛りであったことから、この判決は大きな波紋を呼び起こすこととなった。ビジネス方法は特許されないという、これまでの常識が覆ったことが広まるやいなや、ネットビジネスを営んでいた者たちを中心として、みずからのビジネス方法について特許権を取得しようと次々と特許出願を開始するようになってきた。なかには、「特許工場」と名乗り、インターネット上でのビジネスの方法について次々と幾つもの特許権を取得していき、みずからがそれを使うのではなく、特許自体をあたかも普通の商品のように扱って、その特許を他社に利用させることによって収益をあげることを目的とする会社も出現した。また、インターネット書店がみずからの特許権を侵害されているとして、やはりインターネットを使った書籍販売を行っているライバル書店を訴えるという事案をはじめ、このようなビジネス方法の特許権を巡る法的紛争事例も数多く発生してきた。

さて、このようにアメリカの一つの判決に端を発したビジネス方法特許を巡る騒ぎは、アメリカ国内だけでおさまるものではなかった。海を隔てて日本、ヨーロッパへもその余波は伝わってきた。とりわけ日本では、これまでの「特許」というもののイメージに反して、「ビジネスの方法も特許になるかもしれない！」という意外性に加えてインターネットビジネスの成功による一攫千金への期待が結びついたのか、マスコミを中心に話題が広がり、あっという間に、震源地アメリカをはるかにしのぐ大きなブームにまでなってしまった。おそらく、一九九九年から二〇〇〇年にかけて、「ビジネスモデル特許」とか「ビジネス特許」といった言葉を、何かの機会に耳にした人も少なからずいるだろう。その論調としては、「ビジネスであれば何でも特許が取得できる。」とか「ビジネスモデル特許をとれば儲かる。」あるいは、「アメリカが新たな日本叩きのために仕掛けた戦略である。」という物々しいものや、「ビジネスモデル特許という新しい種類の特許(?!)が認められるようになった。」という強引なものまで、実にさまざまである。はたして、「アメリカの戦略」であるのか？「儲かる」のか？　その真偽のほどの判断は、興味を持った各人にお任せするとして、たしかにアメリカの特許法の解釈としては新しい考え方が出てきたものの、だからといって、日本の特許法の下で、ビジネスの方法も特許されるのであろうか。普通に考えてみれば当たり前かもしれないが、少なくともアメリカの特許法の解釈が変わったからといって、それに連動して日本の特許法の解釈も「自動的に」変わるという考え方だけは明らかに誤っている。もっとも、この当たり前の裏には、特許法の非常に重要な原則がひそんでいるのであるが、これについては3のところで触れることにしたい。

❖(4) ビジネスのアイデア≠「発明」？　ビジネスのアイデア＋IT＝「発明」？

ところで、日本の特許法の下では、本当にビジネスの方法は「発明」となるのであろうか？　この問題を次に考えていきたい。そこでI(2)のところで、「日本の特許法の下では、特許権を得るためには、まずは特許法の定義する『発明』となっていなくてはならない、それで初めて次の関門として特許が得られるのか否かという議論になってくるのである、そして、特許法における「発明」であるための条件の一つとして『自然法則利用性』というものがあった」、と説明したことをもう一度思いだして欲しい。

たとえば、ピタゴラスの定理のような数学の公式や自由落下の法則のような物理法則そのものや、ゲームや野球、サッカーのルールのような人為的な決まりごと、さらには、商品がよく売れる陳列方法や歴史の年号の語呂合わせによる記憶方法のように単に人間の頭の中だけで考え出されたり、頭の中の作用だけを用いるもの、といったものは、「自然法則利用性」の解釈として、自然法則を利用していないと理解されているのである。すると、どんなに優れたアイデアで、実際に役に立つ可能性のあるものでも、「自然法則利用性」が否定されて特許法における「発明」とはならないとされるものも少なからずあるということになろう。

この点について、戦後間もない古い裁判例でも議論された例がいくつかある。たとえば、戦時に敵側に重要な機密情報を知られないようにするような暗号作成方法で、計算機などを用いず手計算で行う方法とか、電柱を使って広告をする方法について、特許法の「発明」に当たるのかということを巡って争われた事案などがみられる。そして、裁判所ではこれらは自然法則を利用していないという趣旨で、いずれも「発明」でないという判断を示している。

すると、ビジネスの方法に関するアイデアのほとんどについては、「自然法則利用性」が否定されてしまうようにも考えられる。たとえば、ケーキ屋の職人が、その日の天気や温度をみて、長年の勘で、その日の店の売れ残りが一切出ないように、なおかつ売上げを最大にするように商品の仕込みをすることができるとしたら、たしかにケーキ店の商売には多いに役に立つかもしれない。しかし、そのような考え方自体は、ケーキ屋の職人がみずからの頭の中だけでひねり出されるものだから、「自然法則利用性」は否定される。また、店の前に行列ができている状態が道を歩いている人たちに対してさらなる宣伝効果をもたらすことを発見したラーメン屋のオヤジが、客に店の中のベンチではなくわざと店の外に並んでもらうようにすることで、売上げを増やすという方法を思いついたとしても、それはラーメン屋のオヤジの決めた人為的取り決めにすぎないのであって、たとえ売上増加に実際に効果的であっても、「自然法則利用性」は否定され、特許法の下での「発明」とはならない。さらにまた、ある銀行が利用者からの預金の管理に関する注文を銀行員が電話で受けて、宅配業者が自宅にいる客に対して集金や送金を行うという新サービスを「口座利用システム」という名で開始して顧客に好評を博したとしても、たとえ名前は「システム」であろうが、結局は人間がある一定の取り決めに従って行動する結果として実現されている仕組みなのだから、やはり「自然法則利用性」は否定され、特許法における「発明」として受け容れられないであろう。このように考えてくると、やはり、日本の特許法の下では、ビジネスの方法などは、そもそも特許になり得ないのだろうか。

ところで、これまでの話は、あくまでも現実世界で行われるビジネス方法の話であって、インターネット上で行われるネットビジネスとなると事情はかなり変わってくる。というのは、インターネット上で行われる、いわゆるネットビジネスの場合、そこで行われるビジネス方法とは、必ずコンピュータを道具として用いて行われている。もっと突き詰めて考えればハードウエアであるパソコンを動かしているコンピュータ・ソフトウエアを通じて実現されているのである。

たとえば、インターネット上にある「ネット書店」を例に考えてみよう。そこでは、客は「ネット書店」のホームページ画面上に出てきた本のデータをみて、買うことを決め、送り先住所や名前、支払方法などを入力して送信し、「ネット書店」の方は受け取ったデータを元に注文された本を発送することで成り立っている。いま、この「ネット書店」が、客の名前と注文する本のジャンルのデータを保存しておき、客の好みそうなジャンルの新刊の案内を随時メールで知らせるというサービスを考え出したとしよう。このような仕組みが、「ネット書店」のコンピュータのソフトウエアで実現されている場合、このサービス方法については特許法における「発明」となるのであろうか。かりに、インターネットやコンピュータをまったく使わないで、同じようなサービスを考え出したとしてみよう。すなわち、本屋の主人がよく来る客の顔と買う本の好みを覚えていて、客が来る度に、「お客さん、こういう本が入荷したよ……」といった具合に、新刊を知らせる（なにやらお節介なサービスのような気もするが、便利だと思う人もいるかもしれない……）というのでは、そのようなサービスの「自然法則利用性」は否定されるであろう。

ここでまず最初に考えなくてはならないことは、コンピュータ・ソフトウエアについてのアイデアは、特許法の下での「発明」となるのか、ということだろう。よく考えてみれば、**コンピュータ・ソフトウエア**というものも、半導体チップや電線やモニターでできたコンピュータを動かす命令に過ぎないのだから、特許法の下での「発明」ではないのでは？と考えられるかもしれない。実は、この問題はこれまでも大議論がなされてきた。そして、特許権を付与する役所である特許庁が審査を行う目安としてまとめている「審査基準」でも、その取扱い内容は度々改訂されてきたが、二〇〇〇年一二月に公表された新しい審査基準の下では、ソフトウエアについても、その情報処理が「ハードウエア資源を用いて具体的に実現されている」のであれば、特許法における「**発明**」であるとして考えるという方針を示した。すなわち、ハードウエア資源、要するにコンピュータの機械そのもの、を使って実際に何らかの情報の処理が具体的に行われていれば、そのソフトウエア自体も特許法における「発明」となるという考え方が示されている。

したがって、さっきの「ネット書店」のサービスに関するソフトウエアでも、右のような審査基準の考え方に沿って考えれば、原則として特許法における「発明」として認められる可能性が高いことになる。コンピュータを用いたビジネスの方法を実現するためのソフトウエアであれば、具体的なビジネスの方法に関する情報処理をコンピュータのハードウエア資源を用いて行っているものと当然考えられるであろう。このように考えてくると、日本の特許法の下でも、ソフトウエアを使ったビジネス方法についても、特許法の下での「発明」となりうる場合が多いといえるであろう。もっとも、ここで気をつけて欲しいのは、実際に特許権が与えられるために充たさなくてはならない条件の第一関門である「発明」として認められる場合が多いに過ぎないというだけであって、それから先の関門をクリアできるかどうかは、それぞれの「発明」の内容次第ということになる。

さて、この項目の最初に挙げた、『現在の日本特許法の下では、本当にビジネスの方法は「発明」となるのであろうか？』という疑問に対する答えをまとめておくことにしよう。

まず、コンピュータも何も使わない、純粋な意味でのビジネスのやり方、商売の方法といったものは、特許法の下での「発明」とはならないと解されるであろう。これは、「発明」の定義から導かれる条件である「自然法則利用性」という点を充たしていないということから結論される。だから、実際にどんなに売上増加に有効な商売のやり方を思いついたからといって、客の心理や従業員の配置や対応といったことだけでなりたつものは、それを考え出した人みずからとしては世紀の大発明をしたと思ったところで、現行の特許法の下での評価としてはやはり「発明」ではないのである。

次に、ビジネスの方法がコンピュータを用いて実現されている場合については、そのビジネスの方法がコンピュータ・ソフトウエアによって行われるように、ソフトウエアに工夫がなされていることが多いと考えられる。そして、その場合のソフトウエアについては、特許法の下での「発明」として考えられるのである。もちろん、このソフトウエアが特許権を受けることができるかは、次の関門として、他の要件を充たさなくてはならないことはいうまでもない。

いってみれば、特許法の下では、ビジネスのアイデアだけでは、「発明」としては不十分であって、そこにIT（情報技術）による実現手段、具体的にはコンピュータ・ソフトウエアという手足がついて、はじめて一人前の「発明」としてあつかわれるというわけである。

❖(5) ビジネス方法特許——特許法の世界の転換点

これまでの話から、アメリカで起こったビジネス方法特許を巡る騒ぎと日本の特許法の下での議論とを比べてみると、似ている部分も多いものの、アメリカと日本の特許法における仕組みの上での違いが関わる問題であるため、重要な点ではかなり異なっていることにも注意して欲しい。

アメリカでは、コンピュータの利用の有無に関係なく、ビジネスの方法に関するアイデアや創作は、およそいかなるものであっても特許法の保護する対象には入らないという大原則が、これまで永らく信じられていたものの、一九九八年のState Street Bank判決によって、明確に覆された。そして、何らかの実体のある結果を生み出す、有用性をもった具体的な創作であれば、特許法の保護対象として考えるべきであるという新しい判断基準が提示された。アメリカの特許法には、日本の特許法における「発明」とは何ぞや？　という問いに対する答えとなりうる、明確な定義をした規定が存在しないため、今後は、このような判断基準さえ充たせば、何かはっきりした有用な効果のある具体的なアイデアでさえあれば、どのようなものであっても、(極端な話、さっき例にあげたラーメン屋のオヤジによる売上増加のアイデアであっても!) 一応は、特許法の保護の対象に入ってくるのではないか? ということが議論されている。現に、ゴルフの適切なパッティングのやり方について特許を取得したという話や、スポーツ選手の体のフォーム自体についても特許を得られるのではないのかといった議論もみられるくらいである。一方、State Street Bank判決は、コンピュータ・ソフトウエアを用いたシステムに関する事業であったために、そこで示された判断基準はあくまでソフトウエアに関する発明に限って当てはまるという考え方も存在する。

一方、日本では、すでに説明したように、特許法で対象とする「発明」なるものの範囲を明文で定義していることから、アメリカの特許法で生じているような議論はそもそも生じにくい。単なるアイデアに過ぎないビジネスの方法などは、そもそも「自然法則利用性」が認められず、役に立つ結果が生じるか否かの如何を問わず「発明」と解されないであろう。いわば、門前払いである。一方、ビジネスの方法を実現するためのコンピュータ・ソフトウエアといったものであれば、それが具体的に実現されていることが明らかである限り、特許法における「発明」として取り扱われうるということになる。

したがって、ビジネスの方法一般に対する特許法における取扱いという点からは、依然としてアメリカと日本の間には厳然たる違いは存在しているものの、ことコンピュータ・ソフトウエアによって実現されたビジネス方法に限ってみる限り、特許法で保護する対象として含めるという方向性をとっているという点では、アメリカ、日本いずれも共通しているといえるであろう。

ビジネス方法に関する特許を巡る話の発端は、アメリカの特許法の解釈を巡る一つの判決であったにもかかわらず、結果的には、アメリカ、日本、ヨーロッパ等で、社会の多くの人々の特許法に対する認識を改めさせ、また特許法に関わる法律家・実務家や研究者に対しても今後の特許法のあり方を改めて考え直させる大きなきっかけとなったといえる。そのポイントとなる点を二つほどあげておこう。

第一点は、市場経済活動と特許法の関わり方が、これまでと大きく変わってくるのではないのかということである。もっとも、市場活動との関わり……といっても、漠然としすぎているので、もっと具体的に考えてみよう。

最初にみてきたように、従来、特許権とは、新製品の研究開発の技術的成果に対して取得するような場合が中心的であった。特許法の主な利用者、いってみればユーザは、自動車や電気機械、化学産業等々の製造業中心といえる。ところが、これまでみてきたように、ソフトウエアによって実現されたビジネス方法についても特許法の保護対象となりうることが明確になったことから、いわゆる「ネットビジネス」において展開される、新しいビジネスのアイデアについても次々と特許権が取得されるようになることが今後は考えられる。昨今では、インターネット上での経済活動への期待が高まっていることから、こういった特許を取得しようとするのは、必ずしも従来のような製造業に限られることなく、むしろ流通業やサービス業、あるいは銀行や保険、証券といった金融分野をはじめ、さまざまな産業分野が考えられる。実際、日本でも、銀行、保険、証券、コンビニ、航空、コンサルティング等々のあらゆる業種における特許取得が話題となっている。いってみれば、これまでは限られた業種を対象にしてきたという感の強い特許法が、ビジネス方法についての特許というものをきっかけとして、ほとんどあらゆる産業分野に関わりのある法律となってしまうと考えられるのである。そしてこのことは、今後、特許法という法律が社会において占める意味合いやあるべき姿を考えていくうえでも、何らかの影響をもたらすことになるかもしれない。

また、特許権とは、対象となっている技術については、一定期間、その権利をもっている者だけが独占的に利用することができるという法的な権利、であったことを改めて思いだして欲しい。そこで、あるビジネスの方法について特定の企業が特許権を取得した場合、そのビジネスの方法の利用についてはその企業に独占されてしまい、他の企業は同様のビジネスを行うことができなくなってしまう可能性もあるということである。もちろん、この点は、ビジネス方法の特許権に限った話ではなく、特許権一般に共通する。そのため、他社よりも技術開発を急ぎ、特許権を取得することによって他社との競争で有利な立場に立とうという試みが行われることは、普通に考えられることであろう。むしろ、特許制度としてはそうなることをある程度念頭において、それによって技術開発が促進されることを期待しているという側面もあるといえる。とはいえ、これまで特許法が念頭においていたような技術分野では、同じような機能を実現するのに、幾つもの異なる技術的手段が考えられる場合が多く、かりにそのうち一つがある企業の特許権によって独占されてしまっても、他の企業は違う技術的手段を使って競合製品を作ることができる場合も多かった。

しかし、ビジネス方法の特許の場合、これまでもみてきたように、その中心はインターネットを使ったネットビジネスであるために、そこでビジネスを行う方法の具体的なやり方は現実にはかなり限られてきてしまう。たとえば、インターネットを使って本を売るというビジネスを考えた場合、ネットワークを通じて注文を受けて精算して、商品を発送する……という、基本的なパターンはそれほど多くはないであろう。そのため、たとえば、ある商品をネットワーク上で販売するやり方のような、基本的なビジネス方法について特許権を得ることは、事実上、ネットビジネスの市場の一部を独占することに等しくなる場合もあるのではないか、という懸念も示されている。つまり、特許権を得るということだけで、その企業はみずからの努力を行うことなくとも、あるビジネスから他企業をことごとく追い出してしまうことができるというのでは、健全な競争を通じた市場経済の発展が続けられないのではないかということが心配されるのである。このような問題は、主として**独占禁止法**（私的独占及び不公正な取引の禁止に関する法律）という法律で取り扱われるべき問題であるので、ここで詳しく立ち入ることは避けるが、ビジネス方法の特許権が乱立することによって、ＩＴ（情報技術）の進歩に伴って新しく生まれた、ネットワーク上の仮想的な空間（「サイバースペース」などと呼ばれることも最近では多いが……）における自由な経済活動がかえって妨げられるという可能性も十分に考えられる。そこで、ビジネス方法の特許権が増えていくに従って、自由な経済活動と特許権の両者がお互いにどのように調和していくべきなのか、これから新たに考えていかなくてはならない時期に来ているのである。

第二点は、日本の特許法に限った固有の問題である。すでにみてきたように、現在の日本の特許法の下では、特許を受けるためには、まずは特許法の下での「発明」でなくてはならない。そして、「発明」であるためには「自然法則利用性」を充たさなくてはならない。そこで、コンピュータ・ソフトウエアで実現されないで、単なる人の手や人為的な取り決めだけで実現されているようなビジネスの方法については、実際どんなに役に立つ有効なアイデアであったとしても、「発明」ではなく、したがって特許は受けられない、ということであった。そこで、この点を批判して、人間の考え出したアイデアであれば、必ずしも「自然法則」を利用していることにこだわる必要はないのではないか？「自然法則利用性」という条件にどれほどの意味があるのか？という議論がなされることがある。このような立場に立つと現在の特許法を改正することで、「発明」であるための「自然法則利用性」という条件を取り除くという考えにつながるのであろう。もちろん、この場合も、「発明」か否かという入口のところでの条件をゆるくするということに過ぎないのであって、特許権を受けるためには、それ以降の条件についても充たさなくてはならない。そうはいっても、このような考え方によれば、先ほど挙げたような、純粋に人の頭だけで考え出された商売上のアイデアについても特許を受けられる場合があるかもしれない。

こうした、日本特許法の規定において「自然法則利用性」を削除すべき……という議論は、比較的以前からみられたものの、ビジネス方法の特許が話題となることをきっかけとして、一層議論が高まりつつある状況にあるといえる。

以上、ビジネスの方法の特許が、現在そして将来にわたってもたらす影響を考えるうえで、ポイントとなる項目について説明してきた。これらの項目からもわかるように、ビジネス方法の特許というものが一般的なものとなってくるにつれて、特許法という法律の中身はもちろん、それを取り巻いている周辺の環境すら大きく変えてしまうかもしれないのである。そのような意味では、ビジネス方法特許とは、一時的な爆発的なブームを引き起こしたことは別として、より長い目で見てみると、特許法という法律の歴史的な流れの中でみれば一つの転換点となっているのであり、これまでの特許法の考え方を探り、これからの特許法のあるべき姿を考えていく上での格好の素材となっているのである。

3 知的財産法の将来――「知の時代」へ向けた期待と懸念

❖(1) 国際競争とグローバル・スタンダードの時代の知的財産法

これまでは、ビジネス方法特許を巡る日本とアメリカの状況を中心に説明してきたが、特許法に限ってみるだけでも、日本とアメリカでその仕組みが大きく異なっていることが実感できたであろう。しかしながら、このような違いにもかかわらず、アメリカで起こったビジネス方法特許を巡る問題が瞬く間に日本へ飛び火して大きな騒ぎをもたらし、ヨーロッパにおいても大議論をもたらしているという状況にあるという事実は、逆にみれば、特許法を含めた知的財産法という法分野が、国際的にも非常に密接な相互関係の下にあるという事実をよく示しているともいえるであろう。

もっとも、さきに、「非常に重要な原則がひそんでいる」ために「アメリカの特許法の解釈が変わったからといって、それに連動して日本の特許法の解釈も自動的に変わるという考え方は誤っている」といったように、特許法をはじめとした知的財産法においては、一般的に「属地主義」と呼ばれる大原則が存在しているのである。すなわち、知的財産法という、世界的に統一された法律が存在しているという訳ではなく、各国毎に特許法や著作権法といった法律が作られているわけであるが、たとえば、ある国の国内で特許法による保護を受けようとするのであれば、あくまでその国の特許法が適用されるのであって、その国の特許法の解釈に従うことになるということがいえる。したがって、アメリカで特許権を与えるか否かを判断する基準となる法律である、アメリカ特許法の解釈が変わることによって、アメリカ国内でビジネスの方法についても特許法によって保護されるということになっても、日本国内でビジネス方法に特許権を与えるかどうかは、まったく無関係の問題で、あくまで日本の特許法をどのように解釈していくのかという話に過ぎないのである。原則は以上のとおりであって、一口に特許法といっても、国によってその具体的内容がまったく異なるということも理論的にはありえない話ではない。

もっとも、現実問題としてみてみれば、知的財産法の世界では、各国における法律の基本的な内容については条約によって、かなりの統一化がはかられている部分も多いのである。たとえば、知的財産法の中心的位置を占めている特許法や著作権法は、それぞれパリ条約、ベルヌ条約といった一九世紀以来維持されてきた条約を核として、現在では世界のほとんどの国がこれらの条約加盟国となることで、国際的にも一定の統一性を保って展開してきたといえる。要するに、このような条約加盟国の間では、表面的には「△○国特許法」「○×国特許法」がそれぞれ存在していても、その中身については、実は思ったよりもバラバラではなく、かなり統一的な内容となっている部分も多いということである。もちろん、各国の法律の内容が、どのように解釈されるのかという問題に関しては、それぞれの国の裁判所が判断する問題であって、その点については各国間で必ずしも統一性が確保される訳ではない。

さらに、近年では世界貿易機関（WTO）の設立に伴って、これらのパリ条約やベルヌ条約といった、既存の知的財産法に関する国際条約を集約する形で「知的財産権の貿易的側面に関する国際条約（TRIPs）」が採択され、世界の主要国がWTOへ加盟するに伴って、TRIPsは、知的財産法における一つの「グローバル・スタンダード」となりつつある。また、国連の専門機関である世界知的所有権機関（WIPO）においても、著作権法に関する条約案が策定されるなど、知的財産法における国際的統一ルールの確立を目指した試みが続けられている。また、実務的なレベルでも、各国の特許庁、とくにアメリカ、日本、ヨーロッパという三つの特許庁（三極特許庁と呼ばれることが多い）の間で、ハーモナイゼーションと称したルールの統一化へ向けた努力が行われている。さらには、世界的に特許制度を統一しようとする提案も、最近ではかなり現実味をもった取組みとして進められており注目を集めている。

現代ではもはや国境などにとらわれない国際的な経済活動が日常化しているのであるから、知的財産法のあり方としても、もちろん究極的には世界で完全に統一された知的財産法制度が確立されることが望ましいのかもしれないが、その実現への途は決して短いものとはいえないのである。せめて、各国によって知的財産法制度が大きく異なるのではなく、国際競争を行う上での共通基盤となるような統一化がある程度実現されることが望ましいのであろう。そして、他の国の知的財産法において生じた議論や問題というものに対しても無関心であることは許されず、つねにみずからの国の知的財産法に及ぶ影響や対応といったものと関連付けて考えていかなくてはならないのである。そのように考えてくると、知的財産法の国際的な統一化が進むほど各国間の相互関係はますます深まりつつあるといえる。ビジネス方法の特許を巡る問題がアメリカを起点として世界中へ波及したのも、こういった背景事情を反映しているといえるのかもしれない。

❖(2) サイバースペースの拡がりと知的財産法の将来

知的財産法において各国間の相互関係が密になるという傾向は、今後もいっそう強まるように考えられる。その大きな要因の一つとして、インターネットの爆発的普及に伴い、ネットワーク上に形成された、国境や組織を超えた仮想的な空間、いわゆる**サイバースペース**が生まれ、凄まじいまでの勢いをもって成長してきたことも見逃せないであろう。

ところで、サイバースペースの下では、現実の世界と異なり、実体のある物が中心となって構成されているのではなく、「情報」という形をもたないものが中心的な役割を果たしており、しかも「情報」は瞬時に（きわめて純粋には光の速さで！）行きかっている。そして、知的財産法とは、そもそも「情報」のもつ経済的価値を保護する役割をもった法律であることを思い起こせば明らかなように、サイバースペースを利用した経済活動が活発になればなるほど、知的財産法を巡るさまざまな新しい問題が発生してくるのである。以下では、現時点で生じている状況を簡単にみておくことにしよう。

まず、これまでみてきたような、**ビジネスの方法に関する特許**の問題がある。これは、単にビジネスの方法が特許法によって保護されるべきか否かということはともかくとして、コンピュータや情報通信といった、いわゆるＩＴ（情報技術）を駆使し、インターネットを背景としたビジネスの方法に対する特許権が出現した場合に、ネットビジネスに対してどのような影響をもたらすのかという点こそが、多くの人々にとって最大の関心事となっているのであった。

また、サイバースペースにおいて看板や住所表示あるいは電話番号のような役割を果たしているのが、「ドメインネーム」と呼ばれる情報である。インターネットを普段利用しているとわかるかもしれないが、目的とする会社や大学のホームページにアクセスしようとする際に必要な「www.shinzansha.co.jp」とか「www.tsukuba.ac.jp」といった表示である。最近では、お菓子の箱やお店の看板、電車の広告等々、至るところでこのような表示を目にする機会も多いであろう。近頃では、このようなドメインネームを巡る知的財産権も大きな問題となっている。最もよく生じている紛争は、サイバースクワッティングなどとも呼ばれる、有名な店や会社の名前とまったく同じ名前のドメインネームを、まったく関係のない者があらかじめ先に登録しておいて、後から非常に高い値段で、そのドメインネームの買取をその店や会社に対して要求するような行為や、ドメインネームの名前のイメージとはかけ離れた内容のホームページをわざと開設したりする（実際、ある有名なデパートと同じ名前のドメインネームがポルノ関係のホームページに利用されていたという事例も存在した）といった行為を巡るものがある。

もともと、ドメインネームという情報自体は、わざわざ「000．111．222．333」といったデータ（IPアドレス）を入力するよりも、インターネット上でのウェブの利用をしやすくするために作り出された、きわめて実用的な目的の情報であった。したがって、その登録は、非営利団体によって行われ、かなり自由な登録が可能とされていた。要するに、そもそものところ、ドメインネームという情報自体には、それほどの経済的な価値は認識されていなかった。ところが、インターネットの普及とサイバースペースにおける経済活動が無視できないものとなると、インターネット上のサイトは、広告や販売といった経済活動の重要な拠点としての意味をもってくるようになり、そこへたどり着くための情報であるドメインネームがもつ経済的価値も無視できないものとなってきた。このような状況の下、二〇〇〇年一二月には不正競争防止法の解釈によってドメインネームの実質的な保護へ踏み込んだ裁判例が現れるようになり、WIPOによる仲裁を通じた紛争解決手段が設けられたり、さらに二〇〇一年の不正競争防止法改正では不正目的でのドメインネームの取得・保有・利用を規制する規定が加えられて、知的財産法としての対応が進められている。

その他、インターネット上では他人の著作物を瞬時に国境に関係なく送受信することが可能であるために、著作権侵害の機会は飛躍的に増えてくる。もっとも、何が著作権侵害になるのかという問題自体は詳しく説明していないので、ここでは、ごく大ざっぱに、他人（もちろん会社として考えてもよい）の作り出したコンピュータ・ソフトウエアや音楽、映画ビデオといったものを、その人の許諾を得ないで勝手にコピーして、販売することが、原則として著作権侵害にあたると考えておけばよい。インターネットが普及してくると、ワープロや表計算のようなアプリケーション・ソフトウエア、あるいはゲームソフトといったものを勝手にコピーして、そのままネットワークを通じて売ったり、C

Dの音楽データをインターネットで配信したり、といった形で著作権侵害行為が非常に容易になされることになる。また、昨今、アメリカで大きな議論を巻き起こしたNapsterやGnutellaのように、インターネットを用いることで、まったく見ず知らずの個人間同士で、音楽のデータを交換したり、提供したりすることもきわめて容易に行えるようにするソフトウエアやサービスも出現してきた。このような利用形態のことを「ピア・ツー・ピア」(Peer to Peer)、略して「P2P」と呼ばれることも多い。そして、このP2Pがこれまで著作権を背景としてビジネスを行ってきたCDなどの音楽コンテンツの業界等に新たに大きな波紋をもたらしている。日本でも、二〇〇三年一月に、P2Pによる音楽データの交換をサポートするサービスを提供していた業者に対して、当該サービス提供行為が、著作権侵害行為であるとする判決が東京地裁で下された。こういった問題を著作権法として今後どう取り扱ってゆくべきなのか、未解決な問題も多い。

コンピュータ・ソフトウエアについても、近頃ではインターネットによって直接ダウンロードすることで手に入ることが一般的となってきたため、法的な保護のあり方にも見直しが求められてきている。たとえば、これまでは、コンピュータ・プログラムという情報そのものに対して特許権は与えられないと一般的には理解されていた。しかしながら、日本特許庁が二〇〇〇年一二月に公表した、新しい審査基準の下では、コンピュータ・プログラムそのものについても直接的に特許法による保護の対象とすることを明らかにした。さらに、二〇〇二年の特許法改正では、コンピュータ・プログラムという、いわば形のない情報についても、たとえば機械や化学物質のような実体のある物と同じように取り扱うことを条文上も明らかにした。

このように、サイバースペースの発生と発展は、今後ますます、知的財産法の「出番」を増やすことにつながることは確かのようである。しかし、これまでの知的財産法の仕組みは、法の目的としては経済的価値のある情報の保護を意図するものであっても、いろいろな面で、やはり実体のある物が取引きされることを念頭において組み立てられている部分が多くみられるのであって、若干、時代遅れになって古びてきているところも目立ってきていることは否定できないであろう。そこで、本当の意味で、サイバースペースに適応した知的財産法となるように、今後も絶えず、補修やリフォームを続けていく必要があるといえる。さらに、根本的な発想を改める必要にせまられることも生じてくるかもしれない。

❖(3) 再び——「知的財産法」とは？

これまで、知的財産法とは何なのか？　というところからはじまって、ビジネス方法特許の話題を中心として、知的財産法が置かれている現状のほんの一場面を紹介してきた。知的財産法を巡る問題点は、もちろんここで取り上げた話題に限られない。エンターテインメントから先端科学・テクノロジーに至るまで、対象とする範囲の幅が実に広く、バラエティに富んでいるので、これを機会に興味をもったら、法律雑誌や知的財産法の教科書をひも解くなどして、本格的に学んでいって欲しい。おそらく興味を引かれるテーマが一つぐらいは発見できるかもしれない。また二〇〇二年七月には、政府の知的財産戦略会議は、日本の新たな知的財産戦略の樹立へ向けて「知的財産戦略大綱」を公表し、その後、知的財産基本法も成立した。今後の経済・産業政策や企業の経営戦略を考えていく上でも知的財産法は非常に重要な対象となるだろう。

ところで、一番はじめに、知的財産法とは、きわめて簡単にいえば、経済的価値のある情報を保護する法律分野であるといったが、その反面、逆に経済的な価値がある情報なら、何でも法的に保護されるとは限らないというところに注意を促しておいたので、最後に、この点を説明しておこう。

まず、一つの理屈として、経済的価値のある情報であるのならば、ことごとく、その情報について何らかの知的財産権を与えて、特定の人が独占的に利用できるようにするべきではないのか、という考え方があるだろう。とくに、その情報を得るのに、相当のお金と手間をかけている場合には、なおさら、他人にタダで勝手に使われてなるものか！　という話になるわけである。これはこれで筋の通ったリクツであるといえるかもしれない。しかし、世の中に存在する、何か役に立つ情報というものが、ことごとくすべて誰かの知的財産権によって保護されていて、自由に利用できないとしたら、世の中の活動は混乱し、停滞してしまうかもしれない。そのような状況の下では、たとえば、いわゆる「モノマネ」をはじめとして、人の「マネ」をするという行為もことごとく禁じられてしまうことになってしまうだろう。しかし、赤ん坊が歩くことを覚えたり、言葉を話すことができるようになるのも、もともとは誰かの「マネ」によってできるようになるものであろうし、見習い職人が名人に成長するのも、大学をはじめ学校で勉強するということも、誰かほかの人が見つけ出した情報を「マネ」して覚えることである、といえるかもしれないのであって、もしこんなことまでが法律で禁じられてしまうのであれば、人類における教育・文化や産業の発展などということ自体、ありえなくなってしまう。しかも、かりに歩く方法をはじめて見つけたという人がいたとして、ある赤ん坊がその歩き方を「マネ」したからといって、その人が突如として歩けなくなるということはまったくないのである。すなわち、情報というものは、一度に何人が情報を利用しようが、まったく関係ないのである。逆にいえば、そこが靴や自転車のような実体のあるものと大きく異なるところである。

もちろん、だからといって、何でも「マネ」するのがすばらしく、他人の苦労して得た成果でも横取りし放題でいいということはできない。ある範囲の情報については、特定の人が一定程度独占的に利用できる状態を法的に確保した方が、かえって社会にとって有益なものがもたらされる場合もある。前半でも述べたように、せっかく苦労して何かを考え出したり作り出したりしても、片っ端からタダで勝手に「マネ」されるのでは、もう新しいことをしようと積極的にチャレンジする人はいなくなってしまう。

このように考えてくると、たとえ経済的価値があるからという理由があっても、その情報を知的財産法によって保護すべきであるとは容易に結論できるものではなく、十分慎重に考えなくてはならないといえるであろう。言い換えれば、さまざまな情報の中には、たとえそれが役に立つ情報や経済的価値のある情報であっても、誰でも自由に利用できる部分というものがある程度確保されている必要があって、その反面、法的な保護を与えておく必要のある部分も場合によっては存在している、ということである。このような点は、今後、知的財産法というものを考えていく際に、是非気に留めておいて欲しいことである。

「知的財産法」とは何か？　という問いに対する答えを見つけるヒントの一つは、まさにこのような、法的に保護すべき領域と誰もが自由に利用できる領域との境界線をどこに引くのかということを明らかにしてゆく作業の中に隠されているに違いない。

（平嶋竜太）

〈ステップアップ〉

① 中山信弘『マルチメディアと著作権』（岩波新書、一九九六年）

② 田村善之『知的財産法（第二版）』（有斐閣、二〇〇〇年）

Bridgebook

第11章 廃棄物問題への関心

——環境法は人間の生存条件を守れるか

Ⅰ 環境法とは何か

環境法は、環境問題と関係するさまざまな法の全体を指す。環境法は、憲法、民法、刑法などの、核となる法律を持つ法分野とは違い、環境問題とかかわる多様な法から成る。

環境基本法（一九九三年制定）は、環境法を構成する重要な法律であり、環境法の中心的な位置を占める。しかし実は、環境基本法によって環境問題は解決されない。環境基本法は、環境問題にどう取り組むのか、その基本的な理念と政策の枠組みを定め、一方、個別具体的な問題の解決は、環境基本法ではなく個別の法が分担している。

国が定める法令以外に、環境法では地方自治体が制定する条例が重要な位置を占めている。日本では大気、水そして土壌の汚染により、生命・健康を奪う深刻な公害問題が発生している。公害問題では、地方自治体が国に先立って条例を制定し、解決に取り組んできた。

この章では、環境問題のうち廃棄物問題を取り上げるが、やはり条例が重要な役割を果たしている。国の法制度では廃棄物処分場による水源汚染に対して有効な防止策がないために、市町村が水源保護のための各種条例を制定している。また産業廃棄物の発生抑制やリサイクル促進のため、県レベルで独自に産業廃棄物税の条例が制定されている。

環境問題は私たちの住んでいる地域、地方、あるいは国レベルの問題であると共に、人類の生存とかかわる地球環境問題までも含んでいる。そのため国際社会が作り出すルール（国際法）も、環境法を構成する重要な法である。

このような環境法の一端を、廃棄物問題を通して見ていくことにしよう。

2 廃棄物はどんな問題か

❖(1) 量の膨大さ

日本では一年間に約四億五〇〇〇万トンの廃棄物が排出されている。一〇トン積み大型トラック何台になるのか、考えてみてほしい。この膨大な量の廃棄物が、毎年国土に積み上げられていくと、私たちは廃棄物に埋もれて暮らすことになる。ただし廃棄物すべてが土地に埋められるのではない。再生利用されたり、中間処理（脱水や焼却）が行われるので、埋立量は一九九七年度で約七九〇〇万トンである。

廃棄物の最終的な行き場は、陸地の埋立処分場である。以前は、最終処分として海への投棄も行われたが、海洋投棄は国際法（ロンドン海洋投棄条約）で厳しく制限されるようになった。そのため廃棄物は、陸上の最終処分場に埋め立てられている。この処分場不足が深刻である。産業廃棄物を埋める処分場は、今のペースで埋め立てが続くと、あと二年ほどで満杯になると言われている。産業廃棄物は、廃棄物全体の約九割の量を占めているが、その行き場がなくなる恐れがある。

❖(2) 質の問題

最終処分場がひっ迫してきたのは、新しい処分場を作るのが難しくなってきたためである。最終処分場の中には、周囲の環境を汚染したり、廃棄物の運搬などに伴って周辺地域の生活環境を悪化させるものがある。そのため環境汚染・破壊を理由として、処分場建設への強い反対運動が各地で起こり、また建設に関する法の条件も次第に厳しくなってきた。

現代の廃棄物は昔のゴミとは違うものである。現代文明が作り出したさまざまな製品は、多様な化学物質と、人の生命健康に有害な各種重金属を使って作られる。製造過程で生じる廃棄物だけではなく、完成品となった物にも有害な物質が使われている。これらが廃棄される時に適切に処理されないと、必然的に環境汚染や人体被害が発生する。

❖(3) 燃やして出たダイオキシン

廃棄物を燃やして猛毒のダイオキシンが発生した。ダイオキシンは、人間が作り出した最悪の猛毒と言われている。人間の生命を奪う毒性に加え、遺伝子や染色体の異常を引き起こす毒性（発ガン性や胎児への催奇形性などの慢性毒性）がある。さらには、内分泌を攪乱する危険性（いわゆる環境ホルモン作用）も指摘されている。なぜ廃棄物を燃やすと、このような猛毒が発生するのか。

塩素を含むプラスチックが最大の要因と言われている。塩素系プラスチックは、文房具や玩具、電子レンジでの加熱の際に使われるラップなど、私たちの生活の中に広く浸透している。これらの塩素系プラスチック製品が廃棄され、中間処理として燃やされることで、ダイオキシンが発生した。焼却によって大気や水に排出されるだけではなく、焼却後の焼却残渣にもダイオキシンが含まれているため、埋立て処理による汚染の危険性もある。

ところで廃棄物はなぜ燃やされるのか。生ゴミなど腐敗する廃棄物は、悪臭やハエの発生原因となる。そこで衛生上の必要から、焼却は昔から行われてきた。現在では衛生問題に加え、埋める量を減らすことも目的となっている。多種多様な物質が混ざった状態で、廃棄物は燃やされている。多様な化学物質が混合して燃やされるため、焼却炉の中でどのような化学反応が起こり、ダイオキシン以外にどのような有害な物質が発生しているのか、分かっていない。そのためプラスチック類の焼却処理には問題があるという指摘もある。

3 廃棄物の処理に関する法制度

量的にも、質的にも環境に大きな負担をかけている廃棄物。法は、この問題にどう取り組んでいるのか。

❖(1) 廃棄物の処理のための法律

廃棄物処理法（「廃棄物の処理及び清掃に関する法律」）は、廃棄物が適正に処理されるための規制制度を定めた、専門の法律である。廃棄物は、法令によって定められた処理基準に従い、基準に合格して許可を受けた業者によって、基準に合格して許可を受けた施設で、法令で決められた方法で処理されることになっている。

これは、公衆衛生上そして生活環境上問題を起こさないように、廃棄物を処理する作業・仕事を行政がコントロールする仕組みである。行政は廃棄物の処理施設建設や処理業開業についての許可権限を持ち、そして法令に違反する処理活動を是正する権限を持っている。さらに違法行為に対しては、罰金や懲役刑という刑罰が用意されている。

❖(2) 廃棄物の種類と処理の責任

廃棄物処理法は、廃棄物を二種類に大別している。**一般廃棄物**（一廃）と**産業廃棄物**（産廃）である。産廃は、事業活動から発生した廃棄物のうち、法で定めた一九種類の廃棄物である。この一九種類以外はすべて一廃になる。家庭の日常生活から出るゴミは一廃である。しかし一廃には、家庭ゴミの他に、事業所等からの廃棄物も含まれる。したがって事業活動に伴う廃棄物は、産廃と一廃の両方があり、廃棄物の多くは経済活動などの事業活動から出てくるのである。

廃棄物を処理する責任は誰にあるのか。法律では、産廃はそれを排出する事業者に責任がある。産廃は、事業者が自分で処理する自己処理が原則だが、実際には、廃棄物を専門に処理する業者に委託して処理するのが大部分である。産廃の処理は、営利を目的とする経済活動として行われるのである。一方、一廃は市町村に責任がある。一廃は、市町村が処理計画を定め、処理施設を建設して処理するのが普通である。公衆衛生を確保するために公共サービスとして、行政が処理している。費用は主に税金があてられる。

廃棄物の九割近くが産廃であることを考えると、廃棄物の処理は、もっぱら営利を目的とする経済活動であると言える。したがって廃棄物処理法は、公衆衛生と環境保全に問題が生じないように、廃棄物処理という経済活動に対して規制を加えることが役割の法と言える。

❖(3) 廃棄物処分場をめぐる紛争と裁判

廃棄物処分場の立地・操業をめぐり、全国で紛争が発生している。環境汚染や環境破壊を理由として、地域住民の処分場建設反対運動が各地で行われている。廃棄物処理法は、水源地等への立地を禁止するような立地規制を行っていない。そのため生活用水や農業用水が汚染された場合の深刻な被害を懸念して、反対運動が行われている。

処分場建設をめぐる裁判も多数行われている。処分場の建設や操業の中止を求めて、民事差止訴訟が提起される。これは環境汚染の影響を受ける地域住民が廃棄物処理業者を相手（被告）とする裁判である。汚染の可能性が認められ、建設や操業を禁止する判決が出される例も多くなっている。

民事訴訟の他に行政訴訟もある。行政訴訟は、地域住民が処分場設置の許可を与えた行政を被告とし、許可の取消しを求める裁判である。裁判所が許可処分を違法と判断し、許可を取り消すと、廃棄物処分場の建設はできなくなる。行政訴訟では、廃棄物処理業者は裁判の当事者ではない。しかし行政機関が敗訴すると、処分場建設に必要な行政の許可がなくなり、建設ができなくなる。

❖(4) 不利益は誰に

廃棄物の処理施設をめぐって紛争が多発し、また多数の裁判が行われているのはなぜか。施設が迷惑施設で、誰もが嫌うような施設だからと説明されることがある。はたしてそうだろうか。

廃棄物の処理によって利益を得る者と、不利益を被る者について考えることが必要である。処理施設の建設と操業で不利益を被る人は、施設周辺の人々を中心とし、環境汚染・破壊で影響を受ける地域の人々である。一方、利益を得るのは廃棄物の排出者である。廃棄物は排出者の所在場所から離れた所で処分されるのが普通だから、廃棄物の処理で利益を得る者は、実は不利益を被る可能性が低い。皆が等しく不利益を被るのではなく、不利益は遍在している。

廃棄物の処理施設が、かりに、環境汚染等の不利益を発生させないものであり、それでも反対する人がいるとすれば、そのときには迷惑施設を嫌っての反対だと言えるかもしれない。しかし現実には、廃棄物処理法の下での処理が各地で汚染問題を発生させ、処分場での有毒ガスによる死亡事件まで起きている。それなのに不利益を被る地域の住民には、不利益を回避する手段が廃棄物処理法には用意されていない。そのために争いが起き、住民は裁判による救済を求めるのである。

❖(5) 越境する廃棄物への規制

廃棄物の処分が国内で難しくなると、廃棄物はどこへ行くのか。国境を越えて外国へ、それももっぱら発展途上国へ移動する。廃棄物は質の問題があるために、環境保護のための能力（技術力や資金力など）が劣る途上国では、深刻な環境問題が発生する。有害廃棄物の貿易は、貧しい途上国への公害輸出となり、廃棄物植民地主義という非難まである。

国際社会は問題に対処するために、有害な廃棄物の越境移動を規制する条約を締結している。一九八九年三月に締結された「有害廃棄物の国境を超える移動およびその処分の規制に関するバーゼル条約」である。**バーゼル条約**はその後、締約国会議での交渉を通じて内容が強化され、条約上有害廃棄物とみなされた廃棄物については、輸出することができなくなっている。

日本では、バーゼル条約に対応する国内法整備を行い、廃棄物処理法と「特定有害廃棄物の輸出入等の規制に関する法律」（一九九二年制定）で、廃棄物の輸出入を規制している。

❖(6) 廃棄物処理の環境法秩序はどうあるべきか

(ア) 廃棄物処理の法秩序の担い手は誰か

廃棄物は、物の所有者によって作られる。ある物を所有している人や企業などが物を不要としたその時に、廃棄物は生まれる。

廃棄物の処理は、廃棄物の元になる製品を作り出した人の財産権行使（製造）、その製品を購入した人の財産権行使（廃棄）、そして廃棄物の処理を営業行為として請け負っている処理業者の財産権行使（処理）がつながったものである。これは、各行為を行う主体の財産権の間を物が移動していくことであり、われわれの社会は、これを財産法秩序として正当なものと見てきた。

ところで**環境保全**という観点からは、それら三者の行為は、つねに、自分の財産権の領域の外の世界に、環境汚染や環境破壊という負の負担を押し付けていないかどうか、批判的に検討される必要がある。この作業は、日本では政府が行うのが基本と考えられてきた。法律が定める各種規制権限とその権限に基づく監視権限によって、行政が環境を守ると考えられてきたのである。

このような枠組みは、はたして有効なのだろうか。現実には、政府（行政）が期待どおりに機能しないことがあり、そのような現実を前に、各地で廃棄物処分場をめぐる紛争が多発している。環境悪化の不利益は、一定の地域の人が受けるとすれば、批判的検討作業の担い手として、行政だけでなく、廃棄物とかかわる財産権の周囲で生活している人々を想定することは、現実的であり、妥当ではないだろうか。

全国で多発する紛争は、実は環境を決めるのは誰かを問うている。誰かの財産権行使によって地域の環境が決定的に変わることは、正しいのだろうか。廃棄物処理の問題は、個人に帰属する財産権の行使のあり方に、疑問を投げ掛ける。

(イ) 環境権

地域の環境は、本来誰が決めるのだろう。そこで暮らす住民ではないだろうか。個人の財産権を尊重することは、憲法が認め、そして私たちが自立して生きていくために大事である。しかし一方に個人主義的財産権があり、他方に社会全体の利益を実現する行政が存在するという、二元的な法秩序で環境問題を考えるのは、今の時代に適合するのだろうか。

一九七〇年、環境を享受する権利が基本的人権の一つであると主張され、環境権という考え方が登場した。日本国憲法には環境権という言葉はない。しかし憲法一三条と二五条を根拠として、良好な環境を享受する権利があることは共通の理解となっている。環境は人々の生活空間とつながっており、その環境が誰かによって変えられることを、その他の人が甘受しなければならないというのは、基本的人権としての環境権を否定することになる。廃棄物処理のあり方を決める担い手として地域住民を位置づけることは、憲法上の権利として確立している環境権を具体化することだと考えられる。

4 廃棄物にしないための法制度

廃棄物の処理が環境問題を引き起こす可能性があるとすれば、それを防ぐにはどうしたらよいのか。廃棄物が出なければ問題は一挙に解決する。処理の必要がなくなるからである。

❖(1) 循環型社会を目指した法整備

物は、それを持っている人にとって価値ある限り、廃棄物にはならない。そして、ある人にとって価値がなくなっても、他の人にとって価値があるなら、やはり廃棄物にはならない。廃棄物になりそうな物でも価値を見出し、物を人の間で循環させようという考え方が法律になった。

二〇世紀最後の年、国会は廃棄物関連の法律について大規模な整備を行った。二一世紀の日本社会を循環型社会にすることを目指し、そのための法制度の中心として「**循環型社会形成推進基本法**」が制定された。また廃棄物とリサイクルに関し、三つの法律（建設リサイクル法、食品リサイクル法、グリーン購入法）が制定され、同時に二つの法律（廃棄物処理法、再生資源利用法）が改正された。その後、二〇〇二年には使用済自動車のリサイクル義務等を定めた自動車リサイクル法が制定されている。

リサイクルに関しては、このほか容器包装リサイクル法（一九九五年制定）と家電リサイクル法（一九九八年制定）もあり、循環型社会を作るための法は、循環基本法を頂点とする多数の法律によって構成されている。循環基本法は、日本社会が廃棄物に対してどういう態度を取って行くべきかについて基本的な内容を定め、それを実現するための具体的な仕組みは、個別の法律が用意している。

❖(2) 循環型社会とは何か

さて循環基本法が描く循環型社会とは何か。それは天然資源の消費が抑えられ、環境への負荷ができる限り低いものとなる社会である。具体的には、廃棄物の発生量を少なくし、廃棄物が発生した場合には有用なものを循環資源として利用し、そして利用できない廃棄物については適正に処理する、という社会である。

廃棄物問題が深刻になり、処理量を減らすためにリサイクルが必要と言われている。また地球上の資源は有限なので、資源を消費して廃棄物として排出し続けると、いつか人類が利用できる資源がなくなる時が来ることも明らかである。そこで三つのRが重要だと言われている。3Rとは、リデュース（発生抑制）、リユース（再使用）、リサイクル（再生利用）という英語の三つの単語の頭文字である。

循環基本法は、リデュースを第一とし、リユースが第二、そして第三にリサイクルとした後、第四に熱回収（廃棄物焼却で発生する熱エネルギーの利用）という優先順位を考えている。すなわち廃棄物は出さない、出たらもう一度使う、再使用できないものは再生して使う、再生利用できない場合には燃やして熱を利用する、ただし最終的に利用できない廃棄物について適正に処分する。物が人の間で価値あるものとして永久に循環することは、現実には不可能なので、廃棄物処理は残っている。

❖(3) 誰が循環させるのか

廃棄物の循環は、一体誰が行うのか。リユースでも、リサイクルでも、そして廃棄物の適正処分にしても、いずれも費用がかかる。それらの費用を誰に、どのようにして負担させるのが、循環型社会に近づくためには必要か。

物が廃棄物にならずに、循環して利用されることが大事なのは、誰にでも分かる。社会全体が循環の重要性を認め、そのような心構えを持つことは大事である。しかし問題は、物質の循環を誰が、なぜ担わねばならないのかである。廃棄物となる物が循環利用されるためには、エネルギーが消費され、費用がかかる。循環によってエネルギーが多く消費されれば、資源消費を抑えるという循環型社会とは矛盾するだろう。循環のための費用が高すぎれば、誰も循環させようとはしないだろう。

廃棄物となる物の、排出者の責任と生産者の責任が重要である。**排出者の責任**とは、循環させる廃棄物を出すものが、循環のための費用を負担することである。かりに、循環に必要な費用を排出者に負担させたら、排出者はその費用を安くするために、排出量を減らそうと努力するかもしれない。たとえば家電リサイクル法では、テレビや冷蔵庫を使っていた消費者（家電廃棄物の排出者）に、排出する時点で、リサイクル費用を負担させることにしている。消費者は費用負担のことを考え、家電製品を修理しながら長期間使用し、結果として毎年の排出量は減るかもしれない。ただ、排出する時に費用を徴収する方法だと、なかには費用負担を嫌い、不法投棄という違法行為を選択する人もいるかもしれず、不法投棄された物を処理するために多額の費用がかかるかもしれない。

生産者の責任とは、物の生産者が、廃棄されようとする物のリサイクル・処理の費用を負担することである。従来、生産物は売買などによって生産者の手から離れ、生産者から取得した人が物を支配しているのだから、生産者の手を離れた物の循環に、生産者は責任がないと考えられてきた。これを改めて、生産者が責任を負うのが、拡大生産者責任と呼ばれる新しい考え方である。

物の循環には、生産者の対応が重要である。製品が廃棄されようとする時に、リサイクルや処理の費用を、製品の生産者が負担するとしたら、どうだろうか。生産者は循環のための費用負担を考えて、長期間廃棄物となりにくく、そしてまた安く、簡単にリサイクルできる製品を作ろうとするかもしれない。そうなれば循環型社会へ近づくことになるだろう。また右で指摘した不法投棄とその解決のための費用という問題は、心配しなくてもよくなる。

循環させようという心構えを持つことは道徳や倫理の問題である。一方、法の役割は、目的実現のために誰に、何をさせるのか、ということにある。そのための具体的な仕組みを提供するのが法制度であり、誰に、どのような責任を負わせるのか、その内容によって目的が達成されるか否かが決まる。

❖(4)「大量」社会の見直し

この章では、廃棄物問題を量の問題から始めた。いま一度、量の問題を指摘しよう。日本は一年間に、海外から資源を六億七〇〇〇万トン輸入し、海外へ製品として一億一〇〇〇万トン輸出している(一九九八年度)。このような大量の物質を移動させている日本は、物質循環を日本国内だけではなく世界的規模で考える必要がある。

大量の資源消費は、資源を採取する段階で環境破壊と環境汚染を引き起こす。それも外国で。また大量の製品を輸出している以上、輸出した製品が廃棄される段階で、他国で環境問題が発生する。

廃棄物問題の根源には、大量生産、大量消費という、現代社会の産業活動と生活スタイルがある。大量に生産・消費されている物質の終着駅が大量廃棄であり、日本の廃棄物に関する法制度は、この大量廃棄に手をつけ始めた所である。循環に関する法は、リデュース（排出抑制）を第一としている。しかし、物質循環の入口である生産の所で大量生産をやめることなく、出口の廃棄段階だけで問題の解決は可能だろうか。われわれは生産のあり方も考え直す必要があり、その一つの考え方が、右で述べた拡大生産者責任と言える。

5 人類の生存環境を守るために

❖(1) もう一つの循環への注意

循環基本法を中心としたリサイクル制度は、廃棄物となりそうな物の循環の制度であり、そして廃棄物の量の問題に焦点が置かれたものである。それは私たち人間を除いた、人間の外での物質循環のあり方を考えたものになっている。しかし自然界の物質循環は、人間だけを除外して行われているわけではない。人間もまた物質循環のサイクルの中に組み込まれており、自然界にある多様な物質は、大気、水そして食物を通して人間の身体に取り込まれる。

生命・健康に危険であることを知りながら排出された有害物質が、食物連鎖を通じて人の身体に蓄積され、多くの被害者を出した水俣病。水俣病事件では、死という最悪の結果を含め、感覚障害など多様な身体被害が発生している。

最近では、環境ホルモン（内分泌かく乱化学物質）の人間への影響が懸念されている。環境ホルモンは、生物のホルモン作用に影響を及ぼす化学物質による環境汚染問題である。生体内でホルモンのような作用をする化学物質は、生物の生殖機能に異常をもたらし、また免疫機能や神経系への影響の危険性が指摘されている。このような化学物質は、たとえば農薬や工業用材料、さらには食器などの日用品に使用されており、それらが直接、あるいは環境中に残って人間を含めた生物に入り込んで影響を及ぼす。

❖(2) ダイオキシン対策

廃棄物を燃やす施設からのダイオキシン汚染が問題になった（ダイオキシンの危険性については、**2**の(3)で述べた）。これがきっかけとなって「ダイオキシン類対策特別措置法」（ダイオキシン法）が制定された（一九九九年）。この法律では、人が一生の間に継続して摂取しても健康に影響が及ばない、一日あたりの摂取量（耐容一日摂取量）をダイオキシン類について決め、これを達成するための規制制度を設けている。

ダイオキシン類は、食事や呼吸などによって人の体に入る。そこでダイオキシン法では、大気、水質そして土壌について環境基準（人の健康を保護するために維持されることが望ましい数値）を定め、この目標を達成するために、大気と水への排出基準を定め、一定の施設に対して排出が基準以下となるよう排出規制を行う。また汚染された土壌に対して、汚染を除去するための制度がある。

最終処分場も問題である。埋立て処分される廃棄物にダイオキシン類が含まれている可能性がある。そこで最終処分場からのダイオキシン汚染を防ぐため、周囲への飛散や流出を防ぐための対策を取るなど、最終処分場は汚染を発生させないように維持管理されることになっている。また埋め立てられる廃棄物の中のダイオキシン類の含有量は、一定量以下になることが義務づけられている。

廃棄物の焼却によって発生するダイオキシン対策としては、ダイオキシン法以外に、大気汚染防止法と廃棄物処理法による廃棄物焼却炉に対する排出規制が強化されている。しかし既存の焼却施設は新しい基準を満たすことができず、操業できないものが多いことが分かった。そのため産廃の焼却施設が大幅に不足する可能性がある。産業廃棄物の処理のあり方は、環境問題の観点から、大きな変革が必要な時に来ている。

❖(3) 化学物質の管理

廃棄物の危険性だけが問題なのではない。ＰＲＴＲ法と呼ばれる、何のことやら分かりにくい法律がある。**ＰＲＴＲ**とは、Pollutant Release and Transfer Register（環境汚染物質排出移動登録）の略称で、健康や生態系に対して有害な可能性がある化学物質を管理するための仕組みのことである。一九九九年七月制定された「特定化学物質の環境への排出量の把握等及び管理の改善の促進に関する法律」（PRTR法）は、化学物質の排出量を把握するための制度を作った。

世界で一〇万種類もの化学物質が使われているが、これらは環境に排出されて、人の健康や生態系に有害な影響を及ぼす可能性がある（このことを環境リスクと呼んでいる）。化学物質による環境リスクを減らすため、化学物質の環境への排出状況に関する情報を把握する仕組みを、PRTR法が用意したのである。

この法律では、一定の化学物質を指定し、これらの物質の環境への排出量や、廃棄物に含まれて移動する量を、事業者が行政に対して報告する。行政はその情報などを元に、法が対象として指定している化学物質について、どの発生源から、どれだけ排出されているのかを公表する。ただしPRTR法は、情報管理の仕組みを用意しただけで、環境への排出が規制されるのではない。衆知を結集し、みなで環境リスク低減に取り組むために、情報を提供する制度とされている。

❖(4) 安全性の証明

化学物質の環境リスクに対処するために、情報管理の制度が用意された。また健康に有害なことがすでに判明した物質については、製造や使用、排出や廃棄に関して規制が行われている。しかし毒性について科学的に明らかにされていない物質については、情報管理が行われるようになっただけである。生殖機能の異常を引き起こす環境ホルモンのことを考えたとき、現在の制度ではたして十分だろうか。

健康や生態系への有害性が明らかになるまで、化学物質への管理はどうなされるべきか。有害性が分かるまで規制されない現在の法制度の下では、有害性が分かった時には汚染にさらされていて、有害な影響を受ける可能性が残ってしまう。現在の法制度は、化学物質が人間の役に立つという利便性を前提として、開発・利用の自由を尊重する仕組みになっているが、これでよいのだろうか。化学物質の開発・利用について、開発利用しようとする者が安全性を証明しないかぎり、使用できないことが原則とされるべきである。

私たちの社会には、問題が発生して人が被害を受けたときに、被害の事後的な救済（損害賠償など）が法制度として用意されている。これは、不利益が誰かに帰属することは、現実には避けられないという考え方を基礎としている。しかし人類の存続の危機が指摘されるような問題では、そのような事後的な救済を当然視しない社会を目指すべきである。廃棄物も含め、化学物質による危険性については、安全性証明を生産・使用者そして排出者に要求する制度が必要である。

❖(5) 持続可能な社会を実現するために

持続可能な社会を、私たちは実現していかなければならない。一九九二年にリオ・デ・ジャネイロで地球サミット（「環境と開発に関する国連会議」）が開催された。この会議では世界中の国の元首が集まり、地球環境の保全に関して討議し、「環境と開発に関するリオ・デ・ジャネイロ宣言」を採択した。リオ宣言の核となる内容の一つが、「持続可能な開発」である。「持続可能な開発」とは、将来世代のニーズを充たしつつ、現在世代のニーズを充たすような開発のことである。持続可能な開発により、将来世代も含めた人類全体が、自然と調和した健康で生産的な生活をおくる権利を実現しようというのである（リオ宣言の原則1）。国際社会では途上国の開発の必要性が承認されている。貧困によって最低限の生存条件を確保できない途上国では、開発は不可欠である。そこで各国の自国資源の開発主権を認める一方、開発の権利は、現在と将来の世代の開発と環境の必要性を公平に満たすように行使されねばならないとされ、開発行為を規律する基準として将来世代への責任が規定された（原則3）。

これは、現在生きている私たちが、資源を消費し尽くし、環境を悪化させることにより、私たちの子、孫、そしてその先のまだ生まれていない将来の世代の、生存の可能性を奪ってはならない、ということである。

資源やエネルギーの消費を持続可能なものとし、また人間の生存が可能な環境を維持することが、私たち今生きる者の、将来の世代に対する責任であるとすれば、われわれは真剣に持続可能な社会のあり方を考えなければならない。環境リスクを低減するために、どのようなルールを作るのかは、持続可能な社会実現のための重要なポイントである。

〈ステップアップ〉

① 安東毅『プラスチックゴミの危うさ―化学の眼でみた焼却・埋立・リサイクル』(自治体研究社、二〇〇〇年)

② 梶山正三『廃棄物紛争の上手な対処法』(民事法研究会、一九九九年)

③ 加藤三郎編著『かしこいリサイクルQ&A』(岩波ブックレットNO. 531、二〇〇一年)

④ 環境庁編『平成一二年版環境白書(総説、各論)』(ぎょうせい、二〇〇〇年)

⑤ 熊本一規『これでわかるごみ問題Q&Aここが問題! 日本のリサイクル法』(合同出版、二〇〇〇年)

⑥ 田辺信介『環境ホルモン何が問題なのか』(岩波ブックレットNO. 456、一九九八年)

⑦ 富井利安＝伊藤護也＝片岡直樹『環境法の新たな展開(第三版)』(法律文化社、一九九九年)

⑧ 環境省のホームページ (http://www.env.go.jp) で、廃棄物・リサイクル対策、保健・化学物質対策などの項目を、また経済産業省のホームページ (http://www.meti.go.jp) で、環境の項目を参照してほしい。

(片岡直樹)

Bridgebook

第12章 ＮＧＯへの関心
——ＮＧＯを通して国際法を学ぶ

Ⅰ 国際法のイメージ

本章で学ぶ**国際法**は、別の章で学ぶ法とは少しばかり趣きが違う。別の章では、一つの国（日本）の中で作用する法について勉強するのに対して、ここで勉強するのは、国際社会の法である。憲法や民法などはどれも一つの国の中の法なので国内法と総称されるが、それに対して国際法とは、国際社会を舞台にして適用される法のことをいう。

このように国際社会の法を国際法と呼ぶわけだが、やっかいなのは、かんじんの国際社会がどんな社会なのかが一義的に定まっていないことである。国際法学者の多くは、これまで、国際社会を基本的に国家から成る社会と考え、そこから、「国際法とは原則として国家間の関係を規律する法である」

と説いてきた。今でもそう説く人が多い。けれども、そうした理解ではどうにも説明できない事態、あるいは、そうした理解には、とうていおさまりきらない「例外」がこのところ急増している。国家以外の行為体が、国際法の形成や実現過程にどんどん参画するようになっているのだ。ここでは、そうした非国家行為体の代表格ともいえるNGO（非政府組織）を手がかりに、ダイナミックに変容する国際社会と国際法の実像に迫ってみることにしよう。

2 国際法は誰のための法なのか

❖(1)「シアトルの人々」

一九九九年一一月、アメリカのシアトルで世界貿易機関（WTO）閣僚会議が開かれた。その会議にあわせて、世界各地から七万人もの人々が集まってきた。市場経済のグローバル化を推し進めるWTOのやり方に異議を申し立てるためである。集結した人たちは、平和運動に従事する人、環境運動にかかわる人、人権擁護や労働者の権利保護を訴える人……と実にさまざまな顔をもっていた。「シアトルの人々」と呼ばれることになる彼ら/彼女らは、その後も国際金融機関の会合や政府首脳会議が開かれるたびに参集し、二〇〇一年七月のジェノバ・サミット（先進国首脳会議）の際には、一〇万人をはるかに超える人々が連日激しいデモを繰り広げ、ついには死者が出たほどであった。

シアトルやジェノバの壮烈な風景から、世界において今、二つの大きな潮流がしのぎをけずっていることがわかる。一つは、国境なき市場経済を世界全体にいきわたらせようとする潮流で、主に先進国政府や国際貿易・金融機関が推し進めているものである。巨大な多国籍企業の陰が色濃く投影されるこの潮流は、グローバル化を経済・金融エリートの主導により「上から」推進するものといえる。それに対して「シアトルの人々」は、国境を越えた社会正義の実現を「下から」つまりグローバルな市民の連帯によって達成しようとしている。「シアトルの人々」は、けっして組織化されているわけではなく、インターネットを駆使したネットワーキングを通じ緩やかに結びついているところに大きな特徴的がある。

こうしたグローバルな社会運動は、突然顕在化したわけではない。冷戦が終結した直後から、地球規模の問題群を扱う国連主催の大掛かりな国際会議が連続して開かれるようになった。一九九二年の地球環境サミットや一九九三年の世界人権会議、一九九五年の北京女性会議などがそうである。そうした機会をとらえ、国家（政府）によって代表されぬ国際市民社会の声が、社会運動という形で大きくなっていった。NGOは、昂揚する社会運動と連動しながら、国際市民社会の声を組織化された形で公共の場につなぐ重要な役割を果たしている。九〇年代に始まった一連の国際会議で採択された諸宣言は国際社会の新たなルールを描き出すものだが、そこには、NGOの貢献により、市民社会のさまざまな利益が効果的に反映されることになった。また、よく知られているように、一九九六年にオタワで採択された対人地雷全面禁止条約や、一九九七年の気候変動枠組条約京都議定書、国際社会の最も重大な犯罪を処罰するため一九九八年にローマで採択された国際刑事裁判所規程なども、NGOの強力な支えを得て創り出されたものである。

❖(2)「する側」の視線から「される側」の視線へ

奴隷の廃絶や平和の実現などを目的とする、国境を越えたNGOの活動はけっして新しい事象ではない。けれども奇妙なことに、NGOは最近にいたるまで、国際法学においてその存在をきちんと認知されてこなかった。力が弱かったという面もあるのだろうが、そもそもこれまでの国際法学の考え方では、NGOを正当に評価する余地がなかったといってもよい。そのわけを簡単にみておこう。

これまでの国際法学は、自由主義思想にもとづいて組み立てられてきた。ジョン・ロックやトマス・ホッブズが述べていた自由主義の考え方を、ほぼそのまま国際社会に移植したといってさしつかえない。ただし、国内社会では個人が権利義務の担い手として想定されたのに対して、国際社会では個人に代えて国家が権利義務の担い手とされた。こうして、国際法学は、国際社会を「自由」で「平等」な国家から成るものとし、国家間の「合意」を通じて国際社会のルールつまり国際法が生まれ出るものとしたのである。国家間の明示の合意は条約と呼ばれ、国際法の法源の一つとされた。もう一つの法源は慣習法だが、これもまた国家の慣行・法的信念から生み出されるものとされた。このほか、個人にプライバシーが認められるように国家にも干渉を許さぬ「国内問題」(内政)というプライバシーが認められ、国内社会において暴力の規制が最重要課題であるように、国際社会でも国家による武力行使の規制が最重要課題とされてきた。

当然ながら、こうした認識枠組みのもとでは、国家以外の行為体の存在がなかなか視野に入ってこない。視野に入ったとしても、せいぜい、派生的あるいは例外としての位置づけを与えられるにすぎなかった。国際法学においてNGOへの言及が控え目なままにとどまってきたのは、なにより認識枠組みそれじたいに重大な制約があったからである。国際法学とは、国際社会がどのような社会なのかについての理解を規範主義的に指し示す役割をもっている。現に、国際法学に接すると、国際社会とは国家間の関係から成る社会で、国際法とは国家が創り出すものだ、といった考えをもつようになりがちである。けれども、そうした認識は国際社会の実像からあまりにかけ離れている、という批判が大きくなっている。国際市民社会の台頭は、国際法学のパラダイム転換を強く求めるものにほかならない。

国家を個人になぞらえる自由主義的思考は、国家が一つの統合された人格をもつ存在であるという前提に立っている。しかし現実には、国家の内には多様な利益が混在している。そうした多様な利益の中から政策決定エリートによって選び取られた特定の利益が、その国の行為あるいは意思として対外的に表現されているのが実態にほかならない。政策決定エリートといっても、外交は行政府主導で行われるのが一般的である。日本の例をみればわかるように、民意を反映するはずの立法府の関与は、条約を締結する局面においてすらまったく十分なものではない。また、政策決定に携わる者はこれまでほぼ例外なく男性的価値を体現してきたので、女性の経験は国際法過程から排除されるか、周縁部に追いやられてきた。

国際市民社会の台頭を背景に、こうした国際法過程の閉鎖性あるいは排他性をきちんと見据え、国際法をより開かれた法体系に変えていこうという主張が国際法学の中でも聞かれるようになってきた。国家や国際機構だけでなくさまざまな非国家行為体、とくにNGOをきちんと国際法の担い手として位置づけ、すべての行為体の連帯によって国際法を成り立たせていこうと主張する人たちがふえてきた。こうした主張は、国際法学のあり方を批判的に乗り超えていこうとするものだ。

これまでの国際法学は、国際法を創り、適用「する側」の視線に立って構築されてきたといって過言でない。新たな理論的試みは、国際法を適用「される側」の視線に立ってそのあり方を変革しようとしているともいえる。「国家による国家のための法」であった国際法を、「市民による市民のための法」に変えていこうという方向性が見て取れる。その有力な担い手であるNGOには、とくに大きな関心が寄せられている。

3 国際法を変革するNGO

❖(1) 国際法の立法過程に市民の声を入れる

NGOとは、Non-Governmental な Organization のことだ。つまり、政府あるいは国家が作った組織ではない組織のことである。普通は政党や企業などを除いて考える。言葉それじたいからわかるように、NGOとは、Governmental なOrganization、すなわち国家や国家間組織の存在を前提にしている。そのためNGOは、国家／国家間組織の存在やその優位性に根本的に異議を唱えることまではしてこなかった。Governmental Organization が存在しなければ、Non-Governmental Organization の存在もありえないからだ。

ところが、社会運動の中には、既存の組織そのものが構造的に不正義を抱え込んでいるのだから、そうした組織の存在を前提にして活動するのでは、たとえ善意であっても、結果的に社会的不正義の温存に加担することになってしまい、逆効果ではないか、という懸念がある。社会運動は、既存の制度のあり方を根本から問い直すラディカルな形態をとることが少なくない。既存の制度を前提とするNGOは、そうした社会運動を妨害することにならないか、という懸念なわけである。これは、NGOの存在価値そのものを見つめ直す根本的な問いかけであり、NGOが抱える宿命的な矛盾を言い当てたものでもある。

もっとも、そうした緊張をはらみながらも、NGOが国際市民社会の声を汲み上げる大切な役割を果たしてきていることは多くの人が一致して認めている。NGOは、国際社会の意思を決める政府間会合の場に、組織化された形で市民の声をつないできている。アメリカ政府代表団に入っていたNGOと中小国政府の精力的なはたらきかけにより、一九四五年に採択された国連憲章には、人権の促進義務や人権委員会の設置が明文で規定されるとともに、七一条で、ＮＧＯと国連経済社会理事会との間で協議のための取り決めが行われる旨が定められた。協議のための取り決めの中身は、一九六八年の経済社会理事会決議１２９６で具体化され、さらにこの決議は、一九九六年の決議１９９６／３１で改正されて現在にいたっている。

ＮＧＯが国連の会合に公式に参加するには、右記決議に定められた条件をクリアし、協議資格を認められることが必要だ。協議資格をもつＮＧＯは一九四八年の時点では四一だったが、一九九八年には一三五〇を超えている。ＮＧＯは、取得した協議資格を活用し、国連の場に国際市民社会の声を粘り強く反映させてきた。たとえば、人権委員会やその下部機関にあたる人権小委員会あるいは女性の地位委員会などにおいて、ＮＧＯは世界のさまざまな人権問題を顕在化させ、人権にかかわる多くの宣言や条約の起草にかかわってきている。

拷問等禁止宣言・条約の起草に果たしたアムネスティ・インターナショナルのはたらき、被拘禁者保護原則の起草に果たした国際法律家委員会のはたらき、子どもの権利条約の起草に果たしたディフェンス・フォー・チルドレンのはたらきなどは、その代表的なものだ。一九九三年には国連総会で女性に対する暴力の撤廃に関する宣言が採択されたが、この宣言の起草過程において女性運動／ＮＧＯが果たした役割も特筆される。このほか、一九九八年に採択された国際刑事裁判所規程には、処罰すべき犯罪の一つである「人道に対する罪」の構成要件に、「強かん、性奴隷、強制売春、強制妊娠、強制不妊、またはそれらと同等に重大なその他のあらゆる形態の性暴力」が含められた。これも、女性運動／NGOからのはたらきかけの賜物といってよい。軍縮、環境保護の分野でも、すでに述べた対人地雷全面禁止条約のように、NGOの貢献なくては作成しえなかった条約が少なくない。

子ども、女性、拷問被害者などの声は、国の政策決定エリートのもとには、なかなか届いていかない。他方で、一つの国の枠にとどまらない人類・地球全体の利益を先頭に立って主張する政府もそうはない。そのような時に、必要な声を発して事態を動かしていくことができるのがNGOなのだ。国際法の標準的なテキストには、条約がどのように作られるのかについて大まかな流れが解説されているが、現実がどうなっているのかを具体的に調べてみると、NGOがいかに大きな役割を果たしているかが実感できると思う。

❖(2) 国際法の実施過程を市民化する

いったん定立された国際法規がきちんと実現されるよう監視したり、規範内容の明確化を求めたりするのもNGOの重要な役割である。国際法制度の多くは国家（政府）や国家間組織を顧客として設計されているが、その典型ともいえる国際司法裁判所（ICJ）のような機関にも、国際法の実現を求めるNGOの影響力が及ぶようになっている。

ICJ規程三四条は、「国のみが、裁判所に係属する事件の当事者となることができる」と定め、裁判所の争訟事件管轄権が国家間紛争に限定されることを明言している。ICJは、ポルトガルとオーストラリアが東チモールをめぐって争った事件（ICJ Reports 1995, p.90）において判示したように、国家以外の行為体（たとえば人民）が、国際法上の権利を独立してもっていることを認めている。それでも、そうした権利を侵害された行為体がＩＣＪに訴え出ることは、右でみた規程三四条により現在まで認められていない。国際社会の紛争を国家間紛争に限定する伝統的な自由主義国際法観の現われであり、市民社会から強い批判のあるところである。

ＮＧＯは、そうした批判を提示するとともに、ＩＣＪがもつもうひとつの管轄権である勧告的意見管轄権の活用を考えた。ＩＣＪは、国連の機関や専門機関がその活動の範囲内で遭遇する法的問題について勧告的意見を与える権限をもっている（国連憲章九六条）。一九九二年に、核兵器に反対する三つのＮＧＯは、その権限の活用を考え「**世界法廷プロジェクト**」を立ち上げた。この「プロジェクト」からの強いはたらきかけを受けて、世界保健機関（ＷＨＯ）と国連総会は、核保有国の反対を押し切り、核兵器の使用・威嚇の合法性についてＩＣＪに勧告的意見を要請することになる。そして一九九六年、ＩＣＪは国連総会からの意見要請に応え、核兵器の使用・威嚇が一般的に違法であることを宣言する画期的な意見を表明した（ICJ Reports 1996, p.226）。この意見が表明されたとき、国家のための法廷だったＩＣＪが民衆の法廷に生まれ変わったと述べる人もいた。

もっともこの意見表明にあたり、日本を代表する国際法学者である小田滋判事は、意見要請がＮＧＯのはたらきかけに端を発しているので、そのように「政治的に動機づけられた」要請に裁判所は応えるべきではないという見解を述べた。しかしＩＣＪは、意見要請にいたる経緯には関知しないとしてその見解を退けている。見落としてならないのは、多くの国家が、ＮＧＯのプロジェクトに共鳴し、意見要請に同意したという事実である。

国家を中心に構築された国際法制度に、国家を媒介させてＮＧＯが関わっていく事態は今後もふえていくであろう。核兵器事件に関していえば、ＩＣＪの圧倒的多数の判事はそうした事態を拒絶しなかった。ただし、そうではあっても、ＩＣＪの表明した意見そのものは、規範的には、伝統的な自由主義思想の枠内にとどまるものであった。ＩＣＪは、核兵器の使用・威嚇にかかわる慣習法の存在を認定するにあたって、伝統的な手法に従い、国家の慣行と法的信念の存否に着目しただけだったのである。ＮＧＯや国際市民社会の声は、国際社会の法である慣習法の認定にあたって有意な考慮を払われなかった。このようにＩＣＪの思考枠組みが伝統的な国際法観にもとづいていただけに、核兵器に反対する何百万もの署名を通じて表明された国際世論の声に耳を傾けるウィーラマントリー判事の姿勢がいっそう際立っていた。

❖(3) 条約を守らせるためのはたらきかけ

条約の中には、その実施にあたってＮＧＯの貢献が不可欠なものが少なくない。たとえば人権条約がそうである。世界的規模で適用される人権条約のなかでとくに重要なのは次の六つの条約だ。自由権規約、社会権規約、人種差別撤廃条約、女性差別撤廃条約、拷問等禁止条約、子どもの権利条約。

これらの条約が特別の重要性をもっていることは、他の人権条約と違って、条約の履行を促す特別の手続が設置されていることからもわかる。その手続は三つに分かれる。第一、報告手続、第二、個人通報手続、第三、国家通報手続。このうち第一の手続と第二の手続がNGOによって活用されている。

まず第一の**報告手続**についてみてみよう。右記六つの条約の締約国は、条約の履行を監視するために設置された条約機関に、条約の実施状況を定期的に報告し、その審査を受けなければならないことになっている。**条約機関**とは、たとえば、自由権規約については自由権規約委員会、人種差別撤廃条約については人種差別撤廃委員会というように、それぞれの条約ごとに作られているもので、独立した専門家によって構成されているものである。

定期報告書は締約国政府が作成して提出するのだが、そのほぼすべてが、無機質きわまりなく、真実の一部しか述べていない。これまで日本政府が提出してきた報告書を見ればそれは一目瞭然だが、なにも日本だけでなく、ほとんどの政府が、自国に巣食う人権問題の実相を正直には記載しないのである。もっと正確にいえば、報告書を実際に作成する政策決定エリートには、社会的矛盾の中で生活を続ける多くの人間のナマの姿が視野に入りにくいといったほうがいいのかもしれない。NGOは、政府が作った報告書に記載されないもう一つの現実を、被害者の視点にたって、対抗報告書あるいは代替報告書として条約機関に提供する。それによって報告審査がはじめて実りあるものになるのである。

条約機関は、概ねNGOからのアクセスに好意的である。一昔前は、露骨にNGOとのかかわりを拒否するところもあったが、冷戦終結後はそうした状況はなくなっている。実は、条約上、NGOに公式参加の途を明文で開いているのは子どもの権利条約だけなのだが、今では他の条約機関もすべてNGOとの連絡回路を設け、NGOから寄せられる情報を拠り所に報告審査を行うようになっている。人種・女性差別撤廃条約と子どもの権利条約には、さまざまなNGO情報のとりまとめをするNGO（グループ）が存在しており、報告審査を効果的なものにするのに貢献している。

第二の**個人通報手続**は、自由権規約、人種差別撤廃条約、女性差別撤廃条約、拷問等禁止条約に備わっている。社会権規約についても、現在、設置を検討中だ。これは、条約上の権利を侵害されたと主張する個人が、国内で利用可能なあらゆる手段を尽くしたけれどなお権利が回復されないとき、条約機関に直接に訴え出ることを可能にする手続である。右でみた報告手続はすべての締約国が従わなければならないものなのに対して、個人通報手続は、締約国政府によって別途受諾されなければ利用できないことになっている。日本政府は「司法権の独立」への懸念から個人通報手続を一つも受諾していない。「司法権の独立」という理由をもって個人通報手続を拒否している国は他には一つもないが、いずれにせよ政府により受諾されない以上、日本国による条約違反を個人通報手続を通じて訴え出ることは今のところできないわけだ。

NGOは、個人通報を行う被害者を支援し、人権擁護のため、条約解釈の幅を創造的に広げてきている。たとえば、性的指向にもとづく差別を自由権規約の禁止する差別禁止事由に含ませることなどがそうだ。国際法は国内法以上に多様な解釈の余地を残している。社会正義にコミットするＮＧＯの創造的解釈は、国際法を開かれた体系に変革する重要な契機を提供するものだ。なお国際裁判所の中には、旧ユーゴスラビア国際刑事裁判所のように個人やＮＧＯからの意見書（アミカス・キュリエ＝法廷の友、と呼ぶもの）を受理するところがある。ＩＣＪはこれまでのところ個人やＮＧＯからの意見書を受理していないが、証拠の収集について規定するＩＣＪ規程六四条(a)はその可能性を明文で排除しているわけではないので、今後はＩＣＪの中にも、ＮＧＯによる国際法の解釈が浸潤していくことも考えられる。

❖(4)「直接行動」を起こす

国際法は最終的には市民のためのものなのだから、国家＝政府によって独占されるべきではない、という考えが国際市民社会では広範な支持を得ている。そこから、国家が国際法の実施義務を怠るとき、市民は直接に事態に介入できるし、また介入しなくてはならないという「直接行動」の論理が導かれることになる。ＮＧＯの活動家が核施設や遺伝子組み替え作物の破壊を行う様子をテレビや新聞で目にしたことはないだろうか。そうした行為は、一見して社会秩序に背く暴力的行為に見えるが、核兵器の保有や遺伝子組み替え作物の栽培それじたいが核軍縮義務、環境保全義務に違背しているのに国家が必要な行動を起こさないので、ＮＧＯが直接に行動を起こし、国際法の実現をはかっている、という意味合いもあるのだ。

直接行動は、有形力を伴わない場合もある。市民社会が主体となって法廷を設置し、国際法の実現をはかることも直接行動の一つといってよい。このような法廷を「民衆法廷」という。二〇〇〇年一二月に「『戦争と女性への暴力』日本ネットワーク」が中心になって東京で「女性国際戦犯法廷」が開廷された。旧ユーゴスラビア国際刑事裁判所の元所長や現在の国際司法裁判所判事、国際法学の世界的権威たちが裁判官になって開かれた同法廷は、日本国と昭和天皇らの戦争責任を当時の国際法に照らして判断するために設置されたものであった。民衆法廷としてはベトナム戦争におけるアメリカの犯罪行為を裁くために設置されたラッセル法廷が最もよく知られているが、女性国際戦犯法廷は、欧米の男性／知識人ではなく、アジアの女性／一般市民が主体となって開かれた点において、国際市民社会の裾野の広がりを感じさせるものであった。

4 変革への障害と課題

❖(1) 譲らぬ一線

このようにNGOはさまざまな行動を通じて、国際法のあり方を激しく揺さぶっている。しかし、状況は必ずしもNGOの期待どおりに展開しているわけではない。一六四八年のウェストファリア条約以来、今日まで三五〇年余りにわたって存続してきた国際法の国家中心性とそれを支える自由主義理論はとても頑強だ。そう簡単に崩れ去るものではない。なによりも、国際法過程を占有する男性／政策決定エリートが、国際法の脱・国家化に強く抵抗している。そうした抵抗は、次の三つの局面にはっきり見て取れる。

第一は、国際法の立法過程において。九〇年代以後の一連の国際会議において採択された最終文書はNGOの意見をかなり採用したが、宣言あるいは行動計画という形式で採択されるにとどまり、拘束力ある条約の形式がとられることはなかった。国際刑事裁判所規程のように条約として採択される場合には、政府にとって好ましくないNGOの提案が採用されることはない。まして、条約の採択にNGOが投票権をもって参加を認められるようなことはこれまで例がない。

第二は、国際法の実施過程において。報告審査や個人通報手続からは、締約国を法的に拘束する判断は出てこないことになっている。人権条約機関は近年、NGOの情報を活用して、報告審査後にかなり踏み込んだ勧告を出している。個人通報の検討後に条約違反の見解を出すことも少なくない。けれどもそのいずれもが、法的拘束力を欠くものと位置づけられている。締約国政府からすれば、勧告を遵守せず、見解を無視しても、法的コストを払うことがないようになっているのだ。また、国際の平和および安全の問題を扱う国連安全保障理事会や、貿易・金融問題を扱うWTO、IMF（国際通貨基金）など、現在の国際社会で最も大きな力をもつ諸機関は、国際法実施過程へのNGOのアクセスをほとんど認めてこなかった。

第三は、条約締結の局面において。いったん採択された条約に署名・批准するかどうか決めるのは国家である。署名・批准の際に「留保」という条件を付すかどうかも国家が決めている。国家といっても、条約締結過程は行政府主導といってよく、ことに日本では、条約に参加するかどうか、留保を付すかどうかはすべて行政府が決めているといって過言でない。国際刑事裁判所規程や人権諸条約に備えられた個人通報手続を受諾するかどうかの決定にあたり、その本来的受益者たる市民やＮＧＯは蚊帳の外におかれたままなのだ。

❖(2)　ＮＧＯは誰を代表しているのか

政策決定エリートの抵抗とともに、ＮＧＯコミュニティ内部の問題も見逃してはならない。本章では、ＮＧＯが国家に代表されぬ利益あるいは人類・地球全体の利益を代弁する重要な役割を果たしていると述べてきた。しかし、それだけでＮＧＯのイメージを語り切ることはできない。ＮＧＯであるからといって、すべてがすべて善であるとはかぎらないからだ。

ＮＧＯの重要な役割は、国際市民社会の声を、公共の場、端的にいえば、国家を中心メンバーとする国際的な仕組みの中につなげていくところにある。しかし、すべてのＮＧＯが対等な位置にいるわけではなく、外交力や資金力、語学力などにおいて秀でたＮＧＯが当然ながら強い影響力をもつ傾向にある。そしてそうした強いＮＧＯは、ほぼ例外なく欧米のＮＧＯなのである。このため、人種主義・植民地主義・性差別主義的メンタリティがそのままＮＧＯコミュニティにも投影されている、という批判が根強くある。

国家とNGOとの協働は、国際法過程の市民化をはかるうえで好ましいことではある。けれども、協働作業の対象として優先的に選ばれるNGOが右で述べたような事情により欧米のNGOになるのであれば、話は違う。国際市民社会の多様な声が、一握りのNGOによって封じられてしまう危険性がある。たとえば、欧米の中産階級の白人女性をモデルとして活動する欧米の女性NGOが全世界の女性の代表のように位置づけられると、貧困や不均衡な経済秩序の是正を最優先課題とする発展途上国の女性たちの声は、まったく聞き届けられなくなってしまう。

もとより、欧米のNGOであるからといって欧米の市民の声をきちんとくみ上げているというわけではない。ごく少数の人間によって非民主的に運営されているNGOも少なくない。NGOは市民社会の声をくみ上げる存在ではあるが、市民社会そのものではないということを忘れてはならないだろう。このほか、NGOの中には、政府の外郭団体のようなNGOや、企業の利益のために活動するNGOもある。NGOが広げた非国家行為体のスペースに、同じ非国家行為体として多国籍企業が参入してくることもある。同じ非国家行為体とはいっても、「上からの」グローバリゼーションを進める多国籍企業と「下からの」グローバリゼーションを進める国際市民社会とでは、考え方に大きな違いがあることはここに改めて確認するまでもない。非国家行為体のスペースが広がることが無条件に国際市民社会にとって歓迎すべきことではなくなっている。

このように、最近ではNGOをただ礼賛して終わるのでなく、NGOの実態やNGOをとりまく周囲の状況を具体的に見てみることで、その活動のあり方を批判的に捉え直す向きも出てきている。こうした批判は、とりもなおさず、国際社会においてNGOの力が無視できぬほど大きくなってきたことの裏返しでもある。NGOには、国際法過程のいっそうの市民化とともに、国際市民社会の声をいかに広範にそして責任をもってすくいあげられるかが問われている。その一方で、影響力を増す非国家行為体、なかでもNGOの活動を適切に評価するための認識枠組みをいかに築き上げるかが国際法学には問われているのである。

（阿部浩己）

〈ステップアップ〉

① 松井芳郎『国際法から世界を見る――市民のための国際法入門』（東信堂、二〇〇一年）
② 最上敏樹『国連システムを超えて』（岩波書店、一九九五年）
③ VAWW－NETジャパン編『裁かれた戦時性暴力』（白澤社、二〇〇一年）
④ 馬橋憲男『国連とNGO』（有信堂、一九九九年）
⑤ 阿部浩己＝今井直＝藤本俊明『テキストブック国際人権法（第二版）』（日本評論社、二〇〇二年）
⑥ 阿部浩己『人権の国際化――国際人権法の挑戦』（現代人文社、一九九八年）

Bridgebook

第13章 国際取引への関心——国際取引を通して国際私法を学ぶ

I 国際取引活動を取り巻く法的環境

❖(1) 国際取引と国際私法の関係

(ア) 取引の国際化

この社会ではさまざまな取引がきわめて頻繁に行われているが、「取引」という言葉を耳にしたときに、どのような場面を諸君は想定するだろうか。当事者は日本人なのか外国人なのか、取引する商品は日本製なのか外国製なのか、取引は日本で行われるのか外国で行われるのか、といったようなことを考えてみたことはあるだろうか。実際にこのような問題を意識して考えたことはないかも知れないが、意識していないということは、おそらく感覚として、日本人同士が、日本の製品を、日本で売買するという捉え方をしていたのかも知れない。しかしながら、現実の世界では、取引の当事者、製品の製造・販売元、取引の場所など取引関係における諸要素の中に、何らかの国際的なファクターが含まれている場合が少なくない。

振り出しに戻ってもう一度自分自身に問い直してみてほしい。さきに挙げた、当事者は日本人なのか外国人なのかなどの問題を考えるのと同時に、その取引に適用されるのは日本法なのか外国法なのか、という問題を考えたことはあるだろうか。もし後者の問題も意識したことがないのであれば、これについては、おそらく日本法が適用されるのではないかという捉え方をしていたのかも知れない。だが逆に、このように考えてみて欲しい。どの国で、どの国の人が、どの国の製品を取引しているかを問わず、どのような場合においても、日本法が適用されるということを前提にして法律問題を考えてもよいのか、と。

そこで本章では、現実の取引に、どの国の法律が適用されるかという問題について考えてもらうのだが、その方法・筋道を教えてくれるのが国際私法である（溜池①三頁以下参照）。

ではここで、国際取引の例を設定して説明しよう。たとえば、テレビを買おうと思って巷の電気販売店に入って見てみると、日本や外国の有名メーカーの製品が陳列されている。目に付いた日本メーカーの製品のおもてやロゴだけを見ていると日本製と思ってしまうようなものでも、製品の裏の表示を見て初めて外国製だと気づく場合が実に多い。そこで、自分の気に入ったテレビはマレーシア製のものだとしよう。このテレビはどうやってマレーシアから日本に入ってきたのか。この場合、そのテレビは日本の電化製品メーカーがマレーシアで設立した会社の工場で生産された後、日本の販売業者がその会社から購入し、日本に輸入したものと考えられる。そして、その際にマレーシアの会社と日本の販売業者との間でテレビの〈売買契約〉が締結されたということになるわけであるが、この売買契約の成立・効力などについて、マレーシア法、日本法、それとも、どこか他の国の法律が適用されるか、という問題が生じる。そこで登場するのが国際私法である。国際私法は、まさにこのような国際的な法律関係について適用されるべき法律を決める法なのである（ただし、澤木＝道垣内②六頁以下、道垣内⑨一頁以下参照）。

国際私法の分野では、ある法律関係に適用されるべき法律のことを〈準拠法〉といい、それを決める作業を〈準拠法決定〉という。右記の例の場合では、〈契約準拠法〉の〈決定〉が問題になるというわけである。

(イ) 国際私法における「当事者自治の原則」の役割

〈契約準拠法〉については、日本では、「法例」という、国際私法の主なルールを成文化した法律にその決め方が定められている。法例七条一項によると、当該契約に適用される法律は、契約当事者自身の意思で指定できることになっている（「法律行為ノ成立及ヒ効力ニ付テハ当事者ノ意思ニ従ヒ其何レノ国ノ法律ニ依ルヘキカヲ定ム」）。これを(1)で挙げた例に当てはめると、売買契約の当事者であるマレーシアの会社と日本の販売業者は、お互いの合意で、いずれかの国の法律を〈契約の準拠法〉として指定することができるというわけである。かりに当事者双方が本契約の準拠法はマレーシア法にするという趣旨の約束をすれば、この契約の準拠法はマレーシア法となるのである（ただし、後述(2)(イ)参照）。このように当事者の意思によって〈準拠法〉を決定するルールは、国際私法上〈**当事者自治の原則**〉と呼ばれているものであるが、当事者は自分達の締結した契約が、どの国の法律によって規律されるかを当事者自身の意思で選ぶことができるので、当事者にとっては、契約が締結された後の権利義務を予測でき、そして、契約の履行などに関してトラブルが発生した場合にも、それがどのような基準で判断・解決されるかを予め把握できるという大きなメリットがある。つまり、この制度によって、国際取引における〈予測可能性〉を高めることができるというわけである。グローバルなビジネス活動が飛躍的に増大する今日の世界において、この点は大変重要なポイントである。

❖(2) 国際私法の理想と現実

(ア) なぜ国際私法が必要なのか

国際私法の役割は、国際的な法律関係についてどの国の法律を適用すべきかを決定することにあるが、このことは、この世界に国の数だけ内容の異なる法秩序が併存し、しかも、一つの国際的法律関係について、二つ以上の国の法律が関係してきうることを前提としている（この現象を、国際私法の分野では〈**法の抵触**〉という）。言い換えれば、〈準拠法〉を決定する国際私法のルールは、前記の例で出てきた契約関係のような国際的法律関係の成立や効力などの問題に関する各国の法律の内容が統一されていないという現実の中で、これらの問題について判断する基準＝法律が定まらないという窮境から脱出するための工夫なのである。

もっとも、国の数だけ内容の異なる法秩序が存在するということから発生する法律の適用問題は、理論的には、国際私法の提供する〈準拠法決定〉のルールでしか解決できないというわけではない。この問題を解決するための最も根本的で徹底的な方法は、むしろ世界各国の**私法の統一**と言える（溜池①五頁以下参照）。つまり、すべての国の私法を全部統一して同じ内容のものにしてしまえば、〈法の抵触〉現象は解消されるはずだから、法律関係が複数の国に関係するものであっても、結局同じ内容の法律が適用されるということになる。現に、私法の統一を図るための国際的な立法活動は前世紀においてかなり活発に行われてきている。たとえば、一九三〇年の統一手形法条約、一九三一年の統一小切手法条約、一九二四年の船荷証券統一条約、一九二九年の国際航空運送に関するワルソー条約、一九八〇年の国際動産売買契約に関するウィーン売買条約などがその成果である。しかし、このような努力にもかかわらず、私法が統一されたといえるまでは程遠い。右記のような国際条約に世界のすべての国が加盟しているわけではないし、統一の対象である法分野もかなり限られている（澤木＝道垣内②三頁以下、木棚＝松岡＝渡辺③三頁以下参照）。したがって、現実の世界にとって、今の時点でも、〈法の抵触〉という障壁を切りぬけるための国際私法のルールはなくてはならない存在なのである。

(イ) 国際私法の統一の必要性

国際私法の根底には、国際的な私法関係にかかわる人たちに、安定した法秩序を提供したいという究極の目的が存在すると言える。より具体的に言うと、国際私法における〈準拠法決定〉という制度は、一つの事案について、どこの国でも同じ法律が適用されるような状態を確立することをその理想としているのである。

便宜上(1)で挙げた例を使って問題を説明すると、マレーシアの会社と日本の販売業者との間の、テレビの〈売買契約〉の〈準拠法〉は、日本の法例七条一項によれば、当事者の合意で指定したマレーシア法になるわけであるが、このことは、日本の法例に基づいて得られた結果であり、他国の国際私法のルールに基づいた場合でも絶対同じ結果が導かれるとは限らない。つまり、他国の国際私法では別の制度が採用されている可能性があるということである（もっとも、〈当事者自治の原則〉は多くの国において採用されているから、離婚や相続など家族法関係の分野に比べて、このような問題は契約準拠法に関してはあまり生じないかも知れないが）。国際私法のルールは基本的に今もなお各国が独自に国内法として制定しているものであるから、同じ類型の〈国際的法律関係〉について国ごとに異なった〈準拠法決定〉のルールがあるとしても別に不思議なことではないのである。しかし、それでは国際的法律関係の当事者が安定した法秩序の下での生活を享受できないという結果が生じてしまうのである。

そこで、右記の理想に少しでも近づこうとして、「ハーグ国際私法会議」や国連などが国際私法の統一作業を積極的に進めてきている。今後の更なる展開が期待されるところである。

(ウ)　国際取引社会の取組み

他方、実際に日々国際取引を行っている各国の企業は、企業間の取引がよりスムーズにこなせるようにするために、自主的な努力の積み重ねによって、国際的に通用する標準的・定型的な取引条件などを作成してきている。最も代表的なのは、**国際商業会議所（ICC）**という国際的な企業団体が作成した「インコタームズ（Incoterms）」や信用状統一規則などの「援用可能統一規則」である。

インコタームズは、国際的な物品取引の最も基本的な取引条件について、売主・買主それぞれの権利義務などを定型化してコードにしたもので、国際取引ではきわめて頻繁に使われるものであるので、ここで、日本で最も汎用されている取引条件の中のFOB条件（「本船渡条件」）とCIF条件（「運賃保険料込条件」）について簡単に紹介しよう（高桑＝江頭編④一二三頁以下、山田＝佐野⑤九七頁以下、北川＝柏木⑥五九頁以下参照）。国際物品取引の大きな特徴は、売主が商品を外国にいる買主に届けるための国際運送手段を利用しなければならないという点にある。そこでまず問題になるのが、取引当事者のどちら側が商品を運送するための輸送手段を手配するかという点である。さらに、運送の途中で商品が破損・滅失したりすることもあるから、そのための保険を掛けておく必要があるのだが、当事者のどちら側が保険を取得するかが問題になる。右記の両条件とも海運を運送手段にする場合の条件であるが、FOB条件の下では国際運送手段の手配も保険の取得も買主側が行うことになるのに対し、

CIF条件ではこの二つの任務とも売主側が果たすものとされている。そしてこのような役割分担は、商品価格にも反映される。商品を横浜港からロサンゼルス港まで運送する必要のある場合、商品の価格を売主が呈示するときは、US$100 FOB Yokohamaと言えば、一〇〇ドルという価格の中に横浜港からの海運の運賃も保険料も入っていないことになるが、US$120 CIF Los Angelesと言えば、横浜港からロサンゼルス港までの海運の運賃と保険料込みということになる。

ここで注意しなければいけないのは、インコタームズは条約でも法律でもないから、当事者がインコタームズのルールを当該取引の基準にしたいときは、そのような趣旨の約束を契約書の中に明確に書いておくことによって、インコタームズのルールを契約の内容として援用する必要がある（インコタームズは改定されるたびに新しいバージョンが生まれるので、援用するときはそれも明示すべきである〔最新バージョンはIncoterms 2000〕）。なお、このような「援用可能統一規則」は法律ではないから、援用された取引条件の内容は、契約準拠法の強行規定によって制限されることがある。

(エ)　各国の強行法規による規制

右述のように、法例の当事者自治の原則に基づいて当事者は当該契約の準拠法を指定できるわけであるが、この指定の射程は、公権力性の度合の高い強行法規の適用によって制限を受けることがある。国家が公権力を以って規制を実行したいという政策があれば、それは契約当事者の準拠法指定によって左右されるべきではない、ということである。日本の独占禁止法の規制範囲に入るような契約関係は、たとえ契約の当事者がある外国の法律を準拠法として指定したとしても、同法におけるさまざまな規制・禁止を免除されることにはならない。また、租税法規の定める各種税金についても同様である。そしてこの点は、外国のそのような強行法規についても言えることであり、外国の機関も、ある契約関係またはその当事者に対し自国の法制度に基づいて強行的な規制を及ぼすことがある。ただし、国家が自国のそういった規制権限を行使するにあたっては、国際法上の、**立法管轄権**(法律等を制定して規制を及ぼす権限)に関する制約をまずクリアする必要がある(石黒⑦一三頁以下参照)。

❖(3) 紛争の解決手段

(ア) 訴訟か仲裁か

同じ類型の〈国際的法律関係〉について国ごとに異なった〈準拠法決定〉のルールがありうることを上で指摘したが、ある国の裁判所がある国際的法律関係をめぐる訴訟についてその国の〈準拠法決定〉のルールを適用して裁判を行うためには、その裁判所が当該訴訟事件について裁判する権限を持っていなければならない。これが**国際裁判管轄**の問題である。他方、契約の当事者にとっては、紛争の解決手段として訴訟以外の諸制度を利用できる余地があり、その中でも代表的なのが仲裁制度である。**仲裁**は、契約当事者が一定の規則に基づいて選んだ仲裁人が紛争事件について判断(「仲裁判断」)を下すものであるが、仲裁人として業界の専門家を選べるし、当事者が指定した言語で行うこともできる。また、手続は非公開なので、秘密にしておきたい技術情報が外部に漏れるのを防ぐことができる。

(イ) 仲裁の合意と管轄の合意

契約紛争の解決手段として仲裁を選択したい場合は、あらかじめ当事者間で仲裁の合意をしておく必要がある。この合意では、仲裁に付託する約束だけでなく、仲裁地（たとえば東京）、仲裁機関（たとえば日本国際商事仲裁協会）、仲裁規則（たとえば（日本）国際商事仲裁協会商事仲裁規則）などについても合意しておくのが普通である。なお、契約の一方当事者が仲裁の合意に反して裁判所に訴訟を提起した場合、他方の当事者は仲裁合意の存在を主張して訴訟の却下を求めること（妨訴抗弁）ができる（高桑＝江頭④八八頁）。他方、訴訟を選択する場合でも、一定の要件の下に、当事者の合意で管轄裁判所を指定することができる。まず当事者間であらかじめ書面で第一審の管轄裁判所を指定しておく必要があるが、これは、一定の法律関係についてしかできない（民訴一一条参照）（たとえば、「本契約から生じる紛争はA国のB地方裁判所を第一審の管轄裁判所とする」という定め方）。また、当該紛争について専属管轄のないこと、指定された裁判所がその所属国の法律上当該事件について管轄権を有すること、当該合意が著しく不合理で公序法に反するようなことがないことが要件である（**判例①**）。

(ウ) 国際裁判管轄

右記のような管轄の合意がない場合は、訴訟が提起された裁判所がその国のルールに基づいて国際裁判管轄の有無を判断することになる。日本について言えば、裁判所は、民事訴訟法の土地管轄に関する規定（たとえば被告の住所、財産所在地、義務履行地、不法行為地など）に定める裁判籍が日本にあるときは原則として管轄を認めるが（**判例②**）、当事者の公平、裁判の適正・迅速などの理念に反するような結果をもたらす「特段の事情」があれば、これを例外的に否定するという判断枠組みを採用している（**判例③**）。

2 国際化社会における法の見方

❖(1) 準拠法の決定と適用

(ア) 準拠法の決定のプロセス

国際私法の任務は、〈国際的法律関係〉について〈準拠法〉を決定することにあるが、これはまず〈法律関係の性質決定〉と〈連結点の確定〉というプロセスを通して遂行される。

まず**〈法律関係の性質決定〉**は、〈準拠法〉を決定する対象となっている当該〈国際的法律関係〉がどの**〈単位法律関係〉**に分類されるかを認定する作業である。たとえば、冒頭の例では日本の販売業者とマレーシアの会社との間で売買契約が締結されたが、この契約は国際私法では〈契約〉という〈単位法律関係〉として扱われる。また、たとえば、異なった国籍の男女が結婚しようとする場合、婚姻年齢、重婚の禁止の有無などといった結婚要件については、〈婚姻の実質的成立要件〉として分類される。

〈単位法律関係〉が決まれば、〈連結点の確定〉の作業に入る。国際私法は、〈単位法律関係〉ごとにそれと〈最も密接な関係〉のある地の法を〈準拠法〉として指定するのであるが、これは〈〈単位法律関係〉については〈連結点〉が指し示す地（または国）の法律による〉というようにルール化されている。たとえば〈契約〉という〈単位法律関係〉については、原則として、〈当事者の意思によって指定された国〉という〈連結点〉に基づいて、契約当事者が選択した国の法律が〈準拠法〉となる。また、さきに挙げた〈婚姻の実質的成立要件〉という〈単位法律関係〉の場合は、各当事者について、それぞれの〈当事者が国籍を有する国〉という〈連結点〉によって各当事者の本国法が〈準拠法〉となる。〈連結点の確定〉は、こういった〈当事者の意思によって指定された国〉や〈当事者が国籍を有する国〉を具体的に確定する作業なのである。

(イ)　準拠法の適用と公序則

〈連結点〉が確定すれば、通常の場合はほぼこれで準拠法が決定され（ただ、場合によって「反致」や「不統一法国法の指定」などの問題があるし、準拠法が確定したとしても、それが外国法であるときは、当該外国法の内容が不明であるという状況に遭遇することがある）、準拠法を実際に適用する段階に入る。そこで登場するのが国際私法における公序則（法例三三条）の発動の問題である。準拠法となった当該外国法を適用すると内国法秩序の根幹となる価値観に反する結果が生じる場合は、公序則の発動要件に合致するかどうかについてチェックし、合致すればその外国法の適用を排除することができる

（澤木＝道垣内②五六頁以下参照）。これは、内国の私法的社会生活の秩序を保護・維持するための制度であるが、国際私法においては内外国法を平等に扱うことがその基本理念であり制度の大前提であるので、公序則の発動は、準拠法となった外国法の適用により内国法秩序にとってまことに忍び難い事態が発生する場合に限られるべきであり、きわめて慎重に行われなければならない（石黒⑧二三二頁以下参照）。そして、公序則の発動は基本的に、内国の私法的社会生活の秩序に対する破壊の程度と内国関連性の程度との相関関係によって決定されるとされている（澤木＝道垣内②五九頁）。よく挙げられている例が一夫多妻婚をめぐる問題である。日本は一夫一婦制を採用しているので、日本人と一夫多妻婚を認める法制度を持つ国の人との結婚が認められるかどうかについて考えてみよう（さきに説明したように、〈婚姻の実質的成立要件〉は、法例では各当事者について、それぞれの本国法によるとされている）。一夫多妻婚をすることのみに着目すると、それはもちろん日本の法秩序の根幹となる価値観に大きく反することになるが、問題は、このような婚姻と日本社会との関連性がどれ位緊密なのかという点である。もし右の婚姻が日本で営まれるとするならば、日本社会との関連性はきわめて強いと言えるので、このような婚姻の成立を認める外国法の適用を排除すべきことになる。しかしながら、外国で営まれていた一夫多妻婚の妻の一人が、死亡した夫の日本における財産について相続人として相続権を第三者に対し主張するというような場合は、必ずしも同様に扱う必要はないかも知れない（溜池①二〇七頁以下、澤木＝道垣内②五九頁参照）。国際取引に関して言えば、たとえば、準拠法となった外国法における債権の消滅時効が日本法上のそれに比べてあまりにも長いというような場合も、公序則を発動するかどうか考える必要がある。なお、従来の通説によると、準拠法となった外国法の適用が公序則によって排除された場合は、内国法（つまり日本法）を適用することになる（澤木＝道垣内②六〇頁）。

❖(2) 契約準拠法の決め方

(ア) 当事者の黙示的意思の探求

右で述べたように、契約当事者は、法例七条一項に基づいて〈契約準拠法〉を指定できるわけであるが（なお、「分割指定」について、木棚＝松岡＝渡辺③一一九頁以下参照）、当事者が契約書などにおいて明示的に準拠法を指定していない場合の処理が問題となる。法例七条二項は、当事者の意思が不明なときは行為地法によると定めている（行為地とは契約の締結地を意味する）。当事者同士がある国で直接対面して契約書にサインするなどして契約を締結する場合は行為地がはっきり認定できるが、他方の当事者が別の国にいる場合には、書信やファクシミリなどの通信手段によって契約を締結すること（これを「隔地的契約」という）もあるので、行為地を決定する方法がなければ法例七条二項のルールが機能しなくなる。そのため、法例九条二項は、申込みの発信地を行為地とみなす（ただし、申込みを受けた者が承諾時に申込発信地を知らないときは、申込者の住所地が行為地法とみなされる）。しかしながら、行為地の選定は偶然的なものである場合があるし、当該事案との関連性がきわめて薄いときもあるので、行為地より重要なファクターが存在するときに、行為地法による方法（「行為地法主義」）では事案に沿った柔軟な対応ができないという欠点があると言える。学説は、当事者の明示の合意がない場合でも、直ちに当事者の意思が不明であるとして法例七条二項により行為地法を適用すべきでなく、裁判管轄条項、契約書の使用言語、当事者の国籍・住所、契約の締結地、履行地、取引の対象物の所在地など、契約関係における諸要素を考慮して当事者の黙示の意思を探求すべきとし（澤木＝道垣内②一六七頁参照。ただし、道垣内⑩二一四頁以下参照）、近時の裁判例も同様の立場のものがある（たとえば**判例④**）。

（イ）　当事者自治に対する制限と特別連結論

I(2)(エ)で説明したように、当事者による契約準拠法の指定の射程は公権力性の度合の高い**強行法規**の適用によって制限を受けることがある。これは、国家政策を実行するために、当事者自治に制約を加えることを意味する。たとえば、契約の準拠法としてA国という外国法が指定された契約をめぐる訴訟が日本の裁判所で提起されたとする。この場合、日本の裁判所は、日本の政策を実行するための強行法規（たとえば経済法、労働法、消費者保護法）を適用することが可能である（もちろんそれぞれの法規の適用要件が満たされている必要があるし、国際法上の制約をクリアしなければならない）。しかし、かりに日本とA国以外の国の強行法規（これを「第三国強行法規」という）が当該契約関係に対し介入したいという適用意思を有する場合、日本の裁判所はそのような外国の強行法規を適用できるだろうか。現在の法例ではこの問題に対処する枠組みは用意されていないが、学説上、契約関係と実質的・客観的な関係を有する第三国の強行法規の適用を提唱する特別連結論という理論がある（木棚＝松岡＝渡辺③一一三頁以下参照）。日本でこの理論を実現させるためには、おそらく立法を待たなければならないと思われるが、たとえば一九八〇年のEC契約準拠法条約では、消費者保護法や労働者保護法に関して右のような枠組みが採用されている。

❖(3) 法の見方

国際取引に携わる者にとって、一国の法制度・法概念に関する理解・知識のみをもってすべての問題処理の出発点にすることは避けるべきで、国の数だけ相異なる法制度が存在するという前提で国際的な法律問題を考えるべきということを多少分かってもらえたのではないかと思う。また、**1**(2)・(3)で見てきたように、国際私法の準拠法決定ルールは、条約がない限り各国の国内法に属するものであって、法廷地が決まらなければ準拠法決定ルールも特定できないし、当該取引と何らかの関係を持つ国が独自にその強行法規の適用を主張する可能性があるから、国際取引をめぐる法律問題を考える際には、これらの点に十分注意を払う必要があるのである。実際の国際取引では、商品の品質に問題があったり、代金の支払いに遅延が生じたり、商品の引渡時期が遅れたりするなど、紛争の引き金となるさまざまな状況が発生することがある。このような場面に遭遇したときは、紛争の発生に備えて、まず紛争の解決手段が事前に合意されているかどうかを確認したうえで、かりに紛争が生じた場合はどの国の裁判所・仲裁機関で手続がなされることになるかを予測することが先決である。その上で、準拠法を決定するその国の国際私法のルールを調査して、準拠法がどう決定されるか、また、関係する国の強行法規の適用を受けるかなどの点について予測をするという手順になる。そして最終的には、適用される可能性のある諸法規の内容について調査し、当該紛争をめぐる権利義務がどのように判断されるかを予想することになる。一言でいえば、どの国の、どの機関、またはどの法律・規則が右記各段階での判断基準を決めるかという問題をつねに意識しなければならない、ということである。

〈ステップアップ〉

① 溜池良夫『国際私法講義（第二版）』（有斐閣、一九九九年）
② 澤木敬郎＝道垣内正人『国際私法入門（第四版再訂版）』（有斐閣、二〇〇〇年）
③ 木棚照一＝松岡博＝渡辺惺之『国際私法概論（第三版補訂版）』（有斐閣、二〇〇一年）
④ 高桑昭＝江頭憲治郎編『国際取引法（第二版）』（青林書院、一九九三年）
⑤ 山田鐐一＝佐野寛『国際取引法（新版）』（有斐閣、一九九八年）
⑥ 北川俊光＝柏木昇『国際取引法』（有斐閣、一九九九年）
⑦ 石黒一憲『国際民事訴訟法』（新世社、一九九六年）
⑧ 石黒一憲『国際私法』（新世社、一九九四年）
⑨ 道垣内正人『ポイント国際私法 総論』（有斐閣、一九九九年）

⑩　道垣内正人『ポイント国際私法　各論』（有斐閣、二〇〇〇年）
⑪　松岡博『国際私法・国際取引法判例研究』（大阪大学出版会、二〇〇一年）

判例①――最判昭和五〇・一一・二八民集二九巻一〇号一五五四頁
判例②――最判昭和五六・一〇・一六民集三五巻七号一二二四頁
判例③――最判平成九・一一・一一民集五一巻一〇号四〇五五頁
判例④――東京地判昭和五二・四・二二判例時報八六三号一〇〇頁

（陳　一）

ブリッジブック先端法学入門
法学部生のCareer Development

これからの法学部生に要求されるもの

ロースクール時代が始まりました。これからの法学部の教育は，法律専門家を育てるロースクール受験準備中心にシフトしていくことが予想されます。ただし，これは，現在の司法試験科目である実定法６科目（憲法・民法・商法・民事訴訟法・刑法・刑事訴訟法）だけを勉強すればいいということにはなりません。法律家としての素養・能力の向上という観点から，語学力，文章読解・作成能力が重視され，学部の学業成績全体が考査の対象となります。つまり，条文・判例・過去問丸暗記型の学習では通用しないということです。

この方向はしかし，規制緩和・構造改革・国際化のまっただなかにある現在の日本社会が直面している「法化社会」に対応するものであって，いわゆる法曹三者（弁護士・裁判官・検事）を目指す者だけに要求されているのではありません。アジア・アメリカ・ヨーロッパ等で多国籍化した活動をしている日本企業の法務部門・総務部門・営業部門は，幅広い法的知識と能力の持主を社員として確保することが要求されているのです。

したがって，これから法学部を卒業して社会に出ていく人は，法律家になるならないにかかわりなく，法律学全般の能力の高低により（努力の量により）将来の職業生活の安定・向上が左右されることとなりましょう。

この本のねらいと読み方

この本は，以上のような状況にある法学部に入学した読者のみなさんの進路選択，つまり法学部での学習方針を決めるための案内書として企画・編集されたものです。法曹，公務員，金融マン，ハイテク企業マン，ベンチャービジネスマンなどの多くの選択肢のなかから何を選びとるか。法学部生のCareer Developmentについては，本書４頁以下に詳しい説明がありますが，法学部での学習方針として一番「効率的」なのは，とりあえず，ロースクールの受験を目指して勉強することだと思います。いくらでも「転進」できます。

本書は，主要法律科目の先端テーマをとりあげて各科目の「基本イメージ」と「基本用語」を平明に解説してあります。〈INDEX〉に掲げてある項目は，いずれ専門課程で本格的に学ぶことになる〈キーワード〉です（本文では太ゴチ色刷になっています）。先行き不安の時代でいちばん頼りになるのは自分のスキル（技術・能力）です。法律学に手間・ヒマをかけてみましょう！

ブリッジブック先端法学入門

INDEX

このインデックスは，本書の内容と項目の関係があらかじめ判断できるように，部・章（I①等）とページを併記しています。つぎの〈目次〉見出しで確認しながら利用して下さい。

《目　次》

I　①法と法学を考える（2～23）／②現代社会の変化と法を考える（24～54）//　II　①放送への関心――放送の自由を通して憲法を学ぶ（56～73）／②情報公開への関心――情報公開を通して行政法を学ぶ（74～98）／③多様な消費者問題の発生――消費者問題を通して民法を学ぶ（99～121）／④コーポレートガバナンスへの関心――コーポレートガバナンスを通して商法を学ぶ（122～138）／⑤司法改革への関心――司法改革論議を通して民事訴訟法を学ぶ（139～154）／⑥臓器移植への関心――臓器移植問題を通して刑法を学ぶ（155～168）／⑦少年犯罪への関心――少年犯罪・少年法を通して刑事訴訟法を学ぶ（169～188）／⑧雇用平等への関心――新時代の労働法を学ぶ（189～208）／⑨介護保険制度への関心――社会保障法の目指すもの（209～224）／⑩ビジネス方法特許への関心――IT時代の知的財産法（225～260）／⑪廃棄物問題への関心――環境法は人間の生存条件を守れるか（261～281）／⑫NGOへの関心――NGOを通して国際法を学ぶ（282～300）／⑬国際取引への関心――国際取引を通して国際私法を学ぶ（301～318）

事項索引

〔あ〕

IT（Information technology）……………………II⑩233
アカウンタビリティ…………II②82
アポイントメントセールス　II③104
アミスカ・キュリエ　………II⑫295
アムネスティ・インターナショ

ナル ……………………… II⑫289
安楽死……………………… I ②34
委員会等設置会社 ………… II④135
意匠法 ……………………… II⑩228
遺族基礎年金 ……………… II⑨220
遺族厚生年金 ……………… II⑨220
一般条項…………………… I ①14
e-ビジネス ………………… I ②29
医療保険 …………………… II⑨221
インコタームズ …………… II⑬307
訴えの利益………………… II②86
営造物責任………………… II②86
ADR ……………………②47, II⑤145
裁判所内—— ……………… II⑤147
裁判所の外にある—— … II⑤147
営　利 ……………………… II④127
NGO（非政府組織）……… II⑫283,
287, 289, 298
大きな司法 ………………… II⑤142

〔か〕

解　雇 ……………………… II⑧203
介　護 ……………………… II⑨210
外国人……………………… I ②40
解雇権濫用法理 …………… II⑧203
介護費用 …………………… II⑨214
介護保険 …………………… II⑨211
——の保険料 ……………… II⑨211
会社法 ……………………… II④122
科学的証拠 ………………… II⑦185
科学的捜査 ………………… II⑦182
拡大生産者責任 …………… II⑪274
貸金業規制法 ………… II③101, 105
過剰貸付け ………………… II③102
価値判断…………………… I ①11
割賦販売法 …………… II③100, 104
——の改正 ……………… II③101
株　式 ……………………… II④124
株式会社 …………………… II④123
株式会社財団法人論 ……… II④128
株式債権説 ………………… II④128
株式本質論 ………………… II④127
株　主 ……………………… II④124
株主総会 …………………… II④125
——の活性化対策 ………… II④126
株主代表訴訟 ……………… II④126
株主代表訴訟制度 ………… II④134
株主有限責任の原則 ……… II④124
仮差押え・仮処分………… I ②46
管轄の合意 ………………… II⑬310
官官接待…………………… II②74
環境基本法 ………………… II⑪261
環境権……………… I ②31, II⑪270
環境法……………… I ①23, II⑪261
環境保全 …………………… II⑪269
環境ホルモン ……………… II⑪276
環境リスク ………………… II⑪278
監査役 ……………………… II④134
監査役監督 ………………… II④125
慣習法 ……………………… II⑫285
間接適用説………………… I ①15
議会制民主主義…………… II①58
機会の平等 ………………… II⑧197
機関の分化 ………………… II④125

企業法務 ……………………… I ①8
気候変動枠組条約京都議定書
……………………………II ⑫284
器質死説 ……………………II ⑥163
規制緩和………… I ②36, 38, II ①70
起訴独占主義 ………………II ⑦179
基礎年金 ……………………II ⑨219
起訴便宜主義 ………………II ⑦180
起訴法定主義 ………………II ⑦180
機能死説 ……………………II ⑥163
規範的効力 …………………II ⑧205
基本的人権 ………… I ①13, I ②31
欺瞞的・強要的取引 ………II ③113
欺 罔 ………………………II ③110
逆 送 ………………………II ⑦172
キャッチセールス …………II ③104
Career Development Programme
……………………………… I ①4
共益権 ………………………II ④128
行 政……………………………II ②84
行政計画 ……………………II ②93, 96
行政行為………………………II ②85
行政裁量………………………II ②93
——の統制…………………II ②93
行政事件訴訟法………………II ②86
行政執行情報…………………II ②77
行政処分………………………II ②85
強制処分法定主義 …………II ⑦179
行政的規制…………………… I ②27
行政手続法……………………II ②94
行政の説明責任（アカウンタビリティ）……………………II ②82
行政の統制……………………II ②83
行政不服審査…………………II ②78
行政不服審査法………………II ②78
行政法 …………………… I ①20, 22
英米型——…………………II ②94
大陸型——…………………II ②94
強制法規 ………………II ⑬308, 315
行政立法………………………II ②93
強 迫 …………………II ③107, 112
業 法 …………………………II ③103
業務提供誘引販売取引 ……II ③104
勤労権 ………………………II ⑧205
クーリング・オフ… I ②28, II ③106
Gnutella（グヌーテラ）……II ⑩256
グレイ・リスト ……………II ③118
クレジット …………………II ③102
ケア・マネージャー ………II ⑨213
ケアプラン …………………II ⑨213
経営の監督の強化 …………II ④131
経営の機動性の確保 ………II ④131
計画策定手続…………………II ②96
経済社会理事会決議 ………II ⑫289
刑事司法制度の改革 ………II ⑦187
刑事制裁……………………… I ①19
刑事訴訟法………… I ①21, II ⑦169
刑事手続（刑事訴訟）………II ⑦177
刑 罰………………………… I ①19
刑 法……………… I ①20, II ⑦169
——のあり方 ……………II ⑥166
契 約 ……………… I ①14, I ②24
契約自由の原則…… I ②25, II ⑧202
契約準拠法 …………………II ⑬303

契約締結過程の適正化 ……II③114
契約内容決定の自由 ………Ⅰ②26, II③108
契約内容の適正化 …………II③114
欠陥商品 ……………………II③100
健康保険 ……………………II⑨221
健康保険法 …………………II⑨218
原　告…………………………Ⅰ②45
原告適格………………………II②86
検察官 ………………………II⑦180
検察官関与 …………………II⑦176
検察官司法 …………………II⑦183
検察官制度 …………………II⑤144
現代型人権……………………Ⅰ②32
厳罰化 ………………………II⑦175
憲　法…………………………Ⅰ①13
——の私人間効力…………Ⅰ①13
原野商法 ……………………II③113
権力分立………………………II②84
行為地法主義………Ⅰ②43, II⑬315
公開主義 ……………………II⑦180
公共性…………………………II①58
公共の安全に関する情報……II②77
公共放送………………………II①68
公権力責任……………………II②88
抗告訴訟制度…………………II②86
公序則 ………………………II⑬312
公序良俗……………Ⅰ①14, II③112
公序良俗違反………Ⅰ①12, II③113
厚生年金 ……………………II⑨219
公訴提起（起訴）…II⑦178, 179, 183
口頭主義・直接主義 ………II⑦180
公判中心主義 ………………II⑦180
公判（手続）………II⑦172, 178, 180
公費負担（税）方式 ………II⑨216
幸福追求権……………………Ⅰ②34
神戸連続児童殺傷事件……II⑦170, 174
抗弁権の接続 ………………II③101
公　法…………………………Ⅰ①20
拷問等禁止条約 ……………II⑫292
高齢社会 ……………………II⑨209
コーポレートガバナンス …II④123
コーポレートガバナンス論 ………………………………II④130
国際化と法……………………Ⅰ②39
国際刑事裁判所規程 ………II⑫285
国際裁判管轄 …………II⑬309, 310
国際私法……………Ⅰ②40, II⑬302
——の統一 ………………II⑬306
国際司法裁判所（ICJ）……II⑫290
国際市民社会 ………………II⑫287
国際商業会議所（ICC）……II⑬307
国際的な法律関係 …………II⑬303
国際取引法 …………Ⅰ①23, Ⅰ②42
国際法……Ⅰ②40, II⑪262, II⑫282
——の法源 ………………II⑫285
国際法学 ……………………II⑫286
国際法律家委員会 …………II⑫289
国民健康保険 ………………II⑨221
国民年金 ……………………II⑨218
国連憲章 ……………………II⑫288
個人主義………………………Ⅰ②50
個人情報………………………II②77

個人情報保護法…………………Ⅰ②32
個人通報手続 …………………Ⅱ⑫294
個人の自立 ………Ⅰ②49, 51, 52, 53
個人の尊重 ………………Ⅰ②34, 50
個人の連帯……………………Ⅰ②53
国家訴追主義 …………………Ⅱ⑦179
国家賠償…………………………Ⅱ②88
子どもの権利条約 ……………Ⅱ⑫292
誤 認 ……………………………Ⅱ③115
「誤認」取消………………………Ⅱ③111
個の実現 ………………………Ⅰ②50, 51
個別労働紛争解決促進法 …Ⅱ⑧199
コミュニケイションの自由…Ⅱ①73
雇用関係法 ……………………Ⅱ⑧200
雇用平等 ………………Ⅱ⑧195, 197
雇用保険制度 …………………Ⅱ⑨218
雇用保障法 ……………………Ⅱ⑧205
コンピュータ・ソフトウエア
……………………………………Ⅱ⑩241
コンピュータ・プログラム
……………………………………Ⅱ⑩256
コンプライアンス ……………Ⅱ④130
困 惑 ……………………………Ⅱ③117
「困惑」取消………………………Ⅱ③112

〔さ〕

サービス取引 …………………Ⅱ③102
罪刑法定主義 …………………Ⅱ⑦169
債権者保護 ……………………Ⅱ④124
在宅介護サービス ……………Ⅱ⑨213
最低賃金法 ……………………Ⅱ⑧201
サイバースクワッティング
……………………………………Ⅱ⑩254
サイバースペース …………Ⅱ①72,
Ⅱ⑩248, 253
裁判員制度…………Ⅰ②46, Ⅱ⑤145
裁判外紛争処理…………………Ⅰ②47
裁判官 …………………………Ⅱ⑤154
裁判官指名過程への国民参加
……………………………………Ⅱ⑤153
裁判官制度 ……………………Ⅱ⑤144
裁判的統制………………………Ⅱ②85
裁判の執行 ……………………Ⅱ⑦179
催眠商法 ………………………Ⅱ③104
債務不履行………………………Ⅰ①19
裁量権の踰越又は濫用………Ⅱ②92
裁量労働のみなし制 ………Ⅱ⑧199
詐 欺 ………………………Ⅱ③107, 110
沈黙による—— ……Ⅱ③111, 116
錯 誤 ………………………Ⅱ③107, 110
動機の—— …………Ⅱ③108, 109
内容の—— ………………Ⅱ③108
表示上の—— ……………Ⅱ③108
錯誤無効 ………………………Ⅱ③109
——の要件 ……………………Ⅱ③109
差 別………………………………Ⅰ①11
合理的理由のある——……Ⅰ①11
合理的理由のない——……Ⅰ①11
サラ金被害 ……………………Ⅱ③101
サリドマイド事件 ……………Ⅱ③100
三極特許庁 ……………………Ⅱ⑩252
三徴候説 ………………Ⅱ⑥156, 164
自益権 …………………………Ⅱ④127
ジェンダー論……………………Ⅰ①16

時間外労働 ……………II⑧195, 202
事業者…………………………II③99
事後規制……………………… I ②38
自己決定権………… I ②32, II⑥160
自己責任……………………… I ②50
——のルール………………… I ②38
自　殺 ……………………II⑥160
市場原理……………………… I ②36
施設サービス ………………II⑨214
事前規制……………………… I ②38
自然法則利用性 ………II⑩238, 249
持続可能な開発 ……………II⑪280
執行と監督の分離 …………II④131
執行役 ………………………II④136
実体的真実主義 ……………II⑦178
実体法………………………… I ①21
実用新案法 …………………II⑩228
CDPI ……………………………①4
私的自治の原則 …… I ①13, I ②25
児童手当 ……………………II⑨220
児童福祉 ……………………II⑨222
児童扶養手当 ………………II⑨220
「死」の時期…………………II⑥156
自　白 ………………………II⑦181
私　法………………………… I ①20
——の統一 …………………II⑬305
司法制度改革 ………………… I ①6
司法制度改革審議会 …II⑤139, 143
司法的規制…………………… I ②28
資本多数決 …………………II④125
市民の参加手続………………II②96
社員権否認論 ………………II④128
社員権論 ……………………II④128
社外監査役 …………………II④134
社会権規約 …………………II⑫292
社会との連帯………………… I ②53
社外取締役 …………………II④136
社会福祉 ……………………II⑨222
社会福祉法人 ………………II⑨224
社会保険方式 ………………II⑨216
社会保障給付 ………………II⑨215
社会保障制度 ……II⑨210, 211, 215
社会保障の財源 ……………II⑨216
社会保障法…………………… I ①22
社会連帯原理 ………………II⑧207
自　由………………………… I ②51
自由競争……………………… I ②36
自由権規約 …………………II⑫292
自由主義思想 ………………II⑫285
終身雇用制 ………… I ①8, II⑧198
自由心証主義 ………………II⑦185
集団的労働法 ………………II⑧204
集中審理主義 ………………II⑦181
「周波数帯の希少性」論 ……II①65
住民訴訟………………………II②90
重要財産等委員会 …………II④135
重要事項 ……………………II③115
出資法 ………………II③101, 105
出訴期間………………………II②87
出入国管理及び難民認定法
（入管法）…………………… I ②40
循環型社会 …………………II⑪272
循環型社会形成推進基本法
……………………………II⑪271

準拠法……………… I ②42, II ⑬303
準拠法決定 …………………II ⑬303
障害基礎年金 ………………II ⑨220
障害厚生年金 ………………II ⑨220
昇格請求 ……………………II ⑧196
少額訴訟 ……………………II ⑤149
少額訴訟手続………………… I ②46
証券取引法…………………… I ②38
商工ローン問題 ……………II ③105
証拠裁判主義 ………………II ⑦184
証拠能力 ……………………II ⑦185
少子社会 ……………………II ⑨209
承諾意思表示方式 …………II ⑥159
譲渡制限会社 ………………II ④137
少年事件手続 ………………II ⑦171
少年審判（手続）……………II ⑦172
少年犯罪 ……………………II ⑦170
少年法 …………………II ⑦170, 171
——の改正 ………………II ⑦173
消費者…………………………II ③99
消費者契約…………………… I ②27
消費者契約法 …… I ②28, II ③102, 114, II ⑧206
消費者法……………………… I ①22
消費者保護基本法 ……II ③101, 103
傷病手当金 …………………II ⑨218
商標法 ………………………II ⑩228
商品先物取引 ………………II ③113
商　法……………… I ①21, II ④122
情　報 …………………II ⑩227, 285
情報・交渉力の格差 ………II ③110
商法改正 ……………………II ④132
情報公開のしくみ……………II ②76
情報受領………………………II ①62
情報提供義務 …………II ③111, 116
情報媒体………………………II ①62
情報発信………………………II ①62
情報を有する市民……………II ②80
証明力 ………………………II ⑦185
条　約 ………………………II ⑫285
条約機関 ……………………II ⑫293
将来世代への責任 …………II ⑪280
条　例 ………………………II ⑪261
職業安定法………… I ②38, II ⑧199
食糧費…………………………II ②74
女性国際戦犯法廷 …………II ⑫296
女性（子）差別撤廃条約…II ⑧191, II ⑫292
女性保護 ……………………II ⑧191
女性保護から母性保護へ …II ⑧195
職権主義 ……………………II ⑦180
所得保障制度 ………………II ⑨215
所有と経営の分離 …………II ④124
所有と支配の分離 …………II ④125
自力救済の禁止……………… I ①19
知る権利………………………II ②79
審議・検討情報………………II ②77
信義則 ………………………II ③118
人権条約 ……………………II ⑫292
人事評価の透明化 …………II ⑤153
人種差別撤廃条約 …………II ⑫292
心臓移植 ……………………II ⑥155
心臓死 ………………………II ⑥155
心臓死説 ……………………II ⑥164

迅速な裁判 ……………………II⑤150
身体障害者福祉 ……………II⑨223
新　聞………………………………II①65
審理計画 …………………………II⑤151
State Street Bank判決 …II⑩234, 243
ストーカー規制法 ………I②32, 48
ストーカー行為……………… I②48
ストライキ ………………………II⑧204
成果主義 …………………………II⑧198
成果主義人事 ……………… I①8
生活保護 …………………………II⑨217
生活保護法 ………………………II⑨217
制　裁……………………………… I①18
政策形成訴訟 ……………………II⑤142
生産者の責任 ……………………II⑪273
精神障害者福祉 …………………II⑨223
精神的自由権……………………II①64
製造物責任法 ……………………II③102
精密司法 …………………………II⑦181
セーフティネット…………… I②39
世界人権会議 ……………………II⑫284
世界知的所有権機関（WIPO）
………………………………II⑩252
世界貿易機関（WTO）……II⑩251
世界法廷プロジェクト ……II⑫291
セクシュアル・ハラスメント
………………………………… I②47
ゼネラリスト …………………… I①8
専門家（スペシャリスト） … I①7
草加事件 …………………………II⑦174
臓器移植法 ……………II⑥156, 165
臓器摘出 …………………………II⑥159
総合放送……………………………II①57
捜　査 ……………………II⑦178, 179
属地主義 …………………………II⑩250
訴訟要件……………………………II②86
損害賠償…………………………… I①19
尊厳死……………………………… I②34
損失補償……………………………II②89

〔た〕

ダイオキシン …………II⑪264, 276
大規模公開会社 ………………II④132
大規模小売店舗立地法……… I②39
対人地雷全面禁止条約 ……II⑫284
代用監獄 …………………………II⑦181
竹内基準 …………………………II⑥163
単位法律関係 ……………………II⑬311
団結権 ……………………………II⑧204
男女雇用機会均等法 ……… I②48, II⑧191, 192
男女雇用平等 …………II⑧189, 196
男女同一賃金の原則 ………II⑧190
男女平等 …………………………II⑧191
男女別定年制……… I①10, II⑧194
団体交渉 …………………………II⑧204
団体交渉権 ………………………II⑧204
団体行動 …………………………II⑧204
団体行動権 ………………………II⑧204
断定的判断の提供 ……………II③115
地球環境サミット ……………II⑫284
知的財産基本法 ………………II⑩258
知的財産権の貿易的側面に関す

る国際条約（TRIPs）……II⑩251
知的財産戦略大綱 …………II⑩258
知的財産法………… I ①22，II⑩226
知的障害者福祉 ……………II⑨223
仲　裁 ………………………II⑬309
——の合意 ………………II⑬310
調書裁判 ……………………II⑦184
調　停 ………………………II⑤147
直接行動 ……………………II⑫295
著作権侵害 …………………II⑩255
著作権法 ……………………II⑩228
賃金支払義務 ………………II⑧200
通　信 ……………………II①57，72
通信傍受法 ……………II⑦183，186
DNA型鑑定…………………II⑦185
提供者の承諾 ………………II⑥159
ディフェンス・フォー・チルドレン ………………………II⑫289
適正手続主義 …………II⑦169，178
手続的正義……………………II②94
手続法………………………… I ①21
手続法改革 …………………II⑤149
手続的統制……………………II②94
電子商取引 …………………II③102
電子消費者契約法…………… I ②30
電子署名・認証法…………… I ②30
電子取引……………………… I ②29
伝聞証拠 ……………………II⑦184
伝聞法則 ……………………II⑦184
東海大学病院事件…………… I ②35
当事者自治の原則… I ②43，II⑬304
盗　聴 ………………………II⑦182
道　徳………………………… I ①17
特殊法…………………………II②94
独占禁止法 …………………II⑩247
特定継続的役務提供 ………II③104
特定商取引 …………………II③104
特別児童扶養手当 …………II⑨220
特別連結論 …………………II⑬316
特許権 ……………II⑩229，245，246
特許権侵害 …………………II⑩230
特許法 ………………………II⑩228
ドメインネーム ……………II⑩254
取消訴訟………………………II②86
取締役会による監督 ………II④125
取締役の損害賠償責任 ……II④133
取　引 ………………………II⑬301
取引の安全 …………………II③109

〔な〕

内在的制約……………………II①63
内職・モニター商法 ………II③104
Napster（ナップスター）…II⑩256
にせ牛缶事件 ………………II③100
日産自動車事件…… I ①10，II⑧194
日本食塩製造事件 …………II⑧203
日本的経営システム ………II④129
二割司法 ……………………II⑤141
任意捜査の原則 ……………II⑦179
ネズミ講 ……………………II③113
熱回収 ………………………II⑪272
ネットビジネス ………II⑩233，240
ネットワーク社会 …………II⑩233
根保証 ………………………II③105

年金制度 ……………………II⑨218
年功賃金 ……………Ⅰ①8, II⑧198
年次有給休暇 ………………II⑧202
脳　死 …………………………II⑥163
　——に対する自己決定 …II⑥165
脳死一元説 ……………………II⑥165
脳死拒否権説 …………………II⑥164
脳死説 …………………………II⑥156
脳死選択説 ……………………II⑥164
納税者訴訟………………………II②90

〔は〕

廃棄物 …………………………II⑪262
　——の処理 …………………II⑪269
　一般—— ……………………II⑪265
　産業—— ……………II⑪263, 265
廃棄物処分場 …………………II⑪266
廃棄物処理法 …………………II⑪265
廃棄物を処理する責任 ……II⑪266
排出者の責任 …………………II⑪273
配置・昇進 ……………………II⑧193
売買契約…………………………Ⅰ②25
ハーグ国際私法会議 ………II⑬306
バス・ジャック事件 ………II⑦170
バーゼル条約 …………………II⑪268
バーチャル・コート ………II⑤152
発　明 …………………II⑩230, 241
バブル経済 ……………………II④130
ハーモナイゼーション ……II⑩252
パリ条約 ………………………II⑩251
番組編集…………………………II①60
犯　罪 …………………………II⑦169
犯罪者処遇 ……………………II⑦185
犯罪被害者 ……………………II⑦186
犯罪被害者保護関連二法 …II⑦186
反対意思表示方式 …………II⑥159
判例法 …………………………II⑧203
被害者等への配慮 …………II⑦176
非公開事由………………………II②77
被　告……………………………Ⅰ②45
被告人……………………………Ⅰ②45
非国家行為体 …………………II⑫299
「ピア・ツー・ピア」(Peer to
　Peer) (P 2 P) ………………II⑩256
PRTR …………………………II⑪277
PRTR法 ………………………II⑪278
ビジネス方法特許……II⑩234, 243,
　249, 253
人の死 …………………………II⑥161
表意者の保護 …………………II③109
表現の自由………………………II①61
平等漸進・保護緩和モデル
　……………………………………II⑧192
平等優先モデル ………………II⑧193
符合契約…………………………Ⅰ②26
不公正な取引行為 …………II③113
不実告知 ………………………II③115
不正競争防止法 ……………II⑩228
物価問題 ………………………II③100
不当条項 ………………………II③118
不当条項リスト ……………II③118
不当表示 ………………………II③100
不当労働行為 …………………II⑧205
不服審査会………………………II②78

不服申立て……………………II②78
不法行為 ……………I①19，I②48
不法就労……………………I②40
プライバシーの権利…………I②31
ブラック・リスト …………II③118
不利益事実の不告知 ………II③115
不利益処分……………………II②87
北京女性会議 ………………II⑫284
ベルヌ条約 …………………II⑩251
弁護士 ………………………II⑤153
弁護士制度 …………………II⑤144
弁論主義 ……………………II⑦180
法 …………………I①2，17，19，49
法学部出身者のキャリア・資格
……………………………I①5
法科大学院（ロースクール）
……………………I①6，II⑤143
包括的基本権…………………I②31
報告手続 ……………………II⑫293
法人情報………………………II②77
放　送 …………II①57，59，65，72
法　曹 ………………………II⑤141
法曹一元制 …………………II⑤144
放送制度………………………II①60
放送内容の多様性……………II①66
放送の自由……………………II①65
放送法…………………………II①60
法治国家………………………I①19
法とモラル……………………I②47
法の抵触 ……………………II⑬304
法の下の平等…………………I①12
訪問販売法 …………II③101，104
暴利行為 ……………………II③113
法律関係………………………I②25
——の性質決定 ………II⑬311
法律行為………………………I①14
法律による行政の原理………II②84
法律優位の原則………………II②84
法律留保の原則………………II②84
法律論 ……………………I①12，15
法　例……………I②42，II⑬303
法令遵守 ……………………II④130
保護処分 ……………………II⑦172
保護優先モデル ……………II⑧191
ポジティブ・アクション …II⑧194
募集・採用 …………………II⑧193
補助参加 ……………………II④134
ポリグラフ検査 ……………II⑦182

〔ま〕

マルチ商法 …………II③101，104
水俣病事件 …………………II⑪276
民間放送………………………II①68
民事再生手続 ………………II⑤149
民事裁判………………………I②45
民事制裁………………………I①18
民事訴訟法…………I①21，I②45，
II⑤149
民衆訴訟………………………II②89
民衆法廷 ……………………II⑫296
民主的政治過程………………II①64
民　法……………I①14，II③106
名義貸し ……………………II③102
名誉毀損罪……………………II①63

黙示的意思の探求 …………II⑬314
黙示の意思……………………… I ②43
黙秘権 ……………………………II⑦181
モラル ……………… I ①17, I ②49
森永ヒ素ミルク事件 ………II③100

〔や〕

夜警国家から福祉国家へ……II②92
約　款……………… I ②26, II③113
山形明倫中マット死事件 …II⑦173
優越的地位の濫用 …………II③113
要介護状態 ……………………II⑨212
要介護認定 ……………………II⑨212
要考慮事項………………………II②93

〔ら〕

ラッセル法廷 …………………II⑫296
リーガル・カウンセリング
　………………………………II⑤152
リーガルマインド ……… I ①10, 16
リオ宣言 ………………………II⑪280
リサイクル（再生利用） …II⑪271, 272
リスト ……………………………II⑥166
利息制限法 ……………………II③105
立法管轄権 ……………………II⑬309
立法規制………………………… I ②28
リデュース（発生抑制）……II⑪272
リユース（再使用）…………II⑪272
ルール …………………………… I ①3
令状主義 ………………………II⑦179
連結点の確定 …………………II⑬312
連鎖販売取引 …………………II③104
労災保険 ………………………II⑨221
老人福祉 ………………………II⑨223
老人保健制度 …………II⑨221, 222
労働基準監督署 ………………II⑧202
労働基準法（労基法）…II⑧190, 201
労働義務 ………………………II⑧200
労働協約 ………………………II⑧205
労働組合 ………………II⑧204, 206
　――の結成 …………………II⑧204
労働組合法 ……………………II⑧204
労働契約 ………………………II⑧200
労働契約承継法 ………………II⑧199
労働契約法 ……………………II⑧203
労働者 …………………………II⑧198
労働条件の最低基準 ………II⑧201
労働法……………… I ①22, II⑧197
労働保護法 ……………………II⑧202
老齢基礎年金 …………………II⑨219
老齢厚生年金 …………………II⑨220
ロースクール（法科大学院）
　…………………… I ①6, II⑤143
ローン ……………………………II③102
ロンドン海洋投棄条約 ……II⑪263

〔わ〕

和田心臓移植事件 …………II⑥163

〈編者紹介〉

土田道夫（つちだ・みちお）

同志社大学法学部教授

高橋則夫（たかはし・のりお）

早稲田大学法学部教授

後藤巻則（ごとう・まきのり）

早稲田大学法学部教授

ブリッジブック先端法学入門 〈ブリッジブックシリーズ〉

2003（平成15）年6月20日 第1版第1刷発行 2304-0101

編者 土田道夫 高橋則夫 後藤巻則

発行者 今井貴 渡辺左近

発行所 信山社出版株式会社

〒113-0033 東京都文京区本郷6-2-9-102

電話 03（3818）1019

FAX 03（3818）0344

Printed in Japan. 印刷・製本／図書印刷・和田製本

ISBN4-7972-2304-9 C3332

NDC 320.001 法律・法学

さあ、法律学を勉強しよう！

サッカーの基本。ボールを運ぶドリブル、送るパス、受け取るトラッピング、あやつるリフティング。これがうまくできるようになって、チームプレーとしてのスルーパス、センタリング、ヘディングシュート、フォーメーションプレーが可能になる。プロにはさらに高度な「戦略的」アイディアや「独創性」のあるプレーが要求される。頭脳プレーの世界である。

これからの社会のなかで職業人＝プロとして生きるためには基本の修得と応用能力の進化が常に要求される。高校までに学んできたことはサッカーの「基本の基本」のようなものだ。これから大学で学ぶ法律学は、プロの法律家や企業人からみればほんの「基本」にすぎない。しかし、この「基本」の修得が職業人の応用能力の基礎となる。応用能力の高さは基本能力の正確さに比例する。

これから法学部で学ぶのは「理論」である。これには二つある。ひとつは「基礎理論」。これは、政治・経済・社会・世界の見方を与えてくれる。もうひとつは「解釈理論」。これは、社会問題の実践的な解決の方法を教えてくれる。いずれも正確で緻密な「理論」の世界だ。この「理論」は法律の「ことば」で組み立てられている。この「ことば」はたいへん柔軟かつ精密につくられているハイテク機器の部品のようなものだ。しかしこの部品は設計図＝理論の体系がわからなければ組み立てられない。

この本は、法律の専門課程で学ぶ「理論」の基本部分を教えようとするものだ。いきなりスルーパスを修得はできない。努力が必要。高校までに学んだ「基本の基本」を法律学の「基本」に架橋（ブリッジ）しようというのがブリッジブックシリーズのねらいである。正確な基本技術を身につけた「周りがよく見える」プレーヤーになるための第一歩として、この本を読んでほしい。そして法律学のイメージをつかみとってほしい。

さあ、21世紀のプロを目指して、法律学を勉強しよう！

二〇〇二年九月

信山社『ブリッジブックシリーズ』編集室